প্রবাসের টুকরো-টাকরা

অতীশ চক্রবর্তী

Clever Fox®
PUBLISHING
Chennai • Bangalore

CLEVER FOX PUBLISHING
Chennai, India

Published by CLEVER FOX PUBLISHING 2024
Copyright © Atis Chakrabarti 2024

All Rights Reserved.
ISBN: 978-93-56487-08-6

This book has been published with all reasonable efforts taken to make the material error-free after the consent of the author. No part of this book shall be used, reproduced in any manner whatsoever without written permission from the author, except in the case of brief quotations embodied in critical articles and reviews.

The Author of this book is solely responsible and liable for its content including but not limited to the views, representations, descriptions, statements, information, opinions and references ["Content"]. The Content of this book shall not constitute or be construed or deemed to reflect the opinion or expression of the Publisher or Editor. Neither the Publisher nor Editor endorse or approve the Content of this book or guarantee the reliability, accuracy or completeness of the Content published herein and do not make any representations or warranties of any kind, express or implied, including but not limited to the implied warranties of merchantability, fitness for a particular purpose. The Publisher and Editor shall not be liable whatsoever for any errors, omissions, whether such errors or omissions result from negligence, accident, or any other cause or claims for loss or damages of any kind, including without limitation, indirect or consequential loss or damage arising out of use, inability to use, or about the reliability, accuracy or sufficiency of the information contained in this book.

"প্রবাসের টুকরো টাকরা" - আপন অনুভব

ডঃ রঞ্জিত বিশ্বাস

মানুষ যেখানে যায়, সঙ্গে নিয়ে যায় তার ছোটবেলা, চারপাশ; বড় হওয়ার দিনগুলি। এককথায়, বিভুঁইয়ে সঙ্গী হয় তাঁর আপন ভূমির মায়াময় এক টুকরো। সময়ের সাথে চারদিক পরিবর্তিত হয়ে চললেও চেনা রাস্তার চেনা বাঁক, গঞ্জের গলি, স্কুলের কোনো এক বিশেষ দিন, মায়ের হাতের কোনো এক রান্না, বর্ষণক্লান্ত বিকেলের অপসৃয়মান আলোর কোনো এক ধূপছায়া ঘোর, কিংবা কোন এক গাঢ় আহ্বান - সব একই থাকে, সযত্নে ভাঁজ করে তোরঙ্গে তুলে রাখা বস্ত্রখন্ড কিংবা রত্নপেটিকায় সুরক্ষিত ও গচ্ছিত বিশেষ কোনো এক অলংকারের সুগন্ধিময় উজ্জ্বল উপস্থিতির মত। ড. অতীশ চক্রবর্তীর "প্রবাসের টুকরো টাকরা" ঠিক তেমনই এক রচনা, দৈবের বশে প্রবাসের বাতায়নে বসে টগর-শিউলি-কামিনী-গন্ধরাজ-জুঁই-বেল-গাঁদা ফুলের সুবাসে নিজেকে সঞ্জীবিত করবার উজ্জ্বল ও উচ্ছল প্রয়াস।

দীর্ঘদিন প্রবাসী থেকেও দেশের সুবাসে নিজেকে নিয়ত চিনে নেবার আপাত দুরূহ কাজটি ড. চক্রবর্তী অনায়াসে করেছেন নানা অনুভবের গ্রন্থনার এই "প্রবাসের টুকরো টাকরা" বইতে। সহজ সরল ভাষার তরীতে সওয়ার করেছেন তাঁর অনুভবের মণিমুক্তা, মিশেল দিয়েছেন নির্মল হাস্যরস, কখনও বা সৈয়দ মুজতবা আলী কিংবা রাজশেখর বসুর ঘরানার সূক্ষ্ম ব্যঙ্গ। প্রবাসের টুকরোয় উঠে এসেছে তাঁর ব্যাঙ্গালোর-বাস, কখনও উঠে এসেছে কোনো এক 'আমরা এসব পেয়ে থাকি'র সর্বশক্তিমান বাংলার থাঁকি হাত, কখনও ফেটেছে রসগোল্লার হাঁড়ি, কখনও বা এসে গেছেন উত্তমকুমার কিংবা বচ্চন! রবিঠাকুর-নজরুল মিশে আছেন লেখায় লেখায়, শরৎচন্দ্র, বিভূতিভূষণ, শরদিন্দু এবং তারাশংকরকেও চেনা যায় ঘন সন্নিবদ্ধ অক্ষরমালার গ্রন্থিসমূহে সযত্নে কান পাতলে। এ সবই বাঙালির একান্ত ঘরোয়া, সুখী গৃহকোণের এককেটি মিষ্টি আনন্দ, সংকীর্তন শেষে ছড়ানো ধবধবে

বাতাসার মত। তৎক্ষণাৎ গলধঃকরণে নয়, হুড়োহুড়ি করে কুড়িয়ে কোঁছা ভর্তি করতেই যত আনন্দ!

প্রবাসের টুকরো টাকরা খুব গম্ভীর, গভীর এবং মর্যাদামণ্ডিত হয়ে ওঠে যখন সে ধারণ করে একুশে ফেব্রুয়ারি কিংবা মহালয়া। তথ্য ও তত্ত্বে সাজিয়ে দেন পাঠকের সামনে, তুলে আনেন ইতিহাস ছেঁচে কত না দেখা রত্নরাজি। পরম মমতায় ব্যক্ত করেন মাতৃভাষার বিনিময় মূল্য, আকুলতা ঝরে পড়ে সে লেখায় ছত্রে ছত্রে। বুঝতে বাকি থাকে না দীর্ঘ প্রবাসজীবন তাঁকে দূরে না সরিয়ে চরম কেন্দ্রাতিগ বলে চির-আকর্ষিত রেখেছে দেশের জীবন ও সমাজের প্রতি। দেশের ভোট কিংবা চন্দ্রাভিযান তাঁর কলমে কখনো খেদ কখনো আকুতি ঝরিয়েছে, মনে করিয়ে দিয়েছে জাতীয় সম্পদের প্রকৃত ব্যবহারের সাংবিধানিক অঙ্গীকারের কথা। অনবদ্য শৈলীতে বাঙালির আত্মাহুতির আবাহন বর্ণনা করেছেন কৃত্তিবাসী রামায়ণের রাবণের পৌরোহিত্য-সন্দর্শনে - 'রাবণস্য বধার্থায়....।'

আসলে বিদেশে বসে একান্ত নিজের অনুভবে দেশকে দেখা - এই লেখা। শুধুই কলম চালিয়ে ক্ষান্ত হননি লেখক শ্রী চক্রবর্তী, ক্ষতস্থানগুলি পরম মমতায় অনাবৃত ও পরিশোধনের ব্যবস্থা করেছেন, উপায় বাতলেছেন এমন ক্ষত পুনরাবির্ভাবের ভবিষ্যৎ সম্ভাবনা বিনষ্টের।

ঝরঝরে ভাষা এবং বুদ্ধিদীপ্ত ব্যঙ্গের মিশেলে প্রতিটি লেখা শুধুই সুপাঠ্য হয়ে থাকেনি, প্রাসঙ্গিক তত্ত্ব ও তথ্যের অবতারণায় মানবিক সুরটি সঠিক তাল ও লয়ে বেজে উঠেছে। মানুষের মৌলিক অধিকার এবং তার সুরক্ষায় আমাদের করণীয় বিষয়গুলিও মনে করিয়ে দিতে লেখক কার্পণ্য করেননি।

প্রসাদগুণে নিটোল লেখায় অনুভবের মহাকাব্য হয়ে উঠেছে ড. অতীশ চক্রবর্তীর এই 'প্রবাসের টুকরো টাকরা'। লেখাগুলি পাঠকপ্রিয়তা অর্জন করবে বলেই আমার বিশ্বাস। লেখক শ্রী চক্রবর্তীকে ধন্যবাদ এবং শুভেচ্ছা আমাদের বিবেককে আরও একবার সঠিক তানে অনুরণিত করবার জন্য।

লেখক পরিচিতি

রসায়নে উত্তরবঙ্গ বিশ্ববিদ্যালয় থেকে পি.এইচ.ডি ডিগ্রী, পরবর্তীতে ব্যাঙ্গালোর টাটা ইন্সটিটিউট এবং মার্কিন যুক্তরাষ্ট্রের পেনসিলভানিয়া অঙ্গরাজ্যের ফিলাডেলফিয়া শহরে ঠমাস জেফারসন মেডিকাল কলেজ ও হাসপাতালে উচ্চতর গবেষণা। ২০০০ সাল থেকে প্রবাসী জীবন যাপন। গত ১৭ বছর বিভিন্ন বহুজাতিক ফার্মাসিউটিকাল কোম্পানিতে উচ্চপদে কর্মরত। বিভিন্ন বিশ্ববিদ্যালয়ে রসায়নে সহযোগী অধ্যাপকের (adjunct faculty) কর্মরত।

লেখকের কথা

গত মার্চ ২০২০ তে সমস্ত পৃথিবী কোভিড অতিমারিতে স্তব্ধ হয়ে যাবার সময়ে, এস এন বোস ন্যশানাল সেন্টার ফর বেসিক সায়েন্স, কলকাতা-র বরিষ্ঠ অধ্যাপক, আমার সুহৃদ ডঃ রঞ্জিত বিশ্বাস জানান যে, তিনি এবং মুর্শিদাবাদ জেলার পদ্মনাভপুর, হরিহরপাড়া নিবাসী, তেঘরী নাজিরপুর ইন্সটিটিউশন (উচ্চমাধ্যমিক বিদ্যালয়) এর শিক্ষক সাহাবুল ইসলাম, দুজনে মিলে ঝিঙেফুল e-সাহিত্য পত্রিকা সম্পাদনা শুরু করছেন। তাঁদের একান্ত অনুরোধে, আমি বিভিন্ন প্রসঙ্গে নিয়মিত ধারাবাহিক লেখা লিখতে শুরু করি, তার মধ্যে একটি হল 'প্রবাসের টুকরো টাকরা'। গত চব্বিশ বছরের প্রবাসী জীবনের আনাচে কানাচে যখন যেরকম চিন্তাভাবনা এসেছে, সেই সব চিন্তাভাবনার টুকরো-টাকরা তুলে নিয়েই লেখা হয়েছিল এই ধারাবাহিকটি। কোনও নির্দিষ্ট সময়ানুক্রমে লেখাগুলিকে সাজানো হয় নি। সবটাই হাল্কাচ্ছলে লেখা, কিছুটা রম্য রচনার আদলে, তবে কখনো যে গভীর চিন্তাভাবনা আসেনি তাও নয়। পঞ্চান্ন পর্বের উপরে লেখা ধারাবাহিক থেকে বিভিন্ন পর্বের কিছু লেখা তুলে নিয়ে, পুনর্বিন্যাস করে তৈরি করা হয়েছে এই সঙ্কলন - প্রবাসের টুকরো-টাকরা। আমার চিন্তাভাবনা গ্রন্থাকারে প্রকাশের এই প্রথম চেষ্টা। তাই কোনও রকম অনিচ্ছাকৃত ত্রুটি থেকে থাকলে তা' নিজগুণে মার্জনা করে দেবেন। লেখকের গোচরে আনলে অবশ্যই পরবর্তী সংস্করণে তা' শুধরে নেবার চেষ্টা করা হবে।

এই গ্রন্থটি প্রকাশের ব্যাপারে উৎসাহ প্রদান ও সহযোগিতার জন্য আমি আমার স্ত্রী শ্রীমতী রণিতা চক্রবর্তী, এবং পুত্র শ্রীযুক্ত অভিরূপ চক্রবর্তী-এই দুজনের প্রতি কৃতজ্ঞ।

যোগাযোগঃ atischakrabarti@yahoo.com

উৎসর্গ

আমার বাবা স্বর্গীয় অধ্যাপক অশোককুমার চক্রবর্তী

ও

আমার মা স্বর্গীয়া দীপ্তি চক্রবর্তী

সূচীপত্র

"প্রবাসের টুকরো টাকরা" - আপন অনুভব iii
লেখক পরিচিতি v
লেখকের কথা vi
সূচীপত্র viii

1. পরবাস কারে কয়? 1
2. নানু গতিল্লা 3
3. রসগোল্লার যবনিকা পতন 6
4. কলম্বাসের কল্পগাথা 10
5. এ ইন্ডিয়া সে ইন্ডিয়া নয় 12
6. লাইফ ইন্সুরান্স 16
7. আমেরিকার কালো বেড়াল 20
8. পরিমাপের মাপ-কাঠি 23
9. চেক করে দেখ চেক বানানটা 26
10. সিঁদুরে মেঘ 29
11. মাতৃদেবীর অনলাইন পাসপোর্ট, আর অফলাইন 31
12. লোকাল বাস 34
13. পাঁচ ডলারে ডিভোর্স 38
14. আজি বর্ষারাতের শেষে 40
15. খাও তবে কচু পোড়া, খাও তবে ঘন্টা 42
16. তুমি হেঁচেছিলে পরশু, কাল কেন হাঁচো নি 45
17. মহালয়া - কিছু স্মৃতি কিছু ভাবনা 48

18.	কলাবৌ	59
19.	"রাবণস্য বধার্থায়..."	61
20.	পূজোয় চাই নতুন জুতো।	62
21.	কুমারী পূজার মাহাত্ম্য	64
22.	আমেরিকাতে দুর্গাপূজায় থাবারের লাইন	65
23.	ভূতের আমি ভূতের তুমি – ভূত দিয়ে যায় চেনা।	68
24.	মানবতার পিঠে চাবুকের দাগ *	76
25.	জিনিরিকিশা - কারণ তো আছে একটা নিশ্চয়!!!	82
26.	অক্টোবরস্য প্রথম দিবসে	84
27.	৯কার ধরে ডিগবাজী থাই - মুখে তালব্য-র হাসি	88
28.	হুঁকো মুখো হ্যাংলা ও সৈয়দ মুজতবা আলী	91
29.	তারা-র খোঁজে	94
30.	শর্ত সাপেক্ষে শরৎচন্দ্র	97
31.	উহ্নাম পণ্ডিত	100
32.	টেকো যায় বেলতলাতে - কিন্তু প্রশ্ন ক'বার যায়?	105
33.	"অসীম সৈকতে"	108
34.	নজরুল	110
35.	ভেতো বাঙালী ও হ্যারি বেলাফন্তে	116
36.	ইতিহাসের ঠোক্কর	119
37.	বিজয় দিবস ও ফিলাডেলফিয়া	120
38.	ভাষা দিবস	123
39.	২১শে ফেব্রুয়ারি ও আমার ভাবনার আঁকিবুঁকি	129
40.	মাতৃভাষার বিনিময় মূল্য	136
41.	জমিন সমাধি	141
42.	জ্যোতির্বিজ্ঞান দিবস নিয়ে আমার দুইখান কথা ছিলঃ	143
43.	ওরা আনন্দোচ্ছল - ওদের বাঁচতে দিন!	147
44.	জলপানি	151
45.	সূতীর জামা	156

46. আম্মার ওজন ২১ গ্রাম	159
47. সকলেই স্বর্গে যেতে চান।	161
48. ইন্সিওরেন্স প্রিমিয়াম	164
49. চশমা যখন চশমখোর	167
50. রেজালার রেলা এবং চিংড়িমাছের চ্যাংরামি	170
51. ব্যাঙের ছাতা – ব্যাঙের মাথা**	173
52. তিনটে হৃদয় থাকলে কি বেশী ভালবাসতাম?	176
53. চাঁদমামা ও ভারতীয় উপমহাদেশের ভূ-রাজনীতি***	179
54. আমেরিকার নির্বাচন	185
55. ম্যাদামারা ভোট	189
56. চাইজিং দ্য টার্গেট এন্ড ইউজিং দ্য স্পাইস	192
57. দাক্ষিণাত্যের মালভূমিতে বসে কচি-পাঁঠার কষামাংস রান্না	196

পরবাস কারে কয়?

এক সম্ভ্রান্ত উচ্চবিত্ত ঘরের বিবাহিত মহিলা এক ঘন কুয়াশাচ্ছন্ন সকালে হিমালয়ের কোলে একটি বেঞ্চে সামনের পাহাড়ের দিকে তাকিয়ে একমনা হয়ে বসে আছেন। কোনোদিন স্বামীর মুখের ওপর কথা বলেন নি।

সারা জীবন তিনি নিজেকে স্বামীর আধিপত্যবাদী অস্তিত্বের সামনে গভীর সমাজ নির্ধারিত ভয়মুক্ত অনাবিল বিশ্বাসে সমর্পণ করে দিয়েছেন। তাঁর দুই মেয়ে, বড় মেয়েটির সামাজিক নিয়মে ও মাপকাঠিতে মাপা সম্বন্ধ করে ভালই বিয়ে দিয়েছেন, ফুটফুটে একটি নাতনী আছে, তাঁর বড় আদরের।

কিন্তু সে সংসারেও আজ বড় ফাটল ধরেছে। এই মুহূর্তে তাঁর স্বামী প্রবাসী এক ছেলের সঙ্গে তাঁদের ১৯ বছরের ছোট মেয়ের বিয়ের সম্বন্ধ পাকাপাকি করার আশায় দার্জিলিঙে এসেছেন, যাতে এই নৈসর্গিক পরিবেশে ছেলেটি মেয়েটির সাথে একটু আলাপচারিতা করতে পারে। আশা যে ছেলেটি তাঁদের মেয়েটিকে এই যাত্রায় বিয়ের প্রস্তাব বা propose করবে।

কিন্তু ছোট মেয়েটি যেন কিছুতেই সে দিকে সরাসরি আগ্রহ দেখাচ্ছে না, এদিকে বাবা-র মুখের ওপর না বলার কোনও উপায় নেই, এ পরিবারে কর্তার ওপর কেউ রা-কাটার সাহস দেখায়নি কোনও দিন। মহিলাটিরও মনে হচ্ছে এভাবে জোর করে দুই মনের মিল দেওয়া যায় না। কিন্তু স্বামীর আধিপত্যবাদী অস্তিত্বের সামনে তাঁর মত প্রকাশের কোন পথ তিনি খুঁজে পান না।

বেঞ্চের সামনে পাহাড়ের গভীর খাত, চারিদিকে কুয়াশা। এমন অবস্থায় একা বসে তিনি যেন উপলব্ধি করলেন এত বছরের তথাকথিত সুখী দাম্পত্য জীবনের পরও এ সংসারে তিনি আসলে একজন পরবাসী বা প্রবাসী। আর সেই পরবাস বোধ থেকে তিনি নিজেকে খুঁজে পেলেন, স্বামীর আধিপত্যবাদী অস্তিত্বের সামনে তাঁর মত প্রকাশের সাহস। ভাইয়ের হাত দিয়ে ছোট মেয়েকে বলে পাঠালেন "বলবে - আমার নাম করে বলবে,

সে নিজে যা ভালো বোঝে, তাই যেন করে, কোনও দিক থেকে কোনও জোরজবরদস্তি নেই"। ভাই যখন শুধায় "ইওর লর্ডশিপ?", সে আরও প্রত্যয়ের সাথে বলে " সে আমি বুঝব"। তার ভয়, ছোট মেয়েটির মধ্যে "এত জিনিষ আছে, ওর ভেতরে সব যদি চাপা পড়ে যায়"?

মনে হয়, মেয়েরা বিয়ের সময়ে একবার নিজের ঘর ছেড়ে পরবাসে যায় এই আশায় যে সে নতুন পরিবারটিকে নিজের করে নেবে কিন্তু এই গল্পের মত কত মেয়ে আছে যারা জীবনের মধ্য বা প্রান্তলগ্নে এসে উপলব্ধি করেন যে তারা আসলে পরবাসেই আছেন । উপলব্ধ করে, "তেমন আপন কেহ নাহি এ প্রান্তরে" "কে রবে সংশয়ে সন্তাপে শোকে" আর "কে রাখিবে দুখভয়সঙ্কটে"।

সময় বদলেছে কিন্তু ভেতরে ভেতরে ঘুণটা এখনও থেকে গেছে, তা 'সম্পূর্ণা' নামে একটি বাংলা ওয়েব সিরিজে অতি সম্প্রতি নতুন আঙ্গিকে ফুটিয়ে তোলা হয়েছে দেখলাম। সত্যজিৎ রায়ের কাঞ্চনজঙ্ঘা ছায়াছবিটি দেখার পর দুঃখ হয় এই ভেবে যে এমন এক অপূর্ব ছবিটিকে গর্বিত ও দাম্ভিক তথাকথিত সমাজ সচেতন বাঙালী সমাজ বানিজ্যিক সাফল্যের মুখ দেখায় নি!

চব্বিশ বছর আগে এদেশে এসেছি। যতবার প্রবাসী জীবন নিয়ে ভাবি, ততবার-ই মনে হয়, রবীন্দ্রনাথ ঠাকুর, আমাদের মত নিজেদের দেশ ছেড়ে আসা পরবাসীরা বিদেশে এসে কিরকম উপলব্ধি করবেন, তার কথাও ওই একই চার লাইনের মধ্য দিয়ে ব্যক্ত করে গেছেন। পরবাস কারে কয় এ নিয়ে আর নতুন করে কিছু বলার কোনও জায়গা রেখে যান নি।

সত্যি তো আমরা যারা নিজের শিকড় উপরে বিদেশে এসে উঠি, তখন অনিশ্চয়তা, আশঙ্কা, স্বজনহীনতা এগুলো থেকে আমাদের এই বোধই জাগায়, পরিচিত "তেমন আপন কেহ নাহি এ প্রান্তরে", অচেনা অজানা এই নতুন দেশে, "কে রবে সংশয়ে সন্তাপে শোকে" আর "কে রাখিবে দুখভয়সঙ্কটে"।যেন একই গান – দুই পরবাস পরিপ্রেক্ষিত – আর একই উপলব্ধি।

নানু গতিল্লা

পৃথিবীতে নাকি এই মুহূর্তে ৭১১১ টি ভাষা আছে। যতক্ষণ দেশে আছি কোনও অসুবিধা নেই কিন্তু প্রবাসে গেলে এই ভাষা একটা বড় সমস্যা। তাই দেখা গেছে ব্রিটিশ কলোনির লোকেরা ব্রিটেন, ফরাসী কলোনির লোকেরা ফ্রান্স আর স্প্যনিশ কলোনির লোকেরা স্পেন এ যেতে বেশী স্বাচ্ছন্দ্য বোধ করে থাকে। এই ধরণের সমস্যা মেটাতে একসময়ে এস্পারান্তো ভাষা তৈরি করা হয়, এই মনে করে যে সারা পৃথিবীর লোকেরা একই ভাষায় কথা বললে আর কোনও সমস্যা থাকবে না। কিন্তু বাস্তবে তা হয়ে ওঠে নি। সত্যি কি আদৌ এই ভাষাতে কেউ কথা বলে এই প্রশ্ন জাগতেই আমাদের সকলের সিধু জ্যাঠা গুগলকে জিজ্ঞেস করলাম। হ্যাঁ – এখনও যুক্তরাজ্য, বেলজিয়াম, ব্রাজিল, মার্কিন যুক্তরাষ্ট্র, পোল্যান্ড, ইতালি, জার্মানি, ফ্রান্সে এমনকি চীন এবং জাপানেও ২০ লক্ষের বেশী লোক এস্পারান্তো ভাষায় কথা বলে। ভাবা যায়?

আমার আবার জটায়ুর সঙ্গে অনেক মিল। “আমি গড়পারের লোক হিন্দি কি কেউ সাধে বলে নাকি? ধ্যুৎ!” টাইপের লোক। কখনও হিন্দি শিখিনি ঠিকঠাক। তারপরে পোস্ট ডক্টরাল ফেলোশিপ নিয়ে প্রথম প্রবাসে যাচ্ছি দক্ষিণে – সেখানে তো আমার এই ভাঙ্গা ভাঙ্গা হিন্দিও কাজ দেবে না। তাই ভাষা নিয়ে বরাবরই আমার একটা উদ্বেগ থেকেই থাকে। আমার জীবনে ভাষা নিয়ে যে দুটি বিভ্রাটের সাক্ষী আমি নিজে ছিলাম তাই আপনাদের জানাই।

বেঙ্গালুরুতে টাটা ইন্সটিটিউটে থাকাকালীন একটি ঘটনার কথা বলি। তখন আমি ডি-এন-এ সিকোএন্সিং করি। ডিএনএ সিকোয়েন্সিং বলতে একটি ডিএনএ অণুতে নিউক্লিওটাইড বা বেসগুলির সঠিক ক্রম নির্ধারণের জন্য সাধারণ পরীক্ষাগার কৌশল বোঝায়। আজ এই পরীক্ষা স্বয়ংক্রিয় যন্ত্রে করা যায়, তখন তা যেত না। এবং ঐ পরীক্ষা করতে গেলে ১০ ইঞ্চি × ১৮ ইঞ্চি-র মত বড় বড় কাঁচের পিস দরকার হত। যেহেতু খুব দামী এই কাঁচের পাত গুলো, ঠিক হল আমি পাইকারি বাজারে গিয়ে কাঁচ কিনে আনব, আমাদের পরীক্ষাগারে দরকার মত আকারে কেটে নেব। আমি মনে মনে জপ করতে করতে

চলেছি, আর নানু গতিল্লা নয়, প্রথমেই ইংরাজিতে সারেন্ডার করে বলব যে আমি কন্নড় ভাষা জানি না বাপু, তুমি যা বলার ইংরাজিতে বল – এই দিয়ে শুরু করব। যাই হোক কাঁচের দোকানে গিয়ে যখন বিভিন্ন ধরণের কাঁচ দেখিয়ে বিক্রেতা আমাকে অনেক কিছু বলে চলেছেন তখন আমি ইংরাজিতে বললাম – আই এম সরি, আই ডোন্ট নো কন্নড় ল্যাঙ্গোয়েজ। তারপর উনি আবার বলতে শুরু করলেন। আমি বললাম, ক্যান ইউ প্লিজ স্পিক ইন ইংলিশ? এবার উনি থেমে যা বললেন তা বাংলা করলে দাঁড়ায়, আমি তো এতক্ষন ইংরাজিতেই বলছি। আমি তো থ!! দক্ষিন ভারতীয় জিবে ইংরাজি আমার কাছে কিভাবে একেবারে কন্নড় ভাষার মত দুর্ভেদ্য ঠেকেছিল তা এখনও ভাবি আর নিজের মনেই হাসতে থাকি।

বেঙ্গালুরুতে প্রবাসী থাকাকালীন ভাষা নিয়ে আর এক মজার অভিজ্ঞতা হয়েছিল। টাটা ইন্সটিউটের ভেতরে সবই ইংরাজিতে চলে। তাই কন্নড় ভাষা জানার দরকার ছিল না। আর বাইরে গেলেও মোটামুটি ইংরাজিতে কাজ চলে যেত। তাই আমি ও আমার এক বন্ধু; ঐ নাম-কা-ওয়াস্তে কিছু কন্নড় কথাবার্তা শিখে নিয়েছিলাম। সবচেয়ে আগে শিখেছিলাম, নানু গতিল্লা – মানে আমি জানি না। অটো-রিকশাতে উঠলে – মুন্দে হোগি, মানে সামনে এগিয়ে চল...এরকম অল্প কিছু। কিন্তু এই ‘নানু গতিল্লা’ আমাদের একদিন মহা বিড়ম্বনার কারণ হল। আমি আর আমার আর এক ঘনিষ্ঠ বন্ধু মালেশ্বরম থেকে বাসে উঠেছি। সামনের দিকে লেডিস সীট গুলো ফাঁকা – কেউ বসে নেই। আমার বন্ধুটি ঐ সীটে বসতেই, কন্ডাক্টার এসে কন্নড় ভাষায় কিছু জিজ্ঞেস করল, ভালোভাবেই। বন্ধুটি উত্তর দিল – নানু গতিল্লা। কন্ডাক্টার একটু বিরক্ত হয়ে কন্নড় ভাষায় একটু চড়া গলায় আবার কিছু একটা বলল। আমার বন্ধুটি আবারো বলল – নানু গতিল্লা। এবার কন্ডাক্টার দৃশ্যত রেগে গিয়ে দ্রুত কিছু বলল, আর আমার বন্ধুটির সেই একই উত্তর – নানু গতিল্লা। সঙ্গে সঙ্গে বাসের সহযাত্রীরা হো হো করে হেসে উঠতেই, আমরা বুঝলাম কেস জন্ডিস, কিছু একটা বড়সড় বিরম্বনার কারণ হয়েছি আমরা। তখন এক সদয় ভদ্রলোক ঘটনাটা ইংরাজিতে ব্যাখ্যা করলেন তা এবার বাংলায় বলছি। প্রথমবার কন্ডাক্টার জিজ্ঞেস করেছিলেন, এটা লেডিস সীট, আপনি বসলেন কেন। ভাষা বুঝলে বলতে কোনও অসুবিধা ছিল না যে দেখ আমরা তো কলকাতা থেকে আসছি, ওখানে তো আমরা বসি, মহিলা এলে সীটটা ছেড়ে দিই। কিন্তু আমরা বলেছি, নানু গতিল্লা, মানে আমি জানি না। দ্বিতীয়বার কন্ডাক্টার আসলে আমাদের উঠে যেতে বলেছিল, আর আমরা যথারীতি বলেছিলাম নানু গতিল্লা মানে আমি জানি না। তাতে প্রচন্ড রেগে গিয়ে কন্ডাক্টার

জিজ্ঞেস করেছিলেন; আপনি ছেলে না মেয়ে যে এখানে বসে রয়েছেন? সমস্যা হল এবারও আমরা বলেছি নানু গতিল্লা মানে আমি জানি না, আর বাস শুদ্ধ সেই হাসির উদ্রেক! ঐ ভদ্রলোক আরও বললেন 'নানু গতিল্লা না বলে যদি নানু কন্নড় গতিল্লা' বলতেন তাও বোধহয় এই বিড়ম্বনা আমাদের হত না, কারণ আপনি বলছেন যে আপনি কন্নড় ভাষা জানেন না। তারপরে বললেন আর যে রাজ্যে আছেন সেই রাজ্যের ভাষাটা অল্প হলেও একটু শিখুন না। সেদিন ঐ ভদ্রলোক না থাকলে আমাদের যে কি হত কে জানে। সেদিন বুঝেছিলাম যে বেঙ্গালুরুতে তখনও ভিড় বাসে ফাঁকা থাকলেও মেয়েদের সীটে কেউ বসবে না। কলকাতা সেদিক থেকে অনেক লিবারাল।

এর কিছুদিন পরে ঐ বেঙ্গালুরুতে আর একটি ঘটনার কথা বলি। তখন আমি ডি-এন-এ সিকোএন্সিং করি। ডিএনএ সিকোয়েন্সিং বলতে একটি ডিএনএ অণুতে নিউক্লিওটাইড বা বেসগুলির সঠিক ক্রম নির্ধারণের জন্য সাধারণ পরীক্ষাগার কৌশল বোঝায়। আজ এই পরীক্ষা স্বয়ংক্রিয় যন্ত্রে করা যায়, তখন তা যেত না। এবং ঐ পরীক্ষা করতে গেলে ১০ ইঞ্চি × ১৮ ইঞ্চি-র মত বড় বড় কাঁচের পিস দরকার হত। যেহেতু খুব দামী এই কাঁচের পাত গুলো, ঠিক হল আমি পাইকারি বাজারে গিয়ে কাঁচ কিনে আনব, আমাদের পরীক্ষাগারে দরকার মত আকারে কেটে নেব। আমি মনে মনে জপ করতে করতে চলেছি, আর নানু গতিল্লা নয়, প্রথমেই ইংরাজিতে সারেন্ডার করে বলব যে আমি কন্নড় ভাষা জানি না বাপু, তুমি যা বলার ইংরাজিতে বল – এই দিয়ে শুরু করব। যাই হোক কাঁচের দোকানে গিয়ে যখন বিভিন্ন ধরণের কাঁচ দেখিয়ে বিক্রেতা আমাকে অনেক কিছু বলে চলেছেন তখন আমি ইংরাজিতে বললাম – আই এম সরি, আই ডোন্ট নো কন্নড় ল্যাঙ্গোয়েজ। তারপর উনি আবার বলতে শুরু করলেন। আমি বললাম, ক্যান ইউ প্লিজ স্পিক ইন ইংলিশ? এবার উনি থেমে যা বললেন তা বাংলা করলে দাঁড়ায়, আমি তো এতক্ষন ইংরাজিতেই বলছি। আমি তো থ!! দক্ষিন ভারতীয় জিবে ইংরাজি আমার কাছে কিভাবে একেবারে কন্নড় ভাষার মত দুর্ভেদ্য ঠেকেছিল তা এখনও ভাবি আর হাসতে থাকি।

রসগোল্লার যবনিকা পতন

সেটা বোধহয় সত্তরের দশকের মধ্য দিক। কলকাতা তখন চঞ্চল - রাজনৈতিক চঞ্চলতায় ভরপুর। ভাইফোঁটার দিন বাড়ীর সকলের সাথে পিসিমার বাড়ি গেছি। তখনকার বারাসাত একটা অজ পাড়াগাঁয়ের মত ছিল। সেবার আমার পিসতুতো দিদি বারাসাত থেকে আমাকে দমদম বিমানবন্দরে নিয়ে গেল প্লেন দেখাতে। তখন টিকিট কেটে বিমানবন্দরের দোতলায় গিয়ে প্লেন ওঠানামা দেখার জন্য ব্যাবস্থা ছিল।

বিভূতিভূষণের গল্পে অপু ও দুর্গা যেমন কাশফুল ভরা মাঠের মধ্যে দাঁড়িয়ে দূরে রেলগাড়ি যেতে দেখে অভিভূত হয়ে গেছিল, ঠিক সেরকম আমিও জীবনে সেই প্রথম বিমানবন্দরে একটি বড় বিমান দেখে অভিভূত হয়ে গেছিলাম। আমি তখন ছোট – বিশেষ রূপে জ্ঞান বা বিজ্ঞানের সঙ্গে মোলাকাত সেরকম হয়ে ওঠেনি। সেদিন মনে হয়েছিল – এই এত বড় যানটা ওড়ে কি করে, পরে যায় না কেন? এরকম প্রশ্ন শুনে দিদি খুব হেসেছিল। সেই দিদি আর বেঁচে নেই কিন্তু সেই স্মৃতিগুলোর কোনও মরণ নেই, এখনও যেন পরিষ্কার দেখতে পাই – আমরা দুজনে দাঁড়িয়ে প্লেন ওঠা নামা দেখছি।

তখন, আমি যে কোনোদিন প্লেনে চড়তে পারব, সে স্বপ্নেও ভাবি নি। প্লেনে চড়া মানুষেরা আমার কাছে তখন ছিল, কোনও অন্য গ্রহের মানুষ। এই ক'দিন আগে, আমাদের বাড়ির কাজের মহিলাটির সঙ্গে কথা হল, আমি বিমানে আসা যাওয়া করি তা জানে, তাই জানতে চাইল, দাদা একটা কথা জিজ্ঞেস করব? আকাশে ওইটুকু বিমানে এত লোক ধরে কি করে? আকাশের শেষে গিয়ে ধাক্কা খেয়ে পরে যায় না? অদম্য হাসি আপাতঃ চেপে রাখলাম মনের দুঃখে, এসব এদের কাছে অজ্ঞাত, তা এদের দোষ নয়। এরা মাটিতে কোনও বিমান দেখেনি আর দিগন্ত কি তাও তারা জানে না। আজ ভাবি, চাঁদের দক্ষিণ মেরুর কাছে ভারতীয় চন্দ্রযানের নামাটা, বিজ্ঞান সাধনা ও আন্তর্জাতিক ভু-রাজনৈতিক কারণে যতটা জরুরী, আমাদের দেশের বিপুল জনসংখ্যাকে তাৎপর্যপূর্ণ এক জনসম্পদে পরিণত করতে, এদের মত নিরক্ষর মানুষদের মধ্যে ন্যূনতম শিক্ষার চন্দ্রোদয়

ঘটানোটাও বোধহয় ততোধিক জরুরী। স্বাধীনতার ৭৫ বছর পরেও যদি এটা লজ্জার কারণ না হয় তা হলে আর হবে কবে?

তারপর বহু বছর পেরিয়ে গেছে। Y2K নিয়ে ঘোলাজলে মাছধরা তখন সবে স্তিমিত হতে চলেছে। সেদিনের বারাসাতে পিসতুতো দিদির হাত ধরে প্লেন দেখতে আসা ছেলেটি এবার লন্ডন হয়ে ফিলাডেলফিয়া যাবার জন্য প্লেনে চাপতে এসেছে। তখনও কলকাতা বিমানবন্দরে Jet bridge বা passenger boarding bridge (PBB) ছিল না, লন্ডনে ফ্লাইট থেকে নেমে তা প্রথম দেখলাম। আমার আমেরিকা আসার প্রথম ভাগ ছিল ব্রিটিশ এয়ারওয়েজে লন্ডন পর্যন্ত। এই প্লেন যাত্রাটুকুতে বাংলায় ঘোষণা করা হত, এয়ার হস্টেসরা শাড়ি পরতেন। প্লেনে উঠব বলে লাইনে দাঁড়িয়ে আছি, একটু শোরগোল শুনে তাকিয়ে দেখি, আমার সামনে কিছু আগে এক বেশ বয়স্ক মহিলার সঙ্গে চাপা কথা কাটাকাটি হচ্ছে, চাপানউতোর চলছে।

মহিলার হাতে একটা রসগোল্লা ভর্তি বিশাল বড় গোল মাটির হাঁড়ি, যা লাল সুতো দিয়ে ঘুরিয়ে ঘুরিয়ে বাঁধা। দেখেই জিভে জল এসে গেল। ওনার বুড়ো আঙ্গুলের সাথে মধ্যমা, অনামিকা ও কনিষ্ঠা – সব মিলিয়ে এই চারটি আঙ্গুল মাটির হাঁড়িটিকে নিউটনের মাধ্যাকর্ষণ তত্ত্বের বিপরীতে সযত্নে ধরে রেখেছে কিন্তু তর্জনীটি রাগ সামলাতে না পেরে বেশ জোরে জোরে ওঠানামা করছে।

এয়ার হস্টেস কিছুতেই ওই হাড়ি নিয়ে প্লেনে উঠতে দেবেন না – আর তিনিও কিছুতেই ছাড়বেন না, রীতিমত বাকযুদ্ধ চলল। একজন যত বোঝাতে যান যে আপনি এরকমভাবে খাবার জিনিষ নিতে পারেন না, নিলেও ওখানে গেলেই ফেলে দেবে – মহিলা তত বলতে থাকেন আমি নাতির মুখ দেখতে যাচ্ছি, সকলকে মিষ্টি মুখ করাব। সে মহিলা একদম নাছোড়বান্দা – শেষমেশ একপ্রকার জোরজবরদস্তি করেই প্লেনে উঠে তাঁর সীটে বসলেন। আমার সীট ছিল তাঁর সীটের কিছু আগে।

লন্ডন যাওয়ার পথে প্রচুর খাওয়া দাওয়া – বাঙালী খাবার-ই পেলাম বিমানে। পরের অংশে তো পাব না, তাই যা পেলাম খেয়ে নিলাম। লম্বা জার্নি – উঠে একবার বাথরুম সেরে নিলাম। যাবার পথে দেখি মাসিমা সেই লালসুতোয় বাঁধা মিষ্টির হাড়িটা সযত্নে আগলে রেখেছেন। নিজেকে কেন জানি না 'সাড়ে চুয়াত্তর' ছবিতে ভানু বন্দ্যোপাধ্যায়ের মত মনে হল, ভাবলাম আমি বলি 'মাসিমা মালপো খামু', থুরি, মানে মাসিমা রসগোল্লা খামু।

প্লেন লন্ডনে নামল। আমিও দেখলাম – "বিলাত দেশটা মাটির"। ১৯২৪ সালে জ্যোতির্মালা (প্রকৃতনাম জ্যোতির্ময়ী) দেবী কমার্স ও জার্নালিজম পরতে বিলাতে এসে আমাদের এ গুঢ় তথ্য পেয়ে গ্রন্থাকারে আমাদের প্রথম জানিয়েছিলেন – আজ তা চক্ষুষ করলাম!! বিমান থেকে নেমে Jet bridge পেরিয়ে গেট পেরোতেই ব্রিটিশ এয়ারওয়েজের অফিসার গোছের একজন ওনার হাতে লালসুতো বাঁধা গোল মাটির পাত্রটি দেখে এগিয়ে এলেন। জিজ্ঞেস করলেন – হোয়াট'জ দিস? ভদ্রমহিলা কিছু বলতেই ঐ ভদ্রলোক বললেন – ফুড মেটেরিয়াল? লেট মে সি! বলে রসগোল্লার হাঁড়িটা হাতে নিলেন, বললেন ইউ কান্ট টেক দিস ম্যাম! ভদ্রমহিলা হাঁ হাঁ করে উঠতেই, অফিসারটি একটা ট্রাশবিনের মধ্যে অত বড় হাঁড়িটা ফেলে দিলেন। তারপর একটু মুচকি হাসি দিয়ে বললেন "আই অ্যাম সরি"। মহিলাকে কোনও ধানাইপানাই করার সুযোগই দিলেন না। ধপ করে পরার সময়ে ঢপ মত একটা আওয়াজ হয়ে রসগোল্লা নাটকের যবনিকা পতন হল। ভদ্রমহিলার মুখের চেহারা তখন বাংলার পাঁচ দশমিক পাঁচের থেকেও খারাপ।

বাঙালির জিনগত গুণে হোক বা অন্য কোনও কারণেই হোক, দেশের মাটিতে যত পাড়ার মস্তানি, সব এখানে নেমে একেবারে যেন চুপসে গেল। চুপসানো বেলুনের মত মুখটি দেখে, অফিসারটির বোধহয় মায়া হল, এসে আবার বললেন – "ইউ কান্ট টেক দিস ম্যাম! আই য়্যাম সো সরি"! বলে চলে গেলেন।

কেসিদাসের রসগোল্লা চাইলেই সীল করা কৌটাতে এখন এখানে ঘরে বসে পাওয়া যায় – তখন তা ছিল না। আজও যখন সিল করা কৌটো থেকে বার করে রসগোল্লা খাই আমার সেদিনের কথা মনে পরে!!!

আমার খারাপই লাগছিল কিন্তু কিছু করার নেই। দেশ থেকে দেশান্তরে ব্যাকটেরিয়া বা অন্যান্য জীবাণুর গতিবিধি নিয়ন্ত্রনে এ নিয়ে আন্তর্জাতিক নিয়ম আছে। এরাও জানে যে ভারতীয়রা এ ধরণের খোলা খাবার নিয়ে আসে তাই এরা তক্কে তক্কে থাকে।

পরে আমার এক বন্ধুকে যখন এই গল্প করি সে বলে – আমি তো এনেছি। আমি বলি কি করে? সে বলে একটা স্টীলের গোল বাক্সে বেশ কিছু কেসিদাসের রসগোল্লা পুরে, ভালো করে সেলোটেপ দিয়ে পেঁচিয়ে পেঁচিয়ে প্যাক করে ওপরে, নীচে, পাশে, চারিদিকে,

বড় বড় করে টাইপ করে লিখে দিয়েছি "RELIGIOUS MATTER", তারপরে কেবিন লাগেজে চালান। ধর্মের কি মহিমা!

তবে ধার্মিক দিয়ে ধর্মীয় সহানুভূতির কাঁটা বাছা, তাও দেখেছি – সে গল্প না হয় অন্য কোনও দিন অন্য কোনোখানে!

কলম্বাসের কল্পগাথা

ছোটবেলা থেকে কলম্বাসের সঙ্গে আমাদের যে রোমাঞ্চকর প্রেম ছিল তা ক্রমশ ঘুচে যাচ্ছে দেখছি। কলম্বাসের আমেরিকা আবিষ্কারের কত রোমহর্ষক কাহিনী শুনে বড় হয়েছি। ইতিহাস কত বদলে গেছে। বর্তমানে ঐতিহাসিক ও রাজনীতিবিদদের একটা বড় অংশ কলম্বাসকে অস্বীকার করতে শুরু করেছে।

কলম্বাস আমেরিকা আবিষ্কার করেছেন এই তত্ত্ব এখন অনেকেই মানতে চাইছেন না। আমেরিকা যে কলম্বাস আসার আগেও ছিল এতো সত্যি কথা। তখন সেখানে অধিবাসীরাও ছিল এও সত্য। তারা এশিয়া থেকে আমেরিকাতে এসেছিল বেরিং প্রনালী পেড়িয়ে, কলম্বাস ওখানে যাবার অনেক অনেক আগে। কাজেই কেউ যদি কৃতিত্ব পায় তাহলে তা তাদেরই প্রাপ্য।

মনে করা হয় কমপক্ষে ১৭ হাজার বছর আগে নোমাডিক এসিয়ান আদিবাসীরা প্রথম এদেশে আসে। ১৮ মিলিয়ন (দশ লক্ষ = ১ মিলিয়ন) লোক থাকত এক সময়ে। MtDNA B2, বলে একটা গ্রুপ আজকের আরিজোনা রাজ্যে আনুমানিক ১৭ হাজার বছর আগে এসে বসতি স্থাপন করে এবং এই মহাদেশে ছড়িয়ে পড়ে। ভাবা যায়!! সরকারী মতে, এই আদি অধিবাসীদের মধ্যে এখন ৫৭৪ রকমের প্রজাতি এখনও টিকে আছে।

ক্রিস্টোফার কলম্বাস ভেবেছিলেন ইন্ডিওস (সিন্ধু উপত্যকা) এসে পৌঁছেছেন। আশ্চর্যের বিষয় হল, কলম্বাস কোনোদিন উত্তর আমেরিকার মূল ভূখণ্ডে আসেন নি। প্রথমবার তিনি এসেছিলেন এখনকার বাহামাতে। সেটা ছিল ১৪৯২ সাল ১২ই অক্টোবর। প্রধানত ইটালিয়ান আমেরিকানদের আবেগে এবং উদ্যোগেই কলম্বাসের নামে অতিরঞ্জিত এই দিনটার উদযাপন শুরু হয়। ১৯৩৭ সালে জাতীয় ছুটির দিন হিসাবে গৃহীত হয়। পরে ১৯৭১ থেকে প্রতি বছর অক্টোবরের দ্বিতীয় সোমবার এই দিবস পালন করা হয়।

কলম্বাস বাহামা আসার পাঁচ বছর পর ১৪৯৭ সালে, পর্তুগিজ অভিযাত্রী ভাস্কো ডি গামা মালাবার উপকূলে কালিকটে এসে পৌঁছান। তিনি আটলান্টিক মহাসাগরের মধ্য দিয়ে

ভারতে পৌঁছান। তিনি-ই প্রথম ইউরোপীয় হয়ে ওঠেন যিনি আদতেই ভারতে এসেছিলেন। ভাস্কো দা গামা ১৪৯৭ সালের জুলাই মাসে পর্তুগালের লিসবন থেকে রওনা হন, কেপ অফ গুড হোপকে প্রদক্ষিণ করে এবং আফ্রিকার পূর্ব উপকূলে মালিন্দিতে নোঙর করেন। তারপর ভারতের কালিকটে এসে পৌঁছান।

তাই চারিদিকে কলম্বাসের নামে স্ট্যাচু ভেঙ্গে ফেলা হচ্ছে, তার নামে মনুমেন্ট ভেঙ্গে ফেলা হচ্ছে। কলম্বাস ডে-র নাম বদলে ইন্ডিজিনিয়াস ডে (আদিবাসী দিবস) করে ফেলা হচ্ছে। ইতিহাসে কলম্বাসের অবদান নিয়ে এত দিন যা জানতাম তা অবলুপ্তির পথে। বর্তমানে অ্যামেরিকান সামোয়া সহ আরও ১৬টি রাজ্য দিনটিকে কলম্বাস ডে নামে উদযাপন করে। বাকী জায়গায় আদিবাসী দিবস (Indeginious Peoples' Day) বলে পালিত হয় – কোথাও ছুটি থাকে, কোথাও থাকে না। ইউরোপিয়ানদের দ্বারা আমেরিকার আদি আধিবাসীরা যে অত্যন্ত বেদনাদায়ক ইতিহাসের মুখোমুখি হয়েছিল, প্রায় বিলুপ্তির মুখে পতিত হয়েছিল, তাকে স্মরণ করা ও স্বীকৃতি দেওয়া এখন এই দিন উদযাপনের মূল লক্ষ্য।

কিন্তু সেই থেকে অ্যামেরিকান আদিম অধিবাসীদের ইন্ডিয়ান বলে পরিচিতি হয়ে গেল তার ফলে আমাদের কিরকম অসুবিধা হতে পারে তার সাক্ষী আমি। সে কথা তোলা থাক এখনকার মত।

এ ইন্ডিয়া সে ইন্ডিয়া নয়

পোস্টডক্টরাল গবেষক পদে যোগ দেবার প্রথম দিন। দুরুদুরু বক্ষে গেলাম হিউমান রিসোর্স এর অফিসে। আমার প্রফেসর-ই আমাকে পোঁছে দিয়েছিলেন। একটা ফর্ম পেলাম – বেশ বড়সড় ফর্মটা। একটা শব্দ দেখে চমকে গেলাম – জানতে চেয়েছে ইংরাজিতে, আমি আমেরিকার সিটিজেন না এলিয়েন। এলিয়েন? আমি বরাবর বিদেশী বলতে ফরেনার শব্দটাই জেনে এসেছি। এলিয়েন দেখে নিজেকে কেমন মঙ্গল গ্রহের জীব বোধ হল। ২০০৯ সালের পর যদি আসতাম তাহলে নিজেকে নীল রঙের Avatar অবতার বলে ভাবতাম বোধ হয়। এই চলচ্চিত্রটির মত আমি যেন একটি জেনেটিক্যালি ইঞ্জিনিয়ারড নভি শরীর নিয়ে উপস্থিত হয়েছি হিউমান রিসোর্স এর অফিসে। আর আমি যেন মঙ্গল গ্রহের মত দূরবর্তী গ্রহে থাকা মানুষের মস্তিষ্ক দ্বারা রিমোট কন্ট্রোলে পরিচালিত হচ্ছি। স্বগতোক্তি করে প্রায় বলেই ফেলি " হোয়াট? এলিয়েন? সিরিয়াস্লি? যাই হোক আমি ফর্মটা যথাসাধ্য ঠিকঠাক ভাবে ভর্তি করে মহিলাকে দিলাম। উনি বসতে বললেন মানে অপেক্ষা করতে হবে – পাসপোর্ট সহ বিবিধ কাগজপত্র তিনি নিয়ে নিয়েছেন। কিছুক্ষণ পরে উনি আমাকে ডাকলেন – জিজ্ঞেস করলেন – ইন্ডিয়ান? আমি হ্যাঁ বলাতে উনি আবার কাগজপত্র খুঁটিয়ে খুঁটিয়ে দেখতে শুরু করলেন। কিছুক্ষণ পরে সেসব ফেরত দিয়ে আমাকে আরও কিছুক্ষণ বসতে বললেন আমার পরিচয়পত্র -র জন্য ছবি তুলবেন বলে ইত্যাদি ইত্যাদি। আমি সেই কাগজপত্র হাতে পেয়ে চোখ বোলাচ্ছি। একজায়গায় একটা প্রশ্ন – "আর ইউ?" তার নীচে কতকগুলো খোপ দেওয়া আছে। এক একটার পাশে আমেরিকান, এশিয়ান এরকম করে বেশ কিছু শব্দ লেখা আছে, যেটা সঠিক তার ওপর এক্স চিহ্ন দিতে হবে। দেখি যেখানে "নেটিভ আমেরিকান" লেখা আছে সেই বক্সে মহিলা ক্রস চিহ্ন দিয়েছে। আমি রেগে কাই। মহিলার কাছে গেলাম – উনি বললেন "ডিডন্ট ইউ সে ইন্ডিয়ান? সো আই ক্রসড দি ক্যাটেগরি আন্ডার নেটিভ আমেরিকান"। "ইন্ডিয়ান এন্ড নেটিভ আমেরিকান বোথ আরে সেম"। হায় রে এরা আমাকে আমেরিকার আদিম অধিবাসীদের সঙ্গে গুলিয়ে ফেলল? আমি বললাম " আই অ্যাম ফ্রম কান্ট্রি ইন্ডিয়া"। মহিলাটি – ও সরি ইউ আর ফ্রম ইন্ডিয়া ইন এশিয়া, আই সি আই সি, – বলে ঠিক করে দিল। আমি ভেতরে ভেতরে বেজায় খাপ্পা। বাঙালীর

রক্ত আমার – পাড়ায় মস্তানি যতই করি, বেপাড়ায় ভদ্রলোকের মত চেপে গেলাম। মনে মনে বলি ওরে হাঁদাগচ্ছ তোদের ভূগোল জ্ঞান দেখছি কিছুই নেই, কলম্বাস এদেশকে ইন্ডিয়া ভেবে ভুল করার বহু হাজার বছর আগে থেকে একটা দেশ আছে যার নাম ইন্ডিয়া আর কলম্বাস এই আমেরিকাকে সেই দেশ ভেবে ভুল করেছিল।

এত দিন পর যখন স্মৃতি চারণ করি মজা লাগে। কলম্বাসের সঙ্গে আমাদের রোমাঞ্চকর প্রেম ঘুচে যাচ্ছে। ইতিহাস কত বদলে গেছে। আজ ২৩ বছর পর যখন এই লেখা লিখছি তখন ঐতিহাসিক ও রাজনীতিবিদদের একটা বড় অংশ কলম্বাসকে অস্বীকার করতে শুরু করেছে। কলম্বাস আমেরিকা আবিষ্কার করেছেন এই তত্ব এখন অনেকেই মানতে চাইছেন না। আমেরিকা যে কলম্বাস আসার আগেও ছিল, তখন সেখানে অধিবাসীরাও ছিল যারা এশিয়া থেকে আমেরিকাতে এসেছিল বেরিং প্রনালী পেড়িয়ে, কলম্বাস ওখানে যাবার অনেক অনেক আগে। কাজেই কেউ যদি কৃতিত্ব পায় তাহলে তা তাদেরই প্রাপ্য। তাই চারিদিকে কলম্বাসের নামে স্ট্যাচু ভেঙ্গে ফেলা হচ্ছে, তার নামে মনুমেন্ট ভেঙ্গে ফেলা হচ্ছে। কলম্বাস ডে-র নাম বদলে ইন্ডিজিনিয়াস ডে (আদিবাসী দিবস) করে ফেলা হচ্ছে। ইতিহাসে কলম্বাসের অবদান নিয়ে এত দিন যা জানতাম তা অবলুপ্তির পথে। তবে গর্বিত হতে হয় এই ভেবে যে ইন্ডিয়া তখন বিভিন্ন, দর্শন, খনিজ সম্পদ আর মশলাপাতির জন্য এত বিখ্যাত ছিল এশিয়া আর ইউরোপের কত জায়গা থেকে এখানে আসত।

যাই হোক এই ঘটনার পর থেকে বিভিন্ন জায়গায় যেতে প্রায়ই ইন্ডিয়ান শব্দটা দেখতে পাই। কোথাও রাস্তার নাম ইন্ডিয়ান স্ট্রীট, ইন্ডিয়ান ভিলেজ, ইন্ডিয়ান কেভ এরকম কত কিছু। প্রবাস জীবনের প্রথম ভ্রমণে এ যেন মরীচিকার মত। যেখানেই জল (মানে ইন্ডিয়ান) দেখি গিয়ে দেখি সবই মরীচিকা, এ ইন্ডিয়া সে ইন্ডিয়া নয়। এ বড় কষ্টের কারণ হত প্রথম প্রথম, এখন গা-সওয়া হয়ে গেছে। গুণগুণ করে গেয়ে উঠি "এ ব্যথা কি যে ব্যথা বোঝে কি আনজনে? সজনী আমি বুঝি ম্রেছি মনে মনে"। হাঁটতে হাঁটতে ১০ ও ১১ নম্বর স্ট্রীটের মাঝে ওয়ালনাট স্ট্রীটের ওপর একটা সুন্দর ছোট্ট গলি আছে তার নাম Delhi Street, দেখে এবার আরও ধন্দে পড়লাম, এটা অন্তত ইন্ডিয়ার ইন্ডিয়ান তো, মানে আমাদের দিল্লী শহরের নামে তো? পরে জেনেছি যে, দিল্লী স্ট্রিট আসলে একটি সিভিল ওয়ার বা সাধারণ গৃহযুদ্ধ-যুগের সময়ের রো হাউস বিশিষ্ট রাস্তা যা বিংশ শতাব্দীতে মেরামত করা হয়েছিল – এটুকু জানলেও কেন এই রাস্তার নাম কে বা কারা দিল্লী স্ট্রিট রেখেছিল তা জানতে পারিনি।

মহিলার কথায় সম্বিত ফিরল। "হাউই ডু উ প্রনাউন্স ইওর নেম – এটিস? অ্যাটিস"? আমি বললাম অতীশ, অস্ট্রেলিয়া-তে অ যেমন করে উচ্চারণ হয় অনেকটা সেরকম। মহিলা বললেন অটিস? আমি বললাম – দ্যাটস রাইট। কথা বাড়ালাম না। বলতেই পারতাম আমাদের প্রত্যেকের দুই পাটি দাঁত থাকে। তবে ধ্বনি উচ্চারণে নিচের পাটিতে যে দাঁতগুলো থাকে তাদের তেমন কোনো ভূমিকা নেই। তবে জিভ যদি উপরের পাটির দাঁতকে স্পর্শ করে, তখন ফুসফুস থেকে আসা বাতাসকে আটকে দিয়ে নানা রকম দন্ত্যধ্বনি অর্থাৎ ত, থ, দ, ধ ইত্যাদি ব্যঞ্জনবর্ণ উচ্চারণ করতে পারা যায়। কিন্তু এসব বলে লাভ নেই। বুঝলাম বাংলায় ধ্বনি ভাণ্ডার অনেক সমৃদ্ধ, আর এরা কিছুতেই অটীশ থেকে অতীশ বলে উঠতে পারবে না। পরে আলাপ হয়েছিল এক কেরালাইটের সঙ্গে – তারও একই গল্প। তার নাম সুবিনয় যোশে কিন্তু যেখানেই যায় তাকে সুবিনয় হোশে। আমাদের গায়ের রং আর চেহারা দেখে অনেকেই আমাদের মেক্সিকান ভেবে বসে আর স্প্যানিশ ভাষায় কথা বলে, যে ভাষার বর্ণমালায় কোনও 'য' নেই সবই 'হ'। যাই হোক তার কথা শুনে আমি একটু অভয় পেলাম। তবে এটা স্বীকার করব পারুক না পারুক এরা কিন্তু প্রথমেই জিজ্ঞাসা করে নেয় "হাউ ডু উ প্রনাউন্স ইওর নেম" প্রথম আলাপে এটা বেশ কমন প্রশ্ন। এবং অন্তত চেষ্টা করে এটা এক ধরণের ভদ্রতাও বটে। এদেশে কোরিয়ান আর চাইনিজরা অনেকেই একটা আমেরিকান নাম নিয়ে নেয়, জন, নিক, বিল এরকম – তবে ভারতীয়দের মধ্যেও ধীরে ধীরে এই ধারাটা আসছে না তা নয় – তবে ততটা প্রকট হয় নি এখনও।

তবে মহিলাকে দোষ দিয়েই বা কি লাভ? চন্দ্রবিন্দু বাংলা ব্যান্ডের একটি গানের দুটি লাইন মনে পরে গেল। "আমরা পাঞ্জাবিদের পাইয়া বলি, মাড়োয়ারি মাওড়া, আর এদিকে নন কমিউনাল দেওয়াল লিখি ক্যালকাটা টু হাওড়া"। এটা সত্যি। এই স্ব-বিরোধিতা বাঙ্গালির তো আছে। আর আছে বলেই বাঙালী আসলেই বাঙালী। তবে দক্ষিনে গিয়ে প্রথম জানলাম আমরাই নয়, যারা বাঙালী নন তাদের মুখেও অন্য কমিউনিটিকে নিয়ে এরকম বিকৃতিকরণ করা হয় তাই বাঙালী হয়ে যায় বং। কিরকম একটা ঠেকেছিল যখন আমি বেঙ্গালুরুতে গিয়ে প্রথম আমি বং শব্দটা শুনি। যেন অং বং চং – এর মত বাঙালী একটা ঠাট্টা-র বস্তু। পরে দেখলাম ওখানে একে অপরকে এরকম কত নামেই না ডাকে। কেউ মললু, কেউ গুল্ট , গুজ্জু আরও কত রকম! আমরা বাঙ্গালীরা বিবেকানন্দ ইংরাজিতে V না লিখে B লিখি বলে আমার এক ঘনিষ্ঠ তামিল বন্ধু বলেই দিল যে বাঙ্গালীরা যখন বাচ্চাদের ইংরাজি শেখায় তখন পড়ায় এ ফর অ্যাপল বি ফর বেজিটেবল।

মহিলার কথায় আবারো সম্বিত ফিরল। বললেন সব কিছু তৈরি, আইডি, হেলথ ইনসিওরেন্স, লাইব্রেরী কার্ড, এবং আরও কিছু আনুষঙ্গিক এবং দরকারি খুটিনাটি। শুধু পরের দিন আমাকে হসপিটালে গিয়ে শরীর, চোখ, দাঁত, রক্ত, মুত্র থেকে সব ধরণের আগাপাছতলা পরীক্ষা করতে হবে, বেশ কিছু ভ্যাক্সিন নিতে হবে ইত্যাদি ইত্যাদি। তারপর ব্যাঙ্কে একাউন্ট করতে হবে। দেশে ফোন করার ব্যবস্থা করতে হবে, খবর শোনা টিভি দেখা কিছুই হচ্ছে না, তার ব্যবস্থা করতে হবে, লিস্ট বেরেই চলল। এসব যখন ভাবছি, মহিলা এসে আমাকে একটা বেশ পুরু একটা পাক্ষিক পত্রিকার মত একটা বুকলেট হাতে ধরিয়ে দিয়ে বললেন, এটা বিদেশীরা যখন প্রথম আসে তাদের দেওয়া হয় এদেশের সংস্কৃতি, আদব কায়দা, কথ্য ভাষা ইত্যাদি সম্পর্কে অবগত করার জন্য। এই বইটা দেখে এবং পড়ে আমি খুব অবাক হয়েছিলাম, মুগ্ধ হয়েছিলাম আর অনেক সময় পড়তে পড়তে খুব হেসেছিলাম। আপনারও হাসি পাবে।

লাইফ ইন্সুরান্স

আমি যখন ছোট ছিলাম, আমার চার তলার বাড়ীর নীচে কিছু গরীব মানুষের ঘরবাড়ি ছিল। তাদের বাড়ির মেয়েরা সাধারণত এলাকায় বিভিন্ন বাড়ীতে গৃহকর্মের কাজ করতেন। প্রায়ই দেখতাম ঘরে তোলার আগে পাপোষ থেকে শুরু করে মাদুর ইত্যাদি বাইরে এনে দুই কোণকে আঙ্গুল দিয়ে জোরে ধরে, সপাং সপাং করে বেশ কবার ঝেড়ে ঝেড়ে তারপর ঘরে তুলতেন। ঝাড়ার সময়ে দেখতাম ধুলোর রাশ ঝরে ঝরে পরছে, পরিষ্কার তা দেখা যাচ্ছে। শরীরের যথেষ্ট শক্তি দিয়ে করার ফলে সুন্দর আওয়াজ হত, আর ঝাড়া শেষ হলে ঘরের মালিক পরিষ্কার জিনিষটাকে নিয়ে একটা নিশ্চয়তার মৃদু হাসি হেসে ঘরের ভেতর তুলতেন, মাঝে দোরগোড়ায় পেতে দিতেন।

মেডিক্যাল পরীক্ষার জন্য ওজোন, উচ্চতা, বুক পিঠ জিভ, দাঁত, চোখ, কান সব পরীক্ষা করা হল। এর আগে আমার কোনোদিন দাঁত পরীক্ষা হয়নি। আমার ধারণা ছিল যে দাঁতের ডাক্তার মানেই দাঁত তোলার ডাক্তার – দাঁত কেলিয়ে যেতে হবে দাঁত তুলে দেবে। দাঁতে চেন লাগিয়ে যে দাঁতের পাটি সুন্দর করা যায় এখানে আসার আগে জানতাম না। ছোট্ট একটা বড়শি দিয়ে দাঁতের ওপর যত খাদ্যের স্তর আছে, সব তা ঘষে মেজে তুলে দেওয়া যায় তাও এর আগে জানতাম না। রক্ত, মূত্র তাও জমা দেওয়া হল। যক্ষ্মা আছে কিনা তা পরীক্ষা করার জন্য মান্টু টেস্ট হল। কী কী ভ্যাকসিন আমি জন্ম থেকে পেয়েছি তার তালিকা ও প্রমাণ দিতে হল। পিতা ও মাতা দুই দিকে বংশে কি কি রোগ ছিল কি কি রোগ আছে, কে কোন রোগে মারা গেছে তার বিবরণ কম্পিউটারে তালিকায়িত হল। যেহেতু আমরা যারা ভারতীয় তারা সকলেই বিসিজি টিকা নিয়েছি, তাই যক্ষ্মার পরীক্ষা ফলস পজিটিভ হল, জায়গাটি ফুলে গেল। কাজেই যক্ষ্মার থেকে রেহাই পাওয়ার একটি নির্দিষ্ট ডোজ খেতে হল। জামা খুললেই দেখা যাবে, আমাদের এবং তার আগের প্রজন্মের সকলের, অবশ্যই যবে থেকে ভ্যাকসিন আবিষ্কার হয়েছে তবে থেকে, বাঁ হাতে দুটো চাকা চাকা দাগ আছে। এক সময়ে এসব শেষ হল আমি একটি মেডিকাল বীমার মধ্যে

ঢুকে গেলাম। বছরে দুবার স্বাস্থ্য পরীক্ষা, একবার চোখ, প্রতি ছয় মাসে দাঁত পরিষ্কার এর ঘূর্ণাবর্তে ঢুকে গেলাম।

এই সব চক্করে ঘুরতে ঘুরতে নিজেকে সেই পাপষের মত মনে হচ্ছিল। তৃতীয় বিশ্বের এই নাগরিককে তার আদ্যোপান্ত ঝেরেঝুরে তবে ঘরে তোলা হচ্ছে। মাঝে মাঝে একে একটা বিড়ম্বনার মত লাগলেও এটা বুঝতে পারছিলাম, এক পয়সা খরচা না করে আমার চোদ্দ গুষ্ঠির যে মেডিকাল হিস্ট্রি এরা নিয়ে রাখল এর ফলে এরা আদতে হয়তো আমার ভালো করছে। পরবর্তীতে আমার কোনও রোগ হলে, এই ডেটাবেস এরা ব্যবহার করবে আমার সু-চিকিৎসার জন্য। 'প্রিভেন্সন ইজ বেটার দ্যান কিওর' এই ইংরাজি প্রবাদের ওপর রচনা বমি করে পরীক্ষায় ভালো নম্বর পেয়েছি ঠিকই কিন্তু এই অভিজ্ঞতা আমাকে এর সত্যিকারের মর্ম উদ্ঘাটন করতে সাহায্য করেছিল। এ সবের পরেও যখন এদেশের নাগরিকরা থেকে থেকে এদেশের স্বাস্থ্য পরিকাঠামোর নিন্দা করে, সমালোচনা করে, তখন আমি সততই অবাক হয়েছিলাম।

আগেই বলেছি ঐতিহাসিকভাবে এবং সাংস্কৃতিক ভাবে সমৃদ্ধ হলেও ক্রাইমের শহর হিসাবে ফিলাডেলফিয়া শহরের বেশ বদনাম আছে। আর সমাজে নেগেটিভ যা কিছু তার দ্রুত গতিতে ছড়িয়ে যাবার ক্ষমতা আছে। একবার খুব নাম করা অঙ্ক শিক্ষক ছাত্রদের সামনে একের ঘরের নামতা লিখছিলেন, ১ × ১ = ১, ২ × ১ = ২, ৩ × ১ = ৩, ৪ × ১ = ৪, ৫ × ১ = ৫, ৬ × ১ = ৬, ৭× ১ = ৭, ৮ × ১ = ৮, ৯ × ১ = ৯, ১০ × ১ = ১১ লিখে ছাত্রদের দিকে না ফিরে বোর্ডে আঁকিবুঁকি করতে থাকলেন। বুঝতে পারলেন ছাত্ররা নিজেদের মধ্যে হাসাহাসি করছে, ফিসফিস করছে যে এরকম নামকরা শিক্ষক কি করে এমন সহজ ভুল করতে পারেন। তিনি ছাত্রদের দিকে ফিরতেই সব চুপ। জিজ্ঞেস করতেই এক ছাত্র ভুলটা ধরিয়ে দিলেন। ঐ শিক্ষক তখন তাদের বললেন – ইচ্ছা করেই তিনি এই ভুলটা করেছেন, এইটা দেখাতে আমরা দশটার মধ্যে নয় খানা ঠিক দেখতে পাই না, একটা ভুল পর্বতপ্রমাণ হয়ে আমাদের দৃষ্টি আকর্ষণ করে। তার কারণ আমরা অযথা ভীষণ রকমের জাজমেন্টাল বা বিচারমূলক হয়ে থাকি। আর সেটা সমাজের জন্য ঠিক নয়। ফিলাডেলফিয়াতে বছরের ৩৬৫ জনের বেশী বন্দুকের গুলিতে প্রাণ হারান, মানে প্রতিদিন নিদেন পক্ষে একজন গুলিতে মারা যাচ্ছেন যাদের অনেকেই একেবারেই বিনা কারণে, দুর্ভাগ্য ক্রমে দুর্ঘটনার মাঝে পরে। এই দুর্ঘটনাগুলো এই শহরের কলঙ্ক ঠিকই এবং এই সমস্যার আশু সমাধান হওয়া দরকার। কিন্তু ফিলাডেলফিয়া শুধু গোলাগুলির শহর নয়, সেটা অনেকেই মনে রাখেন না।

তবু প্রবাদ আছে " যা রটে তার কিছুটা বটে"। সেটা-র আমি কিছুটা হলেও সাক্ষী, যদিও পরোক্ষ ভাবে। মহিলা এসে আমাকে একটা বেশ পুরু একটা পাক্ষিক পত্রিকার মত একটা বুকলেট হাতে ধরিয়ে দিয়ে বললেন, এটা বিদেশীরা যখন প্রথম আসে তাদের দেওয়া হয় এদেশের সংস্কৃতি, আদব কায়দা, কথ্য ভাষা ইত্যাদি সম্পর্কে অবগত করার জন্য। সব তো লেখা যাবে না আর দরকারও বোধ হয় নেই। মজার বা উল্লেখযোগ্য গুলোই বরং বলি। এক পাতায় লেখা আছে যে তুমি যদি "মেড ইন আমেরিকা" কিছু উপহার কিনে দেশে ফিরতে চাও তাহলে হতাশ হতে পার। প্রথম বিয়ে করতে দেশে আসছি...না না না, আমার একটাই বিয়ে, বলছিলাম বিয়ে করতে প্রথমবার যখন দেশে ফিরছি, তখন দেখেছিলাম এটা খুব সত্যি কথা। পরিবার পরিজন বন্ধুবান্ধব সকলের জন্য উপহার ইত্যাদি কিনব। দেখি জামাকাপড় – সব বাংলাদেশ, ভারত, নাহয় এশিয়ান দেশের তৈরি। বাকী যা কিনতে চাই তার সিংহভাগ চীনের তৈরি। এমনকি মার্কিন জাতীয় পতাকা কিনতে গিয়ে দেখি তার পেছনেও "মেড ইন চায়না" ছাপ মারা। কি মুশকিল। আর একটি নির্দেশিকা দেওয়া আছে যে যখন কোনও ব্যাপারে লাইনে দাঁড়াতে হবে তখন সামনে ও পিছনে যিনি আছেন এই দুজনের মধ্যে অন্তত ছয় থেকে দশ ইঞ্চি দূরত্ব বজায় রাখবেন। গায়ে গা লাগিয়ে দাঁড়ানো এদের কাছে অসভ্যতা – একে এরা বলে "প্রাইভেসী স্পেস"। আমি জীবনে কোনোদিন লাইন না মারলেও, লাইনে দাঁড়িয়েছি বহুবার, কেরোসিন তেলের লাইন, রেশনের লাইন, ইলেক্ট্রিক বিলের লাইন, টেলিফোন বিলের লাইন, বাস ও ট্রেনের টিকিট কাউন্টারে লাইন, হরিণঘাটা দুধের লাইন, আরও কত রকমের লাইন। সব লাইনেই গায়ে গা লাগিয়ে দাঁড়াতে দাঁড়াতে আমি অভ্যস্ত। "প্রাইভেসী স্পেস" বলে যে কোনও কনসেপ্ট হয় তা আমার জানা ছিল না। এর পরে আর একটি নির্দেশিকা রয়েছে তাতে বলা আছে রাস্তাঘাটে চলার সময়ে কেউ হাই বললে হাই বলবে। এমনকি যদি কোনও হোমলেস বা ঘরছাড়াও হাই বলে তাহলেও তাকে হাই বলবে।

আর লেখা আছে যে, সবসময়ে পকেটে দশটা ডলার রাখবে যা তোমার লাইফ ইন্সুরান্স। আর হলও তাই। তখন আমি ব্যাচিলর মানুষ। বাড়ি ফেরার কোনও তাগিদ নেই। রাত দুটোতে কফি হাউস বন্ধ হলে ক্যান্সার রিসার্চ সেন্টার থেকে হেঁটে হেঁটে বাড়ী ফিরছি। হঠাত মনে হল স্বর্গ থেকে কেউ যেন আমাকে ফিসফিস করে কিছু বলল। আমি তাকিয়ে দেখি প্রায় সাড়ে ছয় ফুট লম্বা একজন আফ্রিকান আমেরিকান ভদ্রলোক আমাকে জিজ্ঞেস করলেন ' হেই হাউ আর ইউ ডুইং? আমিও ভদ্রতা করে বললাম – আই এম ফাইন – থ্যাঙ্ক ইউ। এখানে রাত দুটো পর্যন্ত সমস্ত মদের দোকান ও বার খোলা থাকে,

সেগুলো সবে বন্ধ হয়েছে তাই জ বলে যতই এগোই ভদ্রলোক আমার সাথে চলতে লাগলেন। একটু আলো আধারি জায়গাতে এসে বললেন – 'মে আই বরো সাম মানি?' এবার মনে হতে শুরু করল যে সিস্টলিক আর ডায়াস্টলিক দ্রুত তালে চলতে শুরু করছে। আমি বললাম আমি পোস্টডক, আমার কাছে বড়জোর দশ ডলার থাকতে পারে। ও বলল – টেক আউট প্লিজ। ইতস্তত করছি দেখে সে আমার আরও কাছে এসে ঘাড়ের ওপর নিঃশ্বাস সার্টের দুটো বোতাম খুলে ফেলতে ফেলতে বলল, প্লিজ সি ইনসাইড। একটা গাড়ী বাঁক নিতেই জামার ভেতরে চকচকে মত কিছু একটা চোখে পড়ল। কি জানি না, রিভলবার না ড্যাগার-ফ্যাগার জানি না। ভয়ে আমি ওয়ালেট বার করে ওকে দিলাম। ও সেটা নিয়ে থান চল্লিশেক ডলার মত শেষ সম্বলটুকু নিয়ে আমাকে তা ফেরত দিয়ে দিল। পকেটে ঢোকাতেই জিজ্ঞেস করল আমার বাড়ী কোথায়। আমি তো আরও ভয় পেলাম – এবার আমার বাড়ী ধাওয়া করবে নাকি? সে বলল আপনি রাস্তার ওপার দিয়ে যান এপাশে আরও দুজন মাগার আছে – বলে দিচ্ছি কিছু করবে না। জানেনই তো না বলে দিলে আপনাকে রেগে জখম করে দিতে পারে – যান কিছু করবে না "আপনি কি করেন" – আবার প্রশ্ন। আমি ক্যান্সার রিসার্চে পোস্টডক করি শুনে বলল – ও আপনি ডক? যান এদিক দিয়ে চলে যান কোনও ভয় নেই।

আমেরিকার কালো বেড়াল

সেবার যখন দেশে গেলাম ভাবলাম দার্জিলিংটা ঘুরে আসি। যবে থেকে সত্যজিৎ রায়ের কাঞ্চনজঙ্ঘা ছায়াছবিটা দেখে আসছি তখন থেকেই উইনডামেয়ার হোটেলে থাকব এই স্বপ্ন ছিল। দেশের একমাত্র কলোনিয়াল হোটেল। কিন্তু হোটেলের প্রতি-রাত্রির ভাড়া বড্ড বেশী। আমার ধরা ছোঁয়ার বাইরে। কিন্তু ঐ যে বহুদিনের ইচ্ছে, কিছুতেই লোভ সামলাতে পারছি না। তাই "ঋণং কৃত্বা ঘৃতং পিবেৎ" এই সংস্কৃত শ্লোক স্মরণ করে, ক্রেডিট কার্ড দিয়ে গ্যাঁটের অনেকগুলি টাকা খরচা করে ওখানে থাকাই সাব্যস্ত করলাম।

ছবি বিশ্বাসের মৃত্যুর পর সত্যজিৎ রায় বলেছিলেন যে তাঁর মনে হয়েছিল যে ভবিষ্যতে কোনও ছবিতে আভিজাত্য সম্পন্ন অভিনেতার দরকার যদি পরে, তাহলে তাঁকে সেই ছবি তৈরি করা বন্ধ করতে হবে। কারণ ঐ রকম অভিনেতা একটিও নেই আর অদূর ভবিষ্যতে হবেও না।

যবে থেকে হোটেলটি বুক করলাম তবে থেকে ঠিক করে রেখেছিলাম যে, সেখানে গিয়ে, বিশেষ করে দুটো জায়গায়, মানে স্পটে, স্যুট-বুট-টাই পরিহিত ছবি বিশ্বাসের মত পোজ দিয়ে দাঁড়িয়ে ছবি তুলব। প্রথম স্পটটি হল যেখানে, ছবি বিশ্বাসের আভিজাত্যের মেকি দম্ভ চুরমার দিয়ে বেকার যুবকটি বলেছিল "নিজের চেষ্টায়", বলেই সে একটা পরিতৃপ্তির হাসি দিয়েছিল – সেইখানটায়। আর একটি স্পট হল, যেখানে ছবি বিশ্বাস একটা চুরুট ধরাচ্ছেন, এক সাহবের সাথে কথাবার্তা বলছেন। সাহেবদের প্রতি আমাদের কেন সর্বদা কৃতজ্ঞ থাকা উচিত তার হিসেব নিকেশ দিচ্ছেন আর তার কিছুক্ষণ পরেই সিঁড়ি দিয়ে নামতে গিয়ে হ্যাচ্চো (এক হাঁচির শব্দ) শুনেই স্ত্রীকে বলেছেন "থেমে যাও থেমে যাও"। যে লোকটি হাঁচি দেবার জন্য তাঁকে থেমে যেতে হল, তাঁকে উদ্দেশ্য করে একটা স্বগতোক্তি করলেন "ইডিয়েট" – ঠিক সেখানটাতে। স্যুট-বুট-টাই পড়লেই আর মেকী আভিজাত্যের ঘোমটা পড়ে খেমটা নাচলেই যে সাহেব হওয়া যায় না সেটা বোধহয় সত্যজিৎ রায়ের থেকে বেশী করে ফুটিয়ে তুলতে আর কেউ পারে নি।

সেবার এই ফিলাডেলফিয়ার শহরতলী স্প্রিংফিল্ড এলাকায় এক বন্ধুর গাড়ীতে করে একটা শপিং মলে যাচ্ছি। আমরা দুজনেই তখন পোষ্ট ডক্টরাল ফেলোশিপ নিয়ে এদেশে উচ্চতর গবেষণা করছি। এখানে সোআর্থমোর কলেজ বলে একটা শিক্ষা প্রতিষ্ঠান আছে। সারা পৃথিবী থেকে ছাত্রছাত্রীরা পড়তে আসে এই ক্যাম্পাসে। আমাদের বাড়ি থেকে দেড় দুই কিলোমিটারের বেশী দূরে নয় এই জায়গাটি। কাছেই সোআর্থমোর ট্রেন স্টেশন। জায়গাটা বেশ জমজমাট। আমার এই জায়গাটি খুব ভালো লাগে। সোআর্থমোর শহরতলীটা সবুজের শহর। কোনও দোকানপাট নেই, কলেজ, পার্ক, স্থানীয় বাসিন্দাদের ঘরবাড়ী এসব নিয়ে খুব সুন্দর একটা জায়গা। কোনও এক বছর, যদি ঠিকঠাক মনে থাকে, জনগণের বিচারে আমেরিকাতে সবচেয়ে শান্তিতে থাকার জায়গা বলেও সম্ভবত চিহ্নিত হয়েছিল।

যাই হোক, কিছু বোঝার আগেই, হটাত আমার বন্ধুটি দিল ক্যাঁচ করে এক ব্রেক, গাড়ী ৩৫ মাইল প্রতি ঘন্টা থেকে নিমেষে শূন্য। সঙ্গে সঙ্গে নীল লাল আর সাদা আলোর ঝলকানি, সঙ্গে সাইরেন। গাড়ীটা রাস্তার পাশে এনে দাঁড় করিয়ে – কিছুক্ষণের অপেক্ষা। পুলিশ একটু পরে আসবে, নিয়ম হল, এই সময়ে ড্রাইভার লাইসেন্স, গাড়ির রেজিস্ট্রেশন বার করে হাতে নিয়ে প্রস্তুত থাকতে হবে, ডানদিকের,মানে প্যাসেঞ্জারের দিকে জানালা খুলে চুপটি করে বসে থাকতে হবে। পুলিশ এলে তা দিতে হবে, হাত যেন পকেটে না ঢোকে, পুলিশ ভাবতে পারে বন্দুক বার করছি, গুলি চালিয়ে দিতে পারে। পুলিশ এল – জিজ্ঞেস করল কেন বেপরোয়া ড্রাইভ করেছেন, হ্যাঁচকা ব্রেক করলেন কেন – আশেপাশে কেউ তো নেই। বন্ধুটি কেন জানি না কিছুই ঠিকঠাক বলতে পারল না। পুলিশটি ড্রাইভার লাইসেন্স, গাড়ির রেজিস্ট্রেশন নিয়ে চলে গেল নিজের গাড়ীতে, ১৫ মিনিট খানেক পরে ফিরে এসে বলল, আপনার নামে কোনও প্রিভিয়াস রেকর্ড না থাকায় অল্প ফাইন করলাম। বলে একটা টিকিট ধরিয়ে দিয়ে চলে গেল। আমি সর্বক্ষণ চুপ ছিলাম।

এতো আর এমন পুলিশ নয় যে আমার নাম পুণ্ডরীকাক্ষ পুরকায়স্থ বলব আর পুলিশ নাম লিখতে গিয়ে দশবার হোঁচট খেয়ে আমাদের ছেড়ে দেবে। মামা বলে ডেকে যে দু-চার ডলার বের করে বিড়ি খেতে দেব তারও উপায় নেই। অল্প ফাইন!! মানে একশ ডলার। তখনো সদ্য সদ্য প্রবাসী হয়েছি – প্রতি ডলার তখন ৪৫ টাকা, মানে ৪ হাজার ৫০০ টাকা, আঁতকে উঠে হৃদযন্ত্র খুলে পড়ার যোগাড়। আজকের হিসাবে তা দাঁড়ায় প্রায় ৮ হাজার ৩০০ টাকা।

ফাইন করেটরে চিত্তশান্তি নিয়ে পুলিশ আমাদের ছেড়ে চলে গেল। বন্ধুটি আস্তে আস্তে গাড়ী আবার চালু করল। কিছুক্ষণ পর যখন ও একটু ধাতস্থ হল – ক্ষীণ কণ্ঠে জিজ্ঞেস করলাম – তুই ওরকম হ্যাঁচকা ব্রেক কষলি কেন? আমিতো কিছুই বুঝলাম না। ও বলল – রাস্তা দিয়ে একটা কালো বেড়াল দৌড়ে ক্রস করল তো। কালো বেড়াল রাস্তা পেরোতে দেখলে থেমে যেতে হয় – জানিস না? ভাবলাম – হু – American Black Cat বলে কথা! আমি কিছু উত্তর না দিয়ে গেয়ে উঠলাম – মন রে তুই মুখ্যু বড় কুয়ার ভেতর কেমনতর। তারপরে বললাম কি অদ্ভুত কাকতালীয় ব্যাপার দেখ। ভারত, জাপান, ব্রিটেন এসব দেশেই রাস্তার ডান দিক দিয়ে গাড়ী চালায় আর আমেরিকাতে ঠিক উল্টো মানে বাম দিকে, যেন ওরা যা করছে, এখানে ঠিক তার উল্টোটাই করতে হবে। সেরকম ভারত, জাপান, ব্রিটেন এই তিন দেশে কালো বেড়াল দুর্ভাগ্যের সূচক আর এখানে আমেরিকাতে তা সৌভাগ্য ডেকে আনে বলেই বেশীর ভাগ লোক মনে করে। তবে সৌভাগ্যের ভাগ্যের ব্যাপার বটে, দেখলি তো পুলিশটা বলল না যে তোর ফাইনটা অল্পের ওপর দিয়ে গেল?

পরিমাপের মাপ-কাঠি

যাঃ গতকাল ছিল গরমকালের শেষ দিন, মানে আজ ২৩ শে সেপ্টেম্বর ভোর রাত্রি ২:৫০ মিনিট গতে, ফল FALL মরশুমের শুরু, যা পাতি বাংলায় শরতকাল বলে। মনে পরে কবিতাটির প্রথম লাইনটা? "এসেছে শরত হিমের পরশ লেগেছে হাওয়ার পরে, সকালবেলায় ঘাসের আগায় শিশিরের রেখা ধরে"। আমি সেই নাতিশীতোষ্ণ দেশের গড়পাড়ের ভেতো বাঙালী, গরমকালটা পেরোলেই আবার কি রকম বিরক্তির উদ্যোগ হয়। সকাল আর সন্ধ্যের তাপমাত্রার এত পার্থক্য যে বুঝতেই পারি না - সকালে হাফ প্যান্ট তো বিকেলে হাল্কা হাফ হাতা সোয়েটার না পড়লে ঠাণ্ডা ঠাণ্ডা লাগে। সব সময়ে ভাবতে হয় - এখন বাইরে কত তাপমাত্রা।

তাও তো গত তেইশ বছরে অনেকটাই সামলে নিয়েছি, সেটা প্রধানত প্রযুক্তিগত কারণে। ২৩ বছর আগে তো আই-ফোন ছিল না যে টুক করে ......। এই বাইরের কত তাপমাত্রা সেটা জানা আর তাকে অনুধাবন করা - দুই এ ছিল বিস্তর ফারাক।

মনে আছে, প্রথম প্রথম এদেশে যখন এসেছিলাম, ওজন, তাপমাত্রা, দূরত্ব পরিমাপের যত কিছু দৈনন্দিন জীবনে লাগে, তার একক-কে এ পদ্ধতি থেকে আর এক পদ্ধতিতে পরিবর্তন করতে করতেই ম্যাদা মেরে যেতাম, আদ্ধেক সময় চলে যেত। একেবারে শুরুর দিক কোথাও বেরোব, দেখি বাইরের তাপমাত্রা ৬০ ডিগ্রী। ষাট ডিগ্রী? এত গরম? বলে আঁতকে উঠতে গিয়ে বুঝতে পারি কিছু একটা ভুল হচ্ছে। নিজেকে শুধরে নিয়ে বিড়বিড় করতে থাকি - এফ মাইনাস... এফ মাইনাস...। হটাৎ সমবিত ফেরে - হ্যাঁ ফর্মুলাটা হল এফ মাইনাস ৩২, তাকে ৫ দিয়ে গুণ কর, তারপর যা দাঁড়াল তাকে ৯ দিয়ে ভাগ কর। ও বাবা এত মাত্র ১৬ ডিগ্রী সেন্টিগ্রেড!

আমরা গড়পারের মানুষ। এটুকু জানা ছিল যে, আমাদের গাঢ় মেলানিনে ডোবানো মোটা চামড়ার শেষে স্নায়ুপ্রান্তে সংবেদনশীল থার্মোসেন্সরগুলো আছে। তারা বাইরের তাপমাত্রার সংস্পর্শে এলে, মস্তিষ্কে যে চিরকুটটা পাঠায় তাতে "ঠান্ডা" বা "গরম" লেবেল

মেরে দিলে আমাদের মস্তিস্ক বোঝে ঠান্ডা লাগতে হবে বা গরম লাগতে হবে। কিন্তু আমার জন্ম থেকে শরীরের পুরো তাপমাত্রা-র ক্যালিব্রেশনটাই কলকাতায় বসে সেন্টিগ্রেড-এ করা। তাই প্রথম প্রথম এখানে না বুঝে বাইরে বেরোলে বাইরের তাপমাত্রায় শরীরের প্রতিক্রিয়া কেমন হবে তা ঠিক করতে গিয়ে একটু থতমত খাবার মত অবস্থা হত । সব সময়ে মন্ত্রের মত বিড়বিড় করতাম পাছে সমীকরণটা C= [(F-32)*]5/9 ভুলে না যাই। এখন এতদিন থাকতে থাকতে অনেকটা থিতু হয়ে গেছি।

আর একটা ঘটনার কথা বলি – সেও বেশ মজার। এ সবই প্রথম এদেশে আসার পরে পরে ঘটেছিল। আমাদের প্রতিবেশী কানাডা অনেকটা ঘরের শত্রু বিভীষণের মত । সেই ১৯৩১ সালে ব্রিটিশ কমনওয়েলথের প্রতিষ্ঠার প্রথম দিন থেকে প্রথম দেশ হিসাবে যোগ দেবার এত দিন পরেও তারা ব্রিটিশদের মত ক্রিকেট খেলে না (অভিবাসীদের কারণে ইদানীং শুরু হলেও জাতীয় স্তরের হিসাবে নগন্য, ২৩ বছর আগে তো সেটুকুও কেউ খেলত না), আমেরিকার মত বামদিকে গাড়ী চালায়, ব্রিটেনের ঠিক উল্টো। কিন্তু সমস্যায় পরা গেল এই ধারণা থেকেই।

আমেরিকার দিকে নায়াগ্রা জলপ্রপাত দেখে গাড়ী নিয়ে যেই ওপারে কিছুদুর গেছি, প্রায় পুলিশের খপ্পরে পরে আর একটু হলেই বেশ কিছু ডলার ফাইন দিতে হত। আগেরবারের এক লেখাতেই একটা সতর্কীকরণ বার্তা দিয়ে রেখেছিলাম। এখানে নিজের নাম পুন্ডরীকাক্ষ পুরকায়স্থ বলে পার পাওয়া যাবে না, মামা বলে ডেকে দু-এক ডলার বিড়ি খেতে দেবেন - তা স্বপ্নেও ভাববেন না। আসলে এপারে ওপারে দুই পারে স্পিড লিমিট চল্লিশ (৪০) লেখা - অথচ আমি কি করে বুঝব কানাডায় লেখা চল্লিশ (৪০) আসলে চল্লিশ মাইল নয় চল্লিশ কিলোমিটার?

অষ্টাদশ শতকের জার্মান পদার্থবিজ্ঞানী ড্যানিয়েল গ্যাব্রিয়েল ফারেনহাইট মূলত বরফ-লবণ মিশ্রণের তাপমাত্রাকে তার স্কেলের শূন্য হিসাবে গ্রহণ করেছিলেন এবং জলের হিমাঙ্ক বিন্দুকে ৩০ ডিগ্রী আর এবং শরীরের স্বাভাবিক তাপমাত্রকে ৯০ ডিগ্রী ধরে যে ভুল করেছিলেন তার খেসারত দিতে দিতে আমাদের মত সাধারণ মানুষেরা দুর্দশায় দিন কাটাল। পরে তা যথাক্রমে ৩২ আর ৯৬ ডিগ্রী করলেও সমস্যার সমাধান হয় নি।

ফারেনহাইট অবশ্য পরে এক চিঠিতে বলেছিলেন সম্ভবত ১৭০১ এক সালে তৈরি "রোমার" স্কেল নামক কিছু থেকে তার তাপমাত্রা স্কেলের ধারণাটি তিনি ধার করেছিলেন। এই ধার করতে গিয়ে সব গোলমালের শুরু। যেহেতু একটি কৌণিক ডিগ্রীতে ৬০টি কৌণিক

মিনিট রয়েছে তাই রোমার ঐচ্ছিকভাবে ঠিক করলেন যে বরফ-লবণ মিশ্রণের তাপমাত্রাকে ধরা হবে শূন্য আর গরম ফুটন্ত জলের তাপমাত্রাকে ধরা হবে ৬০ ডিগ্রী – এবার তাকে ৬০ ভাগে ভাগ করা হবে। যত এই ইতিহাস পড়ি ততই নিজে ঘেঁটে ঘ হয়ে যাই।

কিন্তু সেন্টিগ্রেড আবিষ্কার হবার পরেও, আমেরিকানরা সেই ফারেনহাইটেই আটকে থাকল। যেহেতু ব্রিটিশ ঔপনিবেশিকদের থেকে আলাদা হতে হবে। তাতে আসল সমস্যার সমাধান হয়? এই তো ২০০১ এ যখন নিউ ইয়র্কে টুইনটাওয়ারটা সন্ত্রাসবাদীদের হাতে ধ্বংস হল, আর ফরাসীরা আমেরিকার সঙ্গে তালে তাল মিলিয়ে চলল না, এতদিনের ফ্রেঞ্চ ফ্রাই কে ফ্রীডম ফ্রাই করে দিল, তাতে কি পাতি মোটা মোটা আলুভাজাগুলোর স্বাদের কোনও পরিবর্তন হল?

যাই হোক এরকম আরও কত মজার অভিজ্ঞতা হয়েছিল প্রথম দিকে। বেশী বোর না করে আর একটা মজার ঘটনা বলে এ যাত্রায় ইতি টানব ।

তখন দেশে মা একা থাকেন। বাবার পেনশনের আদ্ধেক পেনশন পান। ভাবলাম একটু ভালো ছেলে হয়ে দেখা যাক না। মাকে মাসে মাসে কিছু টাকা পাঠাতে শুরু করলাম। ধরে নিন প্রতি মাসে ১০০ ডলার পাঠাতাম। মাও খুব খুশী। ওমা! বেশ কিছু মাস পরে মা একদিন জিজ্ঞেস করে – হ্যাঁরে তোর কি কোনও সমস্যা হচ্ছে চাকরিতে? তুই মাইনে-টাইনে ঠিকঠাক পাচ্ছিস তো? সমস্যা হলে কিন্তু আমাকে বলতে পারিস। আর সেরকম হলে আমাকে টাকা পাঠাস না। আমি তোর বাবার পেনশন থেকে যা টাকা পাই – কোনরকমে চালিয়ে নিতে পারব। আমি তো কিছুই বুঝি না। কি হল? আমিতো এক পেনিও কম পাঠাচ্ছি না – মাসে মাসে একই পরিমাণ পাঠাচ্ছি। মা বলল না রে আমার কাছে বেশ কিছু মাস হল অনেক কমটাকা জমা পড়ছে। আমি - দেখছি ব্যাপারটা, বলে তখনকার মত ফোনটা রেখে দিলাম। দেখে শুনে ব্যাপারটা বুঝে হাসতে হাসতে মরে যাই আর কি। মাকে ফোন লাগালাম – আর জানেন তো সে সময়ে সেই ৫ টাকার কার্ডে হ্যালো হ্যালো বলতে বলতে সাড়ে তিন টাকা বেরিয়ে যেত। মাকে বললাম – মা তুমি খবরের কাগজে দেখ – তোমার দেশের অর্থনৈতিক প্রবৃদ্ধি ঘটছে, ডলারের প্রতিপক্ষে টাকার দাম অনেক বেড়ে গেছে। কনভার্সন রেটটা দেখ। কত কমে গেছে! ফলে আমি একই টাকা (ডলার) পাঠালেও তুমি কম টাকা (রুপি) পাচ্ছ। মা ও বুঝতে পেরে হাসে – আমিও হাসি। মা বলে – এ কি কাণ্ড – দেশের অর্থনৈতিক প্রবৃদ্ধি দেখছি আমার পকেটে সমস্যা তৈরি করছে – দূর ছাই!!!!

চেক করে দেখ চেক বানানটা

এদেশে আসার পর আমাকে স্বাভাবিক কারণেই একটা ব্যাঙ্ক একাউন্ট খুলতে হয়েছিল। না খুললে তো আমি মাইনে পাব না। এখানে এক টাকা হোক বা চল্লিশ লক্ষ টাকা হোক লেনদেন করতে হবে ঐ ব্যাঙ্কের মাধ্যমে। শুধু মাত্র মাইনের প্রথম কিস্তির চেকটা আপনাকে হাতে হাতে দেবে তারপর থেকে মাসের কোন একটা নির্দিষ্ট দিনে ব্যাঙ্কের একাউন্টে টাকা ঢুকে যাবে।

১৫ দিন পরপর মাইনে পাব শুনে আমি একটু থতমত খেয়ে গেছিলাম। ঠিক ১৫ দিন পর আমিও মাইনে পেলাম, কেমন যেন প্রেস্টিজে লাগল! দেশে থাকতে কোনও দিন শুনি নি, বিশ্ববিদ্যালয়ের কেউ ১৫ দিন অন্তর মাইনে পায়। কলকারখানাতে শ্রমিকরা হপ্তা পায় বলে শুনেছি। এ যেন তেমন ব্যাপার স্যাপার। যাতে মাতাল তালে ঠিক থাকা সম্ভব হয় না সব সময়ে, আমার প্রলেতারিয়েত অন্তরাত্মার মধ্যেও যে নগ্ন বুর্জোয়া-চিত্ত ছিল তা বুঝতে পারলাম। বিদ্রোহী মন বলে উঠল ১৫ দিনের মাথায় এই মাইনেটা নিলাম ঠিক-ই তবে এর পর থেকে মাস কাবারে যেন মাইনে পাই! বিদ্রোহী কবি কাজী নজরুল ইসলামের ছোটদের জন্য লেখা একটা কবিতা "লিচু চোর" থেকে দুটো লাইন ধার নিয়ে বিদ্রোহের ভঙ্গীতে আউড়ে উঠলাম, "কি বলিস? ফের হপ্তা? তৌবা-নাক খপ্তা!"

কিন্তু পরে আমি অবাক হয়ে দেখলাম এখানে সাধারণত লোকে ১৫ দিন পরপর মানে মাসে দুটো চেক পছন্দ করে। কারণ মাসে একটা চেক দিলে লোকে কদিনের মধ্যে তা খরচা করে ফেলে আর মাসের বাকী দিনগুলো চালাবার মত হাতে আর টাকা থাকে না। যেখানে আপনার টাকা খরচ করার জন্য প্রলোভন চারপাশে ছড়ানো রয়েছে সেখানে এটা খুব স্বাভাবিক ব্যাপার। আপনার গাড়ী বাড়ি কি দরকার – একটা টাকা না দিয়ে কিনে নিয়ে আসুন, এমনকি হয়তও এমন ডিল আপনি পেলেন যে প্রথম দু বছর আপনাকে কোনও টাকা দিতে হবে না, সুদ ও না। গাড়ী বাড়ি ছাড়ুন, চাইলে "উৎপল দত্তের" ভাষায় বলি, আলপিন থেকে এলিফ্যান্ট যা চাইবেন সবই আপনি নিয়ে আসতে পারবেন, বাকীতে।

গতকালের কাবুলিওয়ালা আজকের ক্রেডিট কার্ড – দুটোই একই ব্যাপার। 'আসল'টুকু কিছুতেই ফেরত নিতে চাইবে না – শুধু সুদ দিয়ে যান মাসে মাসে – কোনও অসুবিধা নেই, যতদিন না আপনি মাসের শেষে আসা আপনার ক্রেডিট কার্ড এর বিবৃতি (statement) দেখে আঁতকে না ওঠেন। দু বছর কেটে গেছে – কোনও টাকা দিতে হয় নি, কোনও সুদ ও হয়তও দিতে হয় নি, কিন্তু তারপরেই সুদ হয়তও ২৫% হয়ে গেছে। আর কোনোদিন পৃথিবীর ক্ষুদ্রতম ফন্টে লেখাগুলো পড়ে দেখেন নি। ওগুলো হচ্ছে একটা আইন-বোমা, হাজারো রকমের শর্ত লেখা আছে, আইনি জালে আপনাকে জড়িয়ে রাখা আছে। তাই আপনার ভোগবাদের সঙ্গে সাময়িক মধুচন্দ্রিমা কাটলে এত বেশী সুদ দিতে দিতে আপনার মাসের সব টাকাই বেরিয়ে যাচ্ছে।

সংস্কৃতে প্রবাদে আছে যাবৎ জিবেৎ সুখং জিবেৎ, ঋণং কৃত্বা ঘৃতং পিবেৎ। যতদিন বাঁচবে, সুখে বাঁচবে; ধার করে ঘি খাবে। আর পরের লাইনটা হয়ত আমরা সকলে নাও জেনে থাকতে পারি – তা হল; "ভস্মীভূতস্য দেহস্য পুনরাগমং কুতঃ।" মানে ছাই হয়ে যাওয়া দেহ কোথায় (বা কোথা থেকে) আবার ফিরে আসে? চার্বাকের লেখা। আমি দর্শন বিশেষজ্ঞ নই। তাই জানি না এটা তাঁর বক্তব্যের অতি সরলীকরণ কিনা। যাই হোক পশ্চিমী সভ্যতা যেন চার্বাকের এই দর্শনে বিশ্বাসী। সাধারণ ভাবে এটাই সকলে বলে, আরে এই একটাই জীবন, আনন্দ করে নাও, মস্তি করে নাও, কাল তুমি বেঁচে থাকবে কিনা যান না – আজ উপভোগ করে নাও চুটিয়ে। কিছুই তোমার সঙ্গে যাবে না। কেউ কারও জন্য কাঁদে না – ও দুদিনের মায়া, কাজেই ভোগ করে নাও। এই ভোগ করতে গিয়ে মাস-মাইনে একটা চেকে পেলে চলে না। অত মেপে চলা যায় না – এক মাস বড় লম্বা সময় মেপে চলার জন্য।

প্রথম ব্যাঙ্ক একাউন্ট খুলতে গিয়ে দেখলাম এখানে কারেন্ট একাউন্ট বলে কিছু নেই। এরা একে বলে চেকিং একাউন্ট। ভারতে আমরা ব্রিটিশদের অনুকরণে কারেন্ট একাউন্ট বলে জেনে এসেছি, কারণ নিত্যদিনের প্রয়োজনীয় টাকা এই অ্যাকাউন্ট থেকেই তোলা হয়ে থাকে। কারেন্ট একাউন্ট আর চেকিং একাউন্ট এই দুইয়ের ব্যুৎপত্তিগত তফাৎ নিয়ে গোলমালে পড়লাম। কাকে আর জিজ্ঞেস করব। পরে বুঝলাম যে "চেক লেখা" থেকে নাকি এই একাউন্টের নাম হয়েছে চেকিং অ্যাকাউন্ট। কারণ সেভিংস অ্যাকাউন্ট-এর জন্য এখানে কোনও চেক বই বা ক্রেডিট কার্ড দেওয়া হয় না। কিন্তু চেক লিখতে গিয়ে ধাক্কা। সত্যজিৎ রায়ের আগন্তুক ছবিতে ঠান্ডা পানীয় কোকোকোলার দোসর থামস-আপ এর বোতলে বুড়ো আঙ্গুলের বানান (Thums) দেখে জালদাদু উৎপল দত্ত জিজ্ঞেস করেছিলেন "বুড়ো আঙ্গুলের

এই বানান শিখেছ নাকি, সাত্যকিবাবু?" তিরিশ বছর পরে দেশে ফিরে Thumbs এর জায়গায় Thums দেখে অবাক হবারই কথা। আমারও মনে হল কোনও এক অ্যামেরিকান সাত্যকিবাবুকে ডেকে জিজ্ঞেস করি "চেক বই দেখে চেক-এর এই বানান শিখেছ নাকি, সাত্যকিবাবু?"। ছোট থেকে আমরা চেক শব্দটির দুটো বানান শিখেছিলাম। Cheque মানে ব্যাঙ্কের চেক, আর Check মানে পরীক্ষা করা, দমন করা। তাই এদেশে ব্যাঙ্কের চেক বইয়ে দেখি লেখা Check – যা আমাকে রীতিমত অবাক করেছিল। Cheque বানানটা-র অস্তিত্ব বিলুপ্ত হয়ে গেছে এদেশে। Cheque আর Check এর মধ্যে আভিজাত্যের আব্রু হারিয়ে গেছে এখানে। এই বানানে অভ্যস্ত হতে আমার বেশ সময় লেগে গেছিল।

সিঁদুরে মেঘ

তখন আমার বউ সবে আমেরিকাতে চাকুরী করবার অভিবাসনগত যোগ্যতা অর্জন করেছে। এতদিন আমার একটা চেকিং ব্যাঙ্ক একাউন্ট ছিল, এবার জয়েন্ট একাউন্টে পরিবর্তন করতে হবে। বউকে নিয়ে ব্যাঙ্কে গেলাম। এক মহিলা অফিসারের সামনে গিয়ে আমরা দুজনে বসলাম। নতুন ব্যাঙ্ক একাউন্ট খুললে ব্যাঙ্ক কর্মচারীরা কমিশন পেয়ে থাকেন তাই অফিসার খুশী।

তিনি বললেন আমাদের তিনটে আলাদা আলাদা একাউন্ট রাখতে হবে, দুটো নতুন একাউন্ট খুলতে হবে, আমার ও আমার স্ত্রীর একটা করে নিজস্ব একাউন্ট আর একটা জয়েন্ট একাউন্ট। তখন আমরা বললাম না আমরা একটা একাউন্ট করতে চাই। তিনি খুব ভদ্রভাবে একপ্রকার জোরাজুরি করতে লাগলেন। আমরা কিছুতেই বুঝতে পারছিনা। লক্ষ্য করলাম, উনি আমার বউয়ের সিঁথির দিকে এক ঝলক তাকালেন। আমি মুচকি হাসলাম বউয়ের দিকে তাকিয়ে। কারণ আমাদের দুজনের মনে পড়ে গেল একটা মজার কথা। মনে নেই আগে বলেছি কিনা।

ও এদেশে আসার পরে নিয়মমাফিক স্বাস্থ্য পরীক্ষার সময়ে এক মহিলা ডাক্তার আমার বউকে জিজ্ঞেস করেছিল আমি এই দুর্জন তার নববধূকে শারীরিক নির্যাতন করি কিনা। আমার বউ প্রথমে ধরতেই পারেনি যে ডাক্তার মহিলা কেন এই প্রশ্ন করলেন। জিজ্ঞেস করাতে মহিলা ডাক্তার বলেছিলেন যে উনি আমার স্ত্রীর মাথায় জমাট লাল রক্ত দেখতে পেয়েছিলেন। আমার স্ত্রী হেসে কুটিপাটি – মহিলা ডাক্তারের সিঁথির সিঁদুরের কোনও ধারণাই ছিল না।

আমরা ভাবলাম ব্যাঙ্কের এই অফিসারটিও বোধ হয় সেই ভাবনাই ভাবছেন। অফিসার একটু ভেতরে গেছেন দেখে আমি একটু বাথরুমে গেলাম। ফিরে এসে দেখি উনি আর কিছু উচ্চবাচ্য না করে আমাদের জন্য একটাই জয়েন্ট করতে রাজী হয়ে গেছেন। অবাক হয়েছিলাম। ব্যাঙ্ক থেকে বেরিয়ে বাড়ী ফেরার পথে বউ বলল, আমি যখন বাথরুমে

যাই সে সময়ে আমার স্ত্রীকে ঐ মহিলা অফিসার বলেন, আপনি যদি একটাই মাত্র জয়েন্ট একাউন্ট খোলেন আর আপনার কষ্টার্জিত অর্থের পুরোটাই যদি আপনার স্বামী আত্মসাৎ করে পালিয়ে যায় তা হলে কি হবে? আপনাকে সর্বস্বান্ত করে আপনাকে ডিভোর্স দিয়ে দেয়, তখন কি করবেন? আপনি তো অথৈ জলে।

শুনে আমি বললাম উনি তো ভুল কিছু বলেননি, পান্নালাল ভট্টাচার্যের গলায় গানটা শোন নি? "ভেবে দেখ মন, কেউ কারো নয়, মিছে ভ্রম ভূ-মন্ডলে"। আর মহিলা অফিসারটি যখন কিছুতেই আর আমাদের মত পরিবর্তন করাতে পারলেন না, তিনটে একাউন্ট খোলাতে পারলেন না, তখন বাধ্য হয়ে কাঁচুমাচু হয়ে আমার একাউন্টটা একটি জয়েন্ট একাউন্ট-এ পরিবর্তন করে দিলেন। মনে হল তিনি গেয়ে উঠলেন, "সকলি তোমারি ইচ্ছা, ইচ্ছাময়ী তারা তুমি, তোমার কর্ম তুমি করো মা, লোকে বলে করি আমি"। কিছু হলে পরে আমাকে দোষ দিও না।

মাতৃদেবীর অনলাইন পাসপোর্ট, আর অফলাইন ......

আমেরিকাও অনেকটা মহামানবের সাগরতীর বই কি! আমরা যারা একসময় ইংরাজদের কলোনি ছিলাম তারা যেতে শিখলাম লন্ডন, যারা ফ্রান্সের অধীনে ছিল, তারা যেতে শিখল প্যারিস। আর পরবর্তীতে সারা পৃথিবীর থেকে আসতে হলে যে দেশ আমাদের গন্তব্য হয়ে উঠল সেটা হল আমেরিকা। ভারতকে কবিগুরু যে মহামানবের সাগরতীর বলেছেন তার থেকে সুন্দর উপমা বোধ করি আর হতে পারে না। তবে সেই মহামানবের সাগরতীরে যখন সকলে এসে মিলেছিল তখন আমেরিকা কোথায়? আমাদের জানা বর্তমান আমেরিকার ইতিহাস তো এই সেদিনের। তবু আজকের আমেরিকা আর এক মহামানবের সাগরতীরে পরিণত হয়েছে, যেখানে "কেহ নাহি জানে কার আহ্বানে, কত মানুষের ধারা, দুর্বার স্রোতে এল কোথা হতে, সমুদ্রে হল হারা।" আমেরিকার এই স্বত্বা অবশ্য আজ আক্রান্ত হবার আশঙ্কায় আছে, সেকথা অন্য কোনখানে বলা যাবে।

এই পাসপোর্ট পাওয়াটা আজকাল যত সহজ হয়েছে আমাদের সময়ে তা তত সহজ আদৌ ছিল না। হয় গুচ্ছের টাকা দিয়ে এজেন্ট ধর, না হলে নিজে নিজে দরখাস্ত কর। আর এজেন্ট ধরলেও বা কি? পুলিশ ভেরিফিকেসনের কি গ্যাঁড়াকল, কি গ্যাঁড়াকল। টাকা না দিলে কি করে যেন পাসপোর্টের ভর তিন চারগুণ বেড়ে যেত, পৃথিবীর মাধ্যাকর্ষণ তার সর্বশক্তি দিয়ে যেন তাকে একই টেবিলে জাপটে ধরে রাখত, নড়ত আর না, আর টাকা দিলে চাঁদের মাধ্যাকর্ষণের মত, পৃথিবীর মাধ্যাকর্ষণের ছ ভাগের এক ভাগ ক্ষমতা নিয়ে আর তাকে ধরে রাখতে পারত না,ফুরফুরে মেজাজে তাকে এক টেবিল থেকে আর এক টেবিলে হয়ে জামাই আদর করে নিয়ে যেত আপনার বাড়ী পর্যন্ত।

এখন তো পাসপোর্ট অনলাইনে দরখাস্ত করলেই হল। সেই পাসপোর্ট পাওয়া নিয়ে একটা মজার অভিজ্ঞতা বলি। একটা সতর্কীকরণ বার্তা দিয়ে রাখি, মনের মাধুরী

মিশিয়ে যা বলব তার সঙ্গে কোথাও কোন বাস্তব ঘটনার মিল পাওয়া গেলে তা নিতান্তই কাকতালীয় বলে ধরে নিতে হবে, লেখক কোনও ভাবেই দায়ী থাকবে না।

আমেরিকা আসার বেশ কিছু পরে মাকে এদেশটা একটু ঘুরিয়ে নিয়ে যাব ভাবছি। তখনও আমাদের মত ছাপোষা গৃহস্থ বাড়ির মা-র একটা পাসপোর্ট আছে - এমনটা সচরাচর হত না। সবে অনলাইন চালু হয়েছে, আমার এক ভাইপো সব ফিলাপ-টিলাপ করে দিয়েছে। মার বয়েসটাও এব্যাপারে একটা সুবিধার কারণ – মাকে বেরোতে হয় নি। মা একদিন আমাকে ফোন করে বলল তার পাসপোর্ট বাড়িতে এসে গেছে, রেজিস্টার্ড পোষ্টে সই করে নিতে হয়েছে। খুব খুশী মা, আমরা সকলেও খুশী।

এই খুশীর রেশ কাটতে না কাটতেই মার জরুরী ফোন।বাড়ীতে নাকি পুলিশ এসেছিল, থানা থেকে জরুরী তলব – পাসপোর্ট নিয়ে দুদিনের মধ্যে সকাল দশটার মধ্যে দেখা করতে হবে। এখনকার মত তখন মানুষের ঘরের দোরে দোরে পুলিশ, ইডি, সিডি, সিবিআই ঘোরাঘুরি করত না। তাই বাড়ির দোরগোড়ায় পুলিশ আসা একটা বড়সড় ব্যাপার ছিল, এখনকার মত গ্ল্যামার হয়ে দাঁড়ায় নি তখনও। সেই পুলিশ কিনা আমাদের বাড়ীতে? দেখা গেল, আরো কুড়িটা চোখ আমাদের বাড়ীর ওপর উঁকি মেরে দেখেছে।

মা পুলিশকে জানাল যে মা পাসপোর্ট হাতে পেয়ে গেছেন। পুলিশটি বলল, তা হলেও আপনি যাবেন, তবে একা যাবেন, কাওকে সঙ্গে আনবেন না। মার গলা শুনে বুঝলাম, মা ভয়ে কাঠ, উদ্বিগ্ন – ছেড়ে দে মা কেঁদে বাঁচি অবস্থা, চুলোয় যাক আমার আমেরিকা ঘুরতে যাওয়া, নিকুচি করেছে আমার পাসপোর্টের – এই রকম মা'র কথাবার্তা। মাকে বোঝালাম আর কানে কানে কিছু ফুসমন্তর দিলাম।

একটা রিকশা নিয়ে মা ভয়ে ভয়ে থানায় ঢুকে অফিসারের কাছে গেলেন। খুব গম্ভীর এক কর্তব্যরত অফিসার তাঁর পদমর্যাদা সম্পন্ন গাম্ভীর্যের মাত্রাটা আরও বেশ কিছুটা চড়িয়ে এক বেয়ারাকে ডাকলেন, বললেন দেখ তো ওনার ব্যাপারটা। তারপর পদমর্যাদা সম্পন্ন গলায় অত্যন্ত বিনীতভাবে, আমার মাকে ঐ বেয়ারাটিকে অনুসরণ করতে বললেন। ঐ দূরে যেখানে অফিসের দোতলার সিঁড়িটার নীচে চার-পাঁচখানা গোদ্রেজের আলমারি আছে, ঐ দিগন্তে মা আর ঐ বেয়ারা মিলিয়ে গেল।

বাইরে দূরে কোথাও মহম্মদ রফি-র গান বাজছিল "ঐ দূর দিগন্ত পারে, যেথা আকাশ মাটিতে কানাকানি, তোমার আমার শুধু, তেমনি করেই জানাজানি...... অনেক

কথার মাঝে হয়নি বলা, একটি কথা তুমিও জানো, আর আমি ও জানি, কেন এই নীরবতা"। গানটা থেমে যেতেই নীরবতা ভেঙ্গে বেয়ারাটি মাকে সচকিত করে রীতিমত ভালোবাসায় জাপটে জড়িয়ে ধরে বললেন, মাসিমা আপনার ছেলে আমেরিকা যাচ্ছে, পাসপোর্ট আপনার হাতে চলে গেল, আমরা একটু মিষ্টিও খেতে পারব না? মার যেন ঘাম দিয়ে জ্বর ছাড়ল, আমার ফুসমন্তর-ও কাজে দিল। একটু দামী মিষ্টি – তা আর কি করা যাবে – উপায় নেই। মাকে প্রণাম করে বেয়ারাটি বলল 'আপনার যাত্রা শুভ হোক মাসিমা", বাইরে পর্যন্ত পৌঁছে দিল।

বেরিয়ে আসার সময়ে পদমর্যাদা সম্পন্ন অফিসারটিকে মা লক্ষ্য করে নি, যদি করত তাহলে দেখত, মায়ের দিকে ডান হাতটা তুলে ধরে মুচকি হেসে বলছেন "এই যে হাত দেখছেন এই হাতে ছুঁচোর গন্ধটি কিন্তু কখনও পাবেন না, হুঁ হুঁ, হুঁ। সত্যজিৎ রায়ের সীমাবদ্ধ ছবিটা আর একবার দেখে নিও। মা কে এ কথা বলতে উনি বললেন – যাই হোক আমি আর এখন কিছু ভাবতে পারছি না – এই দুদিন রাতে একদম ঘুম হয় নি। পাসপোর্টটা ঠাকুরের পদতলে রেখে একটু ঘুমাব।

লোকাল বাস

যুগ কত তাড়াতাড়ি বদলায় তা এখন আর মাপা যায় না। আজ থেকে ২৪ বছর আগে কলকাতা শহরতলীতে লোকাল বাস ছাড়া অন্য কোনও বাস ছিল না – এয়ার কন্ডিসণ্ড বাস তো কল্পনা করাই যেত না। ইউ-টিউব, কেবল টিভি বা আন্তর্জাল-এ কিছুই ছিল না। তাই সেই সময়ে, জটায়ুর ভাষায়, গড়পারের এক বাঙালির কোনও উপায় ছিল না, আমেরিকা প্রবাসী হবার আগে, নানা সামাজিক মাধ্যমে বিচরণ ক'রে উন্নত পশ্চিমীবিশ্বের হাল-হকিকত কিছুটা অনুধাবন করে আসবে। এমনি এক সময়ে, সেই ভেতো বাঙালী এসে পড়ল এদেশের এক বড় শহর ফিলাডেলফিয়াতে। সদ্য পরিচয় হওয়া কোনও এক সদয় বাঙালী ব্যক্তি তাকে একদিন রাতের খাবারে আমন্ত্রণ জানাল। বাসে যেতে হবে, তবে এটুকু নিশ্চিন্ত-র ব্যাপার যে, ওয়ালনাট স্ট্রীটের ওপরেই তাদের বাড়ি। ১০ নম্বর স্ট্রীট এ উঠে ৪২ নম্বরে নেমে গেলেই হবে। এই প্রথম সে আমেরিকার কোনও শহরের লোকাল বাসে উঠবে!

প্রথমবারের মত ফিলাডেলফিয়ার ডাউনটাউনে সুদৃশ্য বাসস্টপে দাঁড়িয়ে, নানা রুটের বাস দেখতে দেখতেই তার মন ভরে গেল। এদেশের বাসগুলো কি সুন্দর দেখতে। দিনের আলোয় ভেতরটা দেখা যায় না – গা ভর্তি গয়নার মত আপাদমস্তক বিজ্ঞাপনে ভরা। স্টপটা ছেড়ে চলে যাবার সময়, বিজ্ঞাপনে ঢাকা বাসটা যেন আক্ষেপে বিড়বিড় করে আউড়ে উঠল – "একলা হয়ে দাঁড়িয়ে আছি, তোমার জন্যে গলির কোণে। ভাবি আমার মুখ দেখাব, মুখ ঢেকে যায় বিজ্ঞাপনে" – শঙ্খ ঘোষের বিখ্যাত কবিতার প্রথম ছত্র।

দেশে থাকতে এতদিন সে চিরকাল শহরতলীর লোকাল বাসে চড়ে এসপ্ল্যানেড / ধর্মতলা গিয়েছে। জিটি রোড ধরে, হাওড়া ময়দান, বাঙ্ক্যান্ড ব্রিজ, হাওড়া স্টেশন, হাওড়া ব্রিজ হয়ে সেই ধ্যারধেরে গোবিন্দপুর পেরিয়ে ধর্মতলা যেতে হত। বাসে চড়ার অভিজ্ঞতা মানেই যেন বাদুড়ঝোলা হয়ে যাতায়াত করা। এইভাবে ঝুলে যাওয়াকে সকলে কেন যে বাদুড়ঝোলা বলে তা বোঝে না সে। বাদুড় কক্ষনো মানুষের মত করে ঝোলে না। তারা মাথা নিচু করে ঝোলে। কোনোদিন একটা A4 সাইজের একটা পাতা হাতের নিয়ে মুঠোয়

দুমড়ে মুচড়ে তারপর আবার পাতাটাকে পূর্বাবস্থায় নিয়ে আসার চেষ্টা করে দেখেছেন?! এই লোকাল বাসগুলোর বাইরেটা ছিল এই দুমড়ে মুচড়ে যাওয়া A4 সাইজের পাতাটার মতন। হাজারো টোল খাওয়া গর্তে (Dent) ভরা, ভাঙ্গা চোরা, কোনও কোনও বাসের কঙ্কাল দেখা যেত। তবু এত বছর এদেশে থাকার পরেও এই লোকাল বাস যেন আমার কাছে একটা নস্টালজিয়া। গতবার দেশে গিয়ে দেখলুম, এই রুটের একটা মাত্র বাস ধিকি ধিকি করে চলছে – নতুন নতুন ঝকমকে বাস এসেছে, নতুন নতুন রুটে, কদিন পরেই হয়তো পুরানো এই রুটটি হয়তো আর থাকবে না। শুনলাম ৫২ নম্বর রুটে একটি বাস নাকি শতবর্ষ পূর্ণ করেছে!

মনে পড়ে, বাসে এক চিলতে জায়গা নেই, তবু যতবার বাস দুম করে স্টার্ট নেয় আর ব্রেক মারে, ততবার ডপলার এফেক্ট এর মত একবার ভেতরে ঢুকে কমপ্রেসড হয়ে যেতে হয়, আবার পরবর্তীতে সামনে ঢলে পড়ার যোগাড়। খাটো বাঙালী, তাই সে ছ'ফুট কাবুলিওলার পাশে চিঁড়েচ্যাপ্টা হয়ে দাঁড়িয়ে, ভ্যাপসা গরমে, সহযাত্রীর বগলের সস্তা ডিওডোরান্ট আর ঘর্ম মিলে তৈরি হওয়া, প্যাটেন্টেবল সুরভী শুঁকতে শুঁকতে তার গন্তব্যস্থল আসার জন্য চাতক পাখির মত অপেক্ষা করতে থাকে।

বাসের গতি এত কম যে পাটিগণিত তার গড় গতিবেগ অঙ্ক কষে বার করতে পারে না। আর যাত্রীদের ধৈর্যের কোনও তুলনা নেই। সামনে পিছে দুই কন্ডাক্টর হাঁকিয়ে যাচ্ছে – ধর্মতলা, ধর্মতলা, খালি আছে চলে আসুন। ওপরওয়ালা বোধ হয়, কন্ডাক্টারদের চোখের লেন্স অণুবীক্ষণ যন্ত্রের লেন্স দিয়ে তৈরি করেন, না হলে জ্যামপ্যাকড বাসে এরা এত খালি জায়গা দেখতে পায় কোথায় – এটা একটা রহস্য না? প্রতিদিন, হয় খুচরো নিয়ে, না হলে কাটাফাটা, নতুন-পুরানো নোট নিয়ে যাত্রী আর কন্ডাক্টারের মধ্যে তর্কবিতর্ক লেগেই থাকে, আর সদ্য যদি ভাড়া বেড়ে থাকে, তাহলে সেই পুরানো আর নতুন ভাড়া নিয়ে ঝগড়া, বেশীর ভাগ সময়েই কেউ কিছু মনে করে না, এটা যেন জলভাত ব্যাপার। গায়ে সয়ে গেছে। ওদিকে কে একজন সুন্দরী মহিলার মোহে পড়ে তাকে একটু পরখ করে দেখতে গিয়ে যাত্রী-জনতার হাতে তুমুল মার খাবার যোগাড়। খিস্তি খেউর চর চাপাটি লোকটির কিছু খেতেই আর বাদ নেই।

বাস-বাবুর তাতে কোনও ভ্রুক্ষেপ নেই – তিনি তার স্বভাব সিদ্ধ ভঙ্গীতে গদাই লস্কর চালে কখনও নড়েন, কখনও থামেন। গন্তব্যস্থল প্রায় এসে গেছে, দেখা গেল, কোনও মহিলা এই স্টপে নামছেন না। তার মানে সারসের মত বাসের মধ্যে দৌড়ানো শুরু করতে

হবে, যাতে বাসের গতি কমলে, সেই গতির সঙ্গে সামঞ্জস্য রেখে, লাফ দিয়ে নেমে কিছুটা দৌড়ে তারপর থামা যায়, না হলে তো মুখ থুবরে পড়তে হবে। দেশে পুরুষ মানুষের জন্য বাস কখনও পুরোপুরি দাঁড়ায় না!!

কথায় বলে "পাঞ্জাবী ট্রাম কন্ডাক্টর দেখিনি, কাবুলিওলার বউ দেখিনি" কিন্তু এই বাঙালির অন্য একটা সৌভাগ্য হয়েছিল। সন্ধ্যে ৮টার পর এসপ্ল্যানেড থেকে ফিরতি বাসে খুব একটা বেশী ভিড় হয় না। সেরকম একটা খালি বাসে সেদিন একটি টপ ও জিন্স পরিহিতা অল্পবয়েসী স্ট্রীটস্মার্ট সুন্দরী মহিলা অন্য দুটি ছেলের সঙ্গে বসে হাসিঠাট্টায় মসগুল ছিল। মেয়েটা কোনও এক বাস স্টপে নেমে যাবার অল্প কিছু পরে বোঝা গেল ছেলে সহযাত্রীদুটি মেয়েটির কেউ নয়। দুজনেরই সর্বস্য পকেটমার হয়ে গেছে। সেদিন বুঝলাম, পাঞ্জাবী ট্রাম কন্ডাক্টর এবং কাবুলিওলার বউ দেখিনি তো আক্ষেপ করার কিছু নেই, জিন্স পরিহিতা অষ্টাদশী পকেটমার তো দেখা গেল – এ সৌভাগ্য-ই বা ক'জনের হয়?!!

এসব ভাবতে ভাবতে কতক্ষণ হয়ে গেছে জানা নেই। দেশের বাইরে আমেরিকায় প্রথম লোকাল বাসযাত্রী হতে চলেছে সে – যেন চন্দ্রাভিযানে যাচ্ছে, এমনই তোলপাড় তার ভেতরটা। বাসটা এসে দাঁড়াল ঘেরাটোপ দেওয়া জায়গাটার সামনে। সামনের দরজাটা খুলে গেল। ভেতর থেকে মহিলা কন্ঠ ভেসে এল "দি বাস ইজ স্টপিং""। সে মনে মনে বলল, আমাকে এতটা বুরবক ভাবিস নারে – দেখছি তো বাসটা থামছে। বাসের দিকে এগিয়ে যেতে নতজানু হয়ে বাসটা তাকে অভিবাদন করল। কলকাতার কোনও বাসের কাছ থেকে এটুকু সম্মান পায়নি সে। পাদানিটা রাস্তার কাছাকাছি নেবে আসায় প্রথম ধাপটা উঠতে কোনও অসুবিধা হল না। সেই একমাত্র যাত্রী ছিল ওই স্টপে। বাসটা তাকে জানাল "দি বাস ইজ স্টার্টিং"!

কন্ডাক্টর নেই কেন, এই ভেবে বাসটার ভেতরে ঢুকতে গেলে, ড্রাইভার তাকে বলল যে মেশিনে টিকিট কাটতে হবে। ভাড়া কত ছিল আজ মনে নেই – এক ডলারের কম-ই ছিল। পকেট থেকে ১০ ডলারের নোটটা মেশিনের ভেতরে ঢোকাতেই, তা' সুড়ুত করে গিলে নিল, কিন্তু বাকী খুচরো ফেরত দিল না। এযুগের ছেলেমেয়েদের কাছে হয়তো জলভাত, দেশেও এরকম বাস হয়তো এসে গেছে – কিন্তু তখন দেশে থাকতে আমাদের কাছে, কন্ডাক্টরলেস বাস অনেকটা, এখনকার ড্রাইভারলেস গাড়ির মত অবাক করা ব্যাপার ছিল। ড্রাইভার বললেন – নো চেঞ্জ প্লিজ – লেখা আছে দেখ। মন মরা হয়ে সে বাসের ভেতর একটা সীটে এসে বসল।

তখনও সে মাইনের প্রথম চেক হাতে পায় নি। দেশ থেকে আনা টাকা দিয়ে চালাতে হচ্ছে। ১ ডলার = ৪৫ ভারতীয় রুপি। মানে, নিমেষের মধ্যে প্রায় ৪০৫ টাকা গচ্চা গেল। ভাবল, ঠেলাঠেলি নেই, গুঁতোগুঁতি নেই, বাতানুকূল বাসে হাত পা ছড়িয়ে নরম গদিতে রাজার মত বসার মেজাজটাকে ধরে রাখতে হবে, মন খারাপ না করাই শ্রেয়। "এই মেজাজটাই তো আসল রাজা, আমি রাজা নই"।

পাঁচ ডলারে ডিভোর্স

সেবার ডাক পড়েছে গলা ফাটাবার – তাই স্যানফ্রানসিসকো যেতে হল। আমাদের কোম্পানির তরফে বিক্রীবাটা তদারকি করার জন্য যে দলটা আছে তার মধ্যে আমিও পড়ি। সে দিন আমার একজন ইহুদী মহিলা সহকর্মী আমাকে বিমানবন্দরে নিয়ে যাবে বলে আমাদের অফিসে এসে হাজির। ফ্লাইট মিস করা যাবে না, রাস্তায় কখন যে জ্যাম হয় তা তো বলা যায় না। জ্যাম না থাকতেই তো ৪৫ মিনিট দেখাচ্ছে।

আমি বললাম তুমি সামনের চেয়ারটায় বস আমি একটু আমার স্ত্রীকে ফোন করে বাই করে দিই। তারপরে এক সঙ্গে বেরোব, হাতে সময় আছে, এয়ারপোর্টে লাঞ্চ করে নেব, প্লেনে ওঠার আগে। বাংলাতেই কথাবার্তা হল। কথাবার্তা শেষ হতে উঠে পড়লাম, সহকর্মীটির গাড়িতে রওনা দিলাম বিমানবন্দরের উদ্দেশে।

পাঁচ দিনের কর্মসপ্তাহ চলাকালীন সহকর্মীর কাজের মুঠোফোন থেকে দু তিন মিনিটের মত স্ত্রীকে ফোন করে নিতাম, ঐ গাড়ীতে যাবার আসার পথে পথে। মনে রাখতে হবে তখনও মুঠোফোনের লাক্সারি আমার হয় নি। গামবাট সাইজের মুঠোফোন দেখে ভক্তি শ্রদ্ধাও হত না আমার- মুঠোফোনগুলো এখনকার মত সুতন্বী ছিল না।

আসার পথে মহিলা জিজ্ঞেস করল – একটা জিনিষ লক্ষ্য করলাম – এই সাত দিন ধরে তুমি তোমার স্ত্রীকে একবারও বললে না "আমি তোমাকে ভালোবাসি", ফোনে কিস করতেও দেখলাম না। কারণ তুমি নিশ্চয় লক্ষ্য করেছ যে আমি যখনই আমার হাসবান্ডের সঙ্গে কথা শেষ করি "আই লাভ ইউ" বলে একটা চুউউউউউউউয়া বলে একটা লম্বা কিস দিয়ে তবে ফোনটা কাটি।

ইংরাজিভাষী মহিলার গলায় "আমি তোমাকে ভালোবাসি" বাক্যটি শুনে আমি অবাক। জানল কি করে? তারপর ভাবলাম না জানারই বা কি আছে? আগে যখন বিশ্ববিদ্যালয়ের ল্যাবে ছিলাম, রাশিয়ার সাইবেরিয়া অঞ্চলের নভোসিবিরিস্ক থেকে আসা এক বিজ্ঞানী মহিলাটিও তো হিন্দি গান জানত। সেই মহিলা খুব মজার ছিলেন। আমাকে

দেখলেই গাইতেন "মেরা জুতা হ্যায় জাপানী..."। একটা সময় ছিল যখন ভারত আর তখনকার ইউএসএসআর এর মধ্যে মাখো মাখো প্রেম চলছে, রাজকাপুরের ছবি তখন খুব জনপ্রিয় ছিল সেদেশে।

কিন্তু এই মহিলা জানল কি করে? সেটাই আমার কাছে বড় প্রশ্ন হয়ে দাঁড়ালো। এবার সে আমাকে আরও অবাক করে দিয়ে ভাঙ্গা ভাঙ্গা গলায় রীতিমত গেয়ে উঠলঃ "আংরেজি মে কেহতে হ্যায় কি আই লাভ ইউ, গুজরাতি মা বলে তনে প্রেম করো ছো,বাঙালী মে কেহতে হ্যায় আমি তোমাকে ভালোবাসি..."। আমি রীতিমত আকাশ থেকে পড়ে গেলাম, হাসিও ধরে রাখতে পারি না। গলায় সুরও আছে তার।

সে বলে তুমি বচোনের মুভি দেখ? আমি বললাম বচন না, বচ্চন। কিন্তু এ বড় কঠিন এদের জিহ্বায়। প্রথম চ-তে ঠোক্কর খেয়ে আর একটা চ এর ওপর উঠে বসার আগেই জিহ্বার তৈলাক্ত জমিতে হড়কে গিয়ে সেই বচোন হয়ে যায়। সে বলে চলল আমার ছেলের গার্ল ফ্রেন্ড হল ইন্ডিয়ান সেই আমার ছেলেকে বচ্চনের মুভি দেখায়, বচ্চনের সে খুব ভক্ত। আর আমার পাগল ছেলে আমাকে এই গান শিখিয়েছে। জান তো এদেশে বিয়ে হলে সেই আসরে যে নাচ হয়, তাতে মেয়েরা বাবার সাথে নাচে, ছেলেরা মার সাথে নাচে। আমাকে তাই এখন থেকে প্রস্তুত করছে। আমাকে নাকি এই গানের সাথে নাচতে হবে।

এখন বল তুমি কেন এতদিনে তোমার স্ত্রীকে একবারও বললে না "আমি তোমাকে ভালোবাসি"। কি বলব বুঝে উঠতে পারছিলাম না। তবু সংশয়টা রয়েই গেল প্রতিদিন "আই লাভ ইউ" বললে ভালোবাসার ঘনত্ব কি বাড়ে?? ও আমাকে আর এম্ব্যারাস না করে মুচকি হেসে অন্য প্রসঙ্গে চলে গেল।

মনে পড়ে গেল বিয়ের পর প্রথম যখন ফিলাডেলফিয়াতে মার্কেট স্ট্রীটের দুজনে হেঁটে বেড়াচ্ছি, হঠাত দেখি একটি অফিসের ওপরে একটা বিশাল হোর্ডিং - তাতে বড় বড় করে লেখা – Divorce in 5 Dollars। দেখে মনে হল এরা যারা প্রতিনিয়ত উঠতে বসতে বলে যাচ্ছে "আই লাভ ইউ" সেই দেশে ডিভোর্সের খদ্দের ধরার জন্য উকিলরা আইনি প্রক্রিয়ার দাম কমাতে বাধ্য বই কি!!!!!

আজি বর্ষারাতের শেষে

এখানে বর্ষাকাল বলেতো কিছু নেই। গত কদিন, ওফেলিয়া নামে একটি ক্রান্তীয় ঝড় বৃষ্টি (Hurricane) বয়ে যাচ্ছে দক্ষিণ ক্যারোলিনা রাজ্যে আর তার প্রভাব আমাদের এই ফিলাডেলফিয়া শহরের আশেপাশেও পরেছে। সেক্সপিয়ারের হ্যামলেট নাটকের চরিত্র ওফেলিয়া – তার নামে এই নাম। ভারি মিষ্টি নাম।

ছোটবেলা থেকে পড়ে এসেছি যে, যদি বছরের নির্দিষ্ট সময়কালে একটি বিশেষ জলবায়ু নিয়মিত ঘুরে ফিরে আসে, তখন তাকে ঋতু বলে। সে অর্থে আমাদের দেশে ছয়টি ঋতু দেখে এসেছি। বৈদিক যুগ থেকেই ভারতীয় উপমহাদেশের বিভিন্ন ঋতু এই ছয়টি শ্রেণীতে বিভক্ত ছিল। গ্রীষ্ম, বর্ষা, শরৎ, হেমন্ত, শীত ও বসন্ত। যদিও ভারতের সর্বত্র এই ছটি ঋতু হয় না, কিন্তু বাংলায় হয়।। কারণ, সেখানে প্রত্যেকটি ঋতুকে আলো, তাপমাত্রা, আদ্রতা সহ নানা স্থিতিমাপ / মাপকাঠি (parameter) দ্বারা সঠিকভাবে তফাৎ করা যায়। এদেশে এসে দেখলাম বর্ষা ও হেমন্ত ঋতু ষড়ঋতু-র তালিকা থেকে উধাও!!!

মজার কথা হল ভারতেও আন্তর্জাতিক মান অনুসরণ করতে গিয়ে, Indian Metereological Department (IMD) চারটি ঋতু যেমন গ্রীষ্ম (মার্চ থেকে মে), বর্ষা (জুন থেকে সেপ্টেম্বর), শরৎ (অক্টোবর এবং নভেম্বর) এবং শীত (ডিসেম্বর থেকে ফেব্রুয়ারি) কে স্বীকৃতি দিয়ে থাকে। ভাবতে পারেন হেমন্ত আর বসন্ত সেই তালিকাতেই নেই? গতবছর এখানে বসন্ত উৎসব দেখতে দেখতে ভাবছিলাম, যারা ঋতুর আন্তর্জাতিক মান তৈরি করেন তাদের কান ধরে নিয়ে যাই আমাদের পুরুলিয়া, বাঁকুড়া, বীরভূমের, ওই শাল পিয়ালের বনে, লালপাহাড়ির দেশে। দেখাই, বলি, কেন বসন্তকে আন্তর্জাতিক মানে একটি ঋতু হিসাবে ধরা হবে না – কৈফিয়ত দাও।

আগেই বলেছি এদেশে এখানে বর্ষাকাল বলে কিছু নেই। তবে April Showers May Flowers বলে একটা চলতি কথা আছে। কখনো কখনও তা হলেও এবার তা বড্ড শুকনো ছিল । ২১শে জুন থেকে গরমকাল শুরু হয়েছিল, সবে তা শেষ হল। আমার বাগানের

গাছগুলোতে জল দিতে দিতে জলের বিল বড্ড বেড়ে যাচ্ছিল। এদেশে যখন প্রথম আসি, জলের জন্য বিল মেটাতে হবে দেখে প্রমাদ গুনেছিলাম। দেশে থাকতে কোনোদিন জলের জন্য টাকা দিতে হয় নি, দু একবার চেষ্টা হয়েছিল বটে তবে তা, সচেতন নাগরিকদের তীব্র বিরোধিতার কারণে বাস্তবায়িত হয় নি। এখন অবশ্য ওখানেও সকলকে জলের জন্য বিল মেটাতে হয় কিনা তা জানি না।

এই সব ভাবতে ভাবতে দেখি ওফেলিয়ার দৌলতে "আজ মেঘের জটা উড়িয়ে দিয়ে" প্রকৃতির নৃত্যের সঙ্গে সঙ্গে প্রবল বৃষ্টিপাত শুরু হল। চারিদিক "নিঃসীম শূন্যে শ্রাবণবর্ষণসঙ্গীতে"ভরে গেল ।

এত দিন পরে এই বৃষ্টিপাত আমার "অন্তরে আজ কী কলরোল" তুলল তা বলে বোঝানো যাবে না। মনে পড়ে গেল পুরানো দিনের কত কথা, কত স্মৃতি। আমাদের চারতলা ভাড়াবাড়ীতে বারান্দার ওপরে একটা ঢেউ খেলানো লম্বা অ্যাসবেস্টসের করোগেটেড শীট ছিল, তার ওপর যখন ঝমঝমিয়ে বৃষ্টি পড়ত, তাতে যে মিষ্টি জলতরঙ্গ তৈরি হত, সংগীতের যে মূর্ছনা তৈরি হত তা মনে পড়ে গেল। এ প্রজন্ম এই মূর্ছনা শুনতে পারবে না যেহেতু অ্যাসবেস্টসের ব্যবহার আজ নিয়ন্ত্রিত, কারণ এই জিনিসটি মেসথিলিমিয়া নামে এক ক্যান্সারের প্রধান কারণ। দীর্ঘ খরার পর প্রথম বর্ষা-র জল যখন মাটিতে পরে, তখন একটা সোঁদা গন্ধ পাওয়া যায় – প্রথম বৃষ্টির সেই গন্ধটা আমার বড় প্রিয়। মাটিতে থাকা স্ট্রেপ্টমাইসিট নামে এক অনুবীক্ষণিক ব্যাকটেরিয়া তাদের গায়ে জল পড়লে জিওস্মিন নামে এক ধরণের যৌগ নিঃসরণ করে – সঙ্গে সঙ্গে দেশের অভাব বোধ করি।

এদেশে বর্ষাকাল বলে কিছু নেই তবে প্রথম বৃষ্টির জলে ভেজা মাটির গন্ধ আমাকে দেশের বর্ষার কথা মনে করিয়ে দেয়। এসব ভাবতে ভাবতে সকাল বেলা ঘুম থেকে উঠে ব্যাল্কনিতে দাঁড়িয়ে চা খেতে খেতে মনে হল, গরমকাল অতিক্রান্ত, বাতাসে ঠাণ্ডা ঠাণ্ডা বোধ হচ্ছে, মাঝে বর্ষাকাল বলে কোনও ঋতুর অস্তিত্বই নেই এদেশে, তাতে কি হয়েছে? বৃষ্টি যথেষ্ট হয়েছে – উদাত্ত গলায় গাওয়া যেতেই পারে। গেয়ে উঠলাম – "সজল মেঘের কোমল কালোয় অরুণ আলো মেশে। বেণুবনের মাথায় মাথায় রঙ লেগেছে পাতায় পাতায়, রঙের ধারায় হৃদয় হারায়, কোথা যে যায় ভেসে। আজি বর্ষারাতের শেষে"...।

থাও তবে কচু পোড়া, থাও তবে ঘন্টা

আজ কেন জানি না কবি সুকুমার রায়ের ছড়াটা মনে পড়ে গেল - "খাই খাই কর কেন, এস বস আহারে- খাওয়াব আজব খাওয়া, ভোজ কয় যাহারে।" কথায় বলে বাঙালী খেয়ে ও খাইয়ে মরল।

দেশে থাকতে ভাবতাম – মানুষে খেতে পায় না এটাই একটা সমস্যা। এখানে এসে বুঝলাম, মানুষে বেশী খেতে পায় সেটাও একটা সমস্যা। সেবার প্যারিস বিমানবন্দরে নেমে শেরাটন হোটেলে এক রাত কাটিয়ে পরের দিন অন্য জায়গায় যাব। ক্লান্ত, তাই হোটেলের-ই নীচে রেস্টুরেন্ট দেখে ওখানেই খেয়ে নেওয়া মনস্থ করলাম।

ফরাসীরা সকলেই শিল্পী মানুষ তা জানা ছিল। সকলের মধ্যে যেন একটা জন্মগত সৌন্দর্যবোধ আছে। এর পরিচয় আগেও কানাডার ফরাসী ভাষাভাষী অধ্যুষিত কেবেক রাজ্যে গিয়ে পেয়েছি, এবার আসল জায়গা ফ্রান্স এ দেখলাম। তবে আমি এখন শুধু খাবার নিয়ে বলব।

হোটেলে মেনু দেখে, আমার পছন্দের খাবার মানে বাসমতী চাল আর স্যামন মাছ, সঙ্গে একটা ডায়েট কোক অর্ডার দিলাম। কিছুক্ষণ পর চলেও এল। সুন্দরী এক মহিলা, সুসজ্জিত একটা ট্রেতে করে প্লেটটা এনে রাখল, তারপর ঢাকাটা তুলে পাশে রেখে দিল। কি সুন্দর ডেকোরেশন করা প্লেট। চারিপাশ নানা আর্ব আর নানা রঙের রান্নার মশলার পেস্ট দিয়ে আলপনা দেওয়া। মাঝে ছোট্ট গোলাকৃতি বাসমতী চালের ভাত আর পাশে স্যামন মাছের একটা ছোট পিস। মনে পরে গেল, যখন দেশে, হাতে পয়সা থাকত না, একশ গ্রাম রুই মাছ কিনে, মাছওয়ালাকে চারভাগ করে দিতে বললে যেরকম সাইজের একটা মাছের পিস করে দিত, অনেকটা ওইরকম সাইজের। আর সঙ্গে লিলিপুটের সাইজের একটা কাঁচের বোতল তাতে লেখা ডায়েট কোক। এর দাম কিনা ৩০ ইউরো!!

মনে মনে বললাম, ভায়া তুমি খাবারে দাম যেটা দেখছ – তার মধ্যে নামি হোটেলের গ্ল্যামারের দাম, aesthetic sense এর যে ভার সেই ওজন - তার দাম,

তোমাকে যে বাইরে বেরিয়ে দূরে কোথাও গিয়ে খেয়ে আসতে গেলে যে সময় চলে যেত, সেই সময়ের দাম, যেটাকে বাংলায় বলে প্রাইস ফর কনভিনিএন্স, যোগান ও চাহিদার মধ্যে যে বীজগণিতের সমীকরণ অর্থনীতির শিক্ষকরা বিশ্ববিদ্যালয়ে পড়ান তার মূল্য – সব কিছু ধরা আছে।

ভাবলাম চাহিদা ও জোগানের বীজগণিতের সমীকরণের ধাক্কা আমি এদেশে এসে প্রথমের দিকে খেয়েছিলাম বটে। প্রথমবার যখন ফিলাডেলফিয়া শহরের সিটি হলের কাছে লর্ড এন্ড টেলর্স (এখন যেটা মেসিজ) সেই দোকানে ছেলের জন্য ৬-১২ মাসের জামা কিনতে ঢুকি, দেখি আমার জামার দাম যদি ৩৫ ডলার হয়, তার জামারও প্রায় সমতুল্য দাম। তখন আমার মত এক মূর্খ হাতি, গর্তে পরে চামচিকের কাছে অর্থনীতির এই গুরুত্বপূর্ণ শিক্ষা সমাপন করেছিল। সব কিছু চাহিদা আর যোগান – বাকী সব কিছু গৌণ। কিন্তু তাতে তো আর পেট ভরবে না।

আমেরিকাতে এসে প্রথম যখন খাবারের মহিমা দেখি – তাক লেগে গেছিল - quadruple burger, সঙ্গে চিজ ভর্তি এক বাটি আলুভাজা, তার সঙ্গে সাস্থ্য সচেতনতার প্রতীক হিসাবে এক গামলা Diet Coke নিয়ে বসে তৃপ্তি করে লাঞ্চ করছেন একজন। Diet Coke, পাছে শরীরে বেশী চিনি চলে যায়। ল্যাবে একবার রসগোল্লা নিয়ে গেছিলাম - কলিগদের খাওয়াব বলে - নাক কুঁচকে ভুরু তুলে জিভ লটকাতে লটকাতে বলে - বাবাঃ কি মিষ্টি গো — এত মিষ্টি তোমরা খাও কি করে? এমন রাগ হল - বললাম আয় একটা ৫০ মিলি-র বিকার নিয়ে আয়, তারপর ৪৪ গ্রাম চিনি ওজন করে দেখে কতটা চিনি তুই খাস একটা ১২ আউনস কোকের মধ্যে, যা ডেইলি ডায়েটের আশি শতাংশ। আর ম্যাকডোনালড থেকে যে সবচেয়ে বড় গামলাটা নিয়ে আসিস ওতে অন্তত ২০০ গ্রাম চিনি আছে।প্রতিদিন দিনে দু গামলা খাস - কত চিনি যায় শরীরে? আর ফুটবলের মত বাঙালীর সেরা রসগোল্লাকে নিন্দে?

ওমাঃ টেক্সাস গিয়ে দেখি সেখানে সবকিছু আরও বড়। এদেশে থাকতে থাকতে এই এত বড় বড় portion size পেতে পেতে একদম SPOILED BRAT হয়ে গেছি আমরা। তাই প্যারিসে এসে যেন খাবারের পরিমাণ দেখে মনটা একেবারে ম্যাদা মেরে গেল।

স্পেনে হাজার হাজার লোক লা টোমাটিনা উৎসবে একে অপরের দিকে টমেটো ছোঁড়ে – রাস্তায় টমেটোর বন্যা। বিবেকের তাড়নায় নাকি সত্যি জানি না তারা বলে যেসব টমেটো তারা ছোঁড়ে তা নাকি একেবারে খাবার যোগ্য নয়। কিন্তু এত টমেটো যদি

খেতে না পাওয়া, অভুক্ত দেশগুলিতে বন্টন করা হত!! আস্তে আস্তে বুঝলাম প্রাচুর্য একটা রোগ, বেশী খাবার যেখানে সমস্যা, অপচয় যেখানে মহামারী। কিছুতেই মন ভরে না।

বুফেতে খেতে গিয়ে দেখেছি – লোকে প্লেট ভর্তি করে নিচ্ছে, কিছুটা খেয়ে বাকীটা ফেলে আবার নিয়ে আসছে – কতবার তার ইয়ত্তা নেই। যেন কিছুতেই কোনও খাবারেই তাদের মন ভরে না। তাই বোধ হয় সুইজারল্যান্ডে নাকি রেস্তোরাঁতে বিশেষ করে ভারতীয়দের জন্য নোটিশ দেওয়া হয় – হে ইন্ডিয়ান ডোন্ট ওয়েস্ট ফুড।

আবার সেই জন্যই বোধহয় কবি বলেছেন "এত খেয়ে তবু যদি নাহি ওঠে মনটা- থাও তবে কচু পোড়া, খাও তবে ঘন্টা"। আজ সেপ্টেম্বর ২৯ তারিখ নাকি, International Day of Awareness of Food Loss and Waste (IDAFLW) - তাই মাথার ক্যারাটা একটু নড়ে উঠল।

তুমি হেঁচেছিলে পরশু, কাল কেন হাঁচো নি...

আমার নিজস্ব একটা দর্শন আছে - দর্শন বললে একটু গুরুগম্ভীর শোনায় - তবু বললাম। সেটা হল এই যে, আমি মনে করি - প্রত্যেকটি মানুষের জীবন হল এক-একটা কবিতা, গল্প, কিম্বা উপন্যাস।

হয়তো সম্পূর্ণ অবান্তর কথা, তবু না বলে পারছি না। যখন আমি ছোটবেলায় ভাড়াবাড়ীতে চারতলায় থাকতাম - একদিন দেখি এক পাগলী নারী রাস্তায় বসে, B.E College (এখন BESU) centenary gate এর দেয়ালে পিঠ দিয়ে, সর্বক্ষণ বিড়বিড় করে বকে চলেছে। আমার খুব মায়া হল - কিন্তু তার সঙ্গে তো আর কথা বলা যায় না। যারা ওই B.E College (এখন BESU) centenary gate দেখেছেন, তারা বুঝবেন ওই গেটের ভেতরে বসার একটা জায়গা ছিল, এখনও আছে। সেইখানে গিয়ে চুপ করে বসে রইলাম কিছুক্ষন।

এমনিতে পাড়ার বখাটে ছেলেমেয়েগুলো তাকে সারাক্ষন উত্যক্ত করত। যত উত্যক্ত করত, ওই উন্মাদ মহিলা তত গালাগাল দিত। কিন্তু সেদিন যে কোনো কারণে হোক ওই পাগলিনী মহিলার কাছে কেউ ছিল না তাকে বিরক্ত করার জন্য। বসে আছি - শুনতে পাচ্ছি - সে একটা কথোপকথনের মধ্যে নিমজ্জিত।

স্পষ্ট কথোপকথন - মনে হবে ও কারো সঙ্গে ফোনে কথা বলছে - অপরজনের কথা শোনা যাচ্ছে না। এটুকু পরিস্কার হয়ে গেছিল, মহিলাটি বাড়ী থেকে অত্যাচারে বিতাড়িত, তারই বিভিন্ন কাহিনী বলে চলেছে, একটা উপন্যাসের মত - যেন একটা চ্যাপ্টার বা অধ্যায় এক এক করে পড়ে চলেছে। সংলাপের পর সংলাপ।

যতক্ষণ বসেছিলাম, শুনেছিলাম বিরতিহীন নতুন নতুন সংলাপ। পাগলের প্রলাপ কিন্তু সেই প্রলাপ অন্তঃসার শুন্য নয়। তার থেকে অনেক বেশী অন্তঃসার শুন্য কথা যারা পাগল নয় তারা বলে থাকে। সেদিন আমার মনে হয়েছিল, তার জীবনের এই উপন্যাস আমাকে শোনাতে তাকে পাগল হতে হল কেন?

তারপর আমার পিতৃবিয়োগের পর মাকে যখন আমেরিকাতে স্থায়ীভাবে নিয়ে এলাম - মাকে বললাম - তোমার যা মনে হয় লেখ। মা বলল 'আমি কি লিখতে পারি'? মাকে বললাম - তোমাকে সাহিত্য লিখতে কে বলেছে? তোমার নিজের এত বড় জীবনে যা কিছু মনে পড়ে, ভালো লেগেছে, খারাপ লেগেছে, যখন যা মনে হয়েছে - কলমের কাস্তে দিয়ে তাই কর্ষণ করে ফেল।

মা বলল – আগাছা বৈ কিছু জন্মাবে না। আমি চিরদিনের জানা সেই প্রবাদ বাক্য আউরে বলেছিলাম - রত্নাকর দস্যু 'মরা' 'মরা' বলতে বলতে 'রাম' উচ্চারণ করতে পেরেছিলেন। তুমি শিক্ষিত গ্রাজুয়েট মহিলা - তুমি পারবে না? তুমি হযবরল লিখতে শুরু কর, হয়তো যতি, ছন্দ বিনা সেই লেখা "হরেকরকম্বা বাজিওবা রুদেরকা রখানা"-র মত হবে। তারপর একদিন সেখান থেকে বেরোবে "হরেক রকম বাজী ও বারুদের কারখানা" – তোমার প্রতিভার কারখানা আবিষ্কার হবে। লিখতে শুরু করলে দেখবে তুমি হয়তো সত্যি-ই ভালো লেখো, আর না হয় চেষ্টা করতে করতে একদিন ভালো কিছু একটা লিখে ফেলবে। তুমি শুধু লিখে যাও।

মাকে এও বলেছিলেম - এই যে ফেসবুকে সর্বক্ষন 'আজ ভাত খেলাম', 'কাল রুটি খেলাম' লিখছে - তাদের কত ফলোয়ার জানো ? তুমি যদি প্যারোডি করে এক লাইন গান গাইতে পার "তুমি হেঁচেছিলে পরশু, কাল কেন হাঁচো নি" - আর তা'র দু মিনিটের রীল ফেসবুকে দাও - দেখবে, তোমার ২ মিলিয়ন ফলোয়ার হয়ে গেছে, ১ মিলিয়ন লাইক পড়েছে, আর ১০ হাজার বন্ধু হয়ে গেছে নিমেষের মধ্যে – তুমি তখন সেলিব্রিটি। সেটা তোমার দ্বারা কোনও দিন হবে না। তুমিতো আর সেলিব্রিটি হতে চাইছ না। তুমি লেখ – নিজের জন্য লেখ। সব যে পাতে পড়ার মত যোগ্য হবে তা নয় – তবু তুমি তোমার নিজের জন্য লিখো। লিখলে দেখবে তার মধ্যেও কিছু মণিমাণিক্য ছড়িয়ে আছে।

মাকে বলেছিলাম – মা, যুগটা বদলে গেছে। মেঘদূত থেকে পোস্টকার্ড হয়ে আমরা এসে পড়েছি ফেসবুক, হোয়াটসআপ, টিক-টক এর যুগে। একটা তুড়ি মারতে যতটুকু সময় লাগে তার বেশী সময়, কারও নেই তোমার লেখায় মনঃসংযোগ করার জন্য। তা বলে তুমি লিখবে না? তুমি তোমার জন্য লেখ।

শক্তি চট্টোপাধ্যায় বহু আক্ষেপে লিখেছিলেন - "কেউ কথা রাখেনি, কেউ কথা রাখে না"। সেটা এ ক্ষেত্রে খাটেনি - মা মাঝে মধ্যে যা মন চায় লিখতেন। সেই হাতে লেখা খাতাগুলো আমার কাছে সযত্নে রেখে দিয়েছি - মূল্যবান সম্পদ এগুলি।

এত বাগাড়ম্বরতার কারণ হল, আমি বিশ্বাস করি – আমাদের প্রত্যেকের জীবন এক একটা গল্প, কবিতা, উপন্যাস। প্রত্যেকের লেখা উচিত। তবে লেখার জন্য একটা ডায়েরী পেলে ভালো হয় – যার পাতায় পাতায় নিশ্চিন্তে লেখা যায়। মানসম্মত হলে লোকে পড়বে, না হলে দস্তাবেজে রেখে দেয়া যাবে পরিবর্ধন ও পরিশোধনের জন্য। পাঠকপাঠিকা পেলে ভালো হয়, না পেলে কিছু এল গেল না। উৎসাহ পেলে ভালো, না পেলেও ক্ষতি নেই – নিজের জন্য লিখলে ক্ষতি কি?

আমরা না হয় শিউলি ফুলের মত ক্ষণস্থায়ী হলাম, ক্ষতি কি। আমরা সকলে যদি লিখি – সুস্থ সাংস্কৃতিক চর্চার সবুজ বিচরণ ক্ষেত্রটা জুড়ে আমরা, শিউলি ফুলেরা, ছড়িয়ে থাকব। দূর থেকে সেই সাদা গালিচা দেখে, তাতে আকৃষ্ট হয়ে টিক-টক সেলিব্রিটিরা, তাদের ফলোয়াররা, পাপ্পারাজ্জিরা সব এসে জড়ো হবে ওই মহীরুহের তলায়। তারা তাদের পা দিয়ে আমাদের মাড়িয়ে মাড়িয়ে গিয়ে সেলিব্রিটির ছবি তুলবে – এই কি কম পাওয়া?

মহালয়া - কিছু স্মৃতি কিছু ভাবনা

আগামীকাল মহালয়া।।

সেটা ছিল ১৯৩১ সাল। এই দিনটি সে বছর অন্নপূর্ণা এবং বাসন্তী পুজো কাছাকাছি পড়ায়, এই দুই পুজোর মাঝে রেডিওতে 'দেবী বসন্তেশ্বরী' নামে একটি অনুষ্ঠানের আয়োজন করা হয়। নেতৃত্বে ছিলেন পঙ্কজ কুমার মল্লিক, সঙ্গে আমাদের অতি পরিচিত বীরেন্দ্রকৃষ্ণ ভদ্র সহ আরও অনেকে। এর ধারাবাহিকতা ধরে রাখতে, 'মহিষাসুরমর্দিনী' নাম দিয়ে আর একটি অনুষ্ঠান শুরু হয় পরের বছর ১৯৩২ সালে। এই অনুষ্ঠানটির গ্রন্থনা করেছিলেন বাণীকুমার ভট্টাচার্য, সঙ্গীত পরিচালনা করেছিলেন পঙ্কজকুমার মল্লিক। বীরেন্দ্রকৃষ্ণ ভাষ্য ও শ্লোকপাঠ করেন।

তাই ১৯৩২ সালকে যদি আকাশবাণী কলকাতা কেন্দ্র থেকে মহালয়ার অনুষ্ঠান শুরু হয় ধরে নিই, তাহলে নয় নয় করে ৯২ বছর হয়ে গেল। বেতার জগতের ইতিহাসে, এত দীর্ঘ সময় ধরে কোনও সংগীতধর্মী পরিবেশনা, সারা ভারতে আর দুটি আছে বলে আমার জানা নেই। এই সার্থকতার পেছনে শিল্পীদের নিষ্ঠা, অধ্যবসায় এবং নিবেদিত প্রাণের আবেগ আছে, সুর সংযোজনার শৈল্পিক বিকাশ আছে। কিন্তু সব কিছুর ওপরে আছে এক প্রবাদপ্রতিম সংগীত শিল্পীর দৃঢ়তা। বীরেন্দ্রকৃষ্ণ ভদ্র, কায়স্থ পরিবারের ছেলে। তিনি কিনা করবেন চণ্ডী পাঠ? হিন্দু ধর্মের উচ্চ বর্ণের হর্তা কর্তা বিধাতারা এক জোট হয়ে আকাশবাণী অধিকর্তার কাছে তীব্র প্রতিবাদ জানিয়ে বলেছিলেন, একজন কায়েত চণ্ডী পাঠ করবেন তা তাঁরা কিছুতেই মেনে নিতে পারবেন না, ধর্ম রসাতলে যাবে। কোনও ব্রাহ্মণকে দিয়ে মন্ত্রোচ্চারণ করানো হোক। সেই প্রতিবাদের সামনে পাহাড় প্রমাণ ব্যক্তিত্ব নিয়ে দাঁড়িয়ে ছিলেন প্রবাদ প্রতিম সংগীত শিল্পী শ্রদ্ধেয় পঙ্কজ কুমার মল্লিক। 'জাত-জালিয়াত'দের তিনি বলেছিলেন, চণ্ডী পাঠ কেউ করলে তা বীরেন্দ্রকৃষ্ণ ভদ্র-ই করবেন। তিনি আরও বলেছিলেন "আমাকে বাদ দিয়ে মহালয়া হলেও হতে পারে, কিন্তু বীরেনকে বাদ দিয়ে 'মহিষাসুরমর্দিনী' চালানো অসম্ভব!" ১৯৩২ এর মহালয়ার ভোর রাতে, রাতের অন্ধকার কেটে ইথার তরঙ্গ ভেদ করে ভেসে

এল মাখনের মত মসৃণ গমগমে গলায় এক স্বর্গীয় শব্দোচ্চারণ - 'আশ্বিনের শারদপ্রাতে বেজে উঠেছে আলোকমঞ্জরী......"। তৈরি হল এক নতুন ইতিহাস।

বীরেন্দ্র কৃষ্ণ ভদ্রের কন্ঠে 'মহিষাসুরমর্দিনী' অনুষ্ঠানটি আপামর বাঙালির কাছে অমর হয়ে গেল। ধর্ম কি রসাতলে গেল? ইহা লইয়া কোনও প্রকার প্রশ্ন করিবার সাহস আর হিন্দু ধর্মের উচ্চ বর্ণের হর্তা কর্তা বিধাতারা দেখাইতে পারিলেন না। তারপর আরও সাড়ে চার দশক কেটে গেল নির্বিঘ্নে।

তখন ১৯৭৬ সাল। সারা ভারত জুড়ে জরুরী অবস্থা চলছে। মহানায়ক উত্তম কুমার ছুটে গেলেন বীরেন্দ্র কৃষ্ণ ভদ্রের কাছে। তিনি নিজেও 'মহিষাসুরমর্দিনী' অনুষ্ঠানটির ভক্ত। জানালেন দিল্লিতে আকাশবাণী কর্মকর্তারা সিদ্ধান্ত নিয়েছেন যে 'মহিষাসুরমর্দিনী' প্রচার বন্ধ করে দিতে হবে। কথিত আছে সঞ্জয় গান্ধী এই নির্দেশের জন্য দায়ী ছিলেন। বীরেন্দ্র কৃষ্ণ ভদ্রের তখন ৭১ বছর বয়েস। উত্তমকুমারের কাছেই বীরেন্দ্রকৃষ্ণ ভদ্র প্রথম জানতে পারেন যে তাঁর অনুষ্ঠানটি বন্ধ করার সিদ্ধান্ত নেওয়া হয়েছে। পরিবর্তে অভিনয় জগতে খ্যাতির মধ্যগগনে থাকা উত্তমকুমারের হাতে আকাশবাণী কর্তৃপক্ষ গুরুদায়িত্ব দিয়েছেন। আজকের সময়ে বসে, সকলের পক্ষে জরুরী অবস্থার সেই দিনগুলিকে অনুধাবন করা হয়তো অসম্ভব। সরকারী বা আধাসরকারি কোনও দপ্তরের অনুরোধ ছিল আসলে একটি আদেশ। সকলেই সারাদিন কাটাত একটা ভয়ঙ্কর আতঙ্কের মধ্যে এই বোধহয় মিলিটারি ধরে নিয়ে গেল আদেশ অমান্য করার অপরাধে। বীরেন্দ্রকৃষ্ণ ভদ্রের আশীর্বাদে এবং ভরসায় উত্তমকুমার রাজী হলেন এবং অনুশীলন শুরু করলেন।

অনুষ্ঠানটি মহালয়ার দিন ভোর ৪টায় 'মহিষাসুরমর্দিনী'-র পরিবর্তে 'দেবী দুর্গতিহারিনী' নামে সম্প্রচারিত হয়। শো মারাত্মকভাবে ফ্লপ হল। আর সকাল ৮টা নাগাদ তীব্র প্রতিবাদ শুরু হয়। বাঙালী ক্ষোভে ফেটে পড়ল। অল ইন্ডিয়া রেডিওর অফিসে হামলা হল। অভিনয়শিল্পীরা ফোনে তিরস্কৃত হলেন। রাজনৈতিক জরুরি অবস্থার অধীনে থাকাকালীন যখন বিক্ষোভ সম্পূর্ণ নিষিদ্ধ সেই সময়ে একটি রেডিও অনুষ্ঠানের কারণে রাস্তায় লোকে নেমে বিক্ষোভ দেখাচ্ছে এ ছিল অভাবনীয়। ক্ষোভের মাত্রা এত তীব্র হয় যে আকাশবাণী জনসমক্ষে ক্ষমা চাইতে বাধ্য হয়। মহালয়ার পরে সপ্তম দিনে বীরেন্দ্র কৃষ্ণ ভদ্রের কন্ঠে 'মহিষাসুরমর্দিনী' রেকর্ডিং চালাতে বাধ্য হয় আকাশবাণী। সেই এক সময় যখন আকাশবাণীর অধিকর্তারা স্বপ্নেও অনুমান করতে পারেন নি, যে মহানায়ক উত্তম

কুমারের জনপ্রিয়তাকে ম্লান করে দেবেন আমাদের সকলের প্রিয় বীরেন্দ্রকৃষ্ণ ভদ্র। 'দেবী দুর্গতিহারিনী' কিছুতেই পুজো-র সেই আবহাওয়াটা, প্রাণটা ধরতে পারেনি।

এতেও বীরেন্দ্রকৃষ্ণ ভদ্র-র সঙ্গে উত্তম কুমারের সম্পর্কে কোনও ফাটল ধরে নি। বরং মহানায়ক উত্তমকুমার চারপাশ থেকে সমালোচনার ঝড়ে জর্জরিত, তখন এই বীরেন্দ্রকৃষ্ণ ভদ্র-র পরামর্শ ছিল কোনও কিছুতে কান না দিয়ে নিজের অভিনয়ে পুনরায় মনোনিবেশ করতে। উত্তমকুমার মারা গেলে তাঁর শেষকৃত্যে শেষ মন্ত্রোচ্চারণ করেছিলেন এই বীরেন্দ্রকৃষ্ণ ভদ্র। পরবর্তীতে তিনি আক্ষেপ করে বলেছিলেন অনুষ্ঠানটি পরিবর্তনের সিদ্ধান্ত আকাশবাণীর কি উচিত ছিল না তাকে জানানো, তিনি তো কখনও নতুনের পথে বাধা দেন নি।

মহালয়া হলো পিতৃপক্ষ-র শেষ ও দেবীপক্ষ শুরু-র সন্ধিক্ষণ। আমাদের ছোটবেলায় আমরা কাউকে 'শুভ মহালয়া' বলতে শুনতাম না, আজকাল যেমনটা শুনি। আমার জানা মতে এর সঙ্গে দুর্গাপূজার আদৌ কোনও সম্বন্ধ নেই। মহৎ আলয়, মহা আলয় হল মহালয়া। পুরাণ মতে ব্রহ্মার নির্দেশে পিতৃপুরুষেরা মর্তলোকের কাছাকাছি আসেন। বিশ্বাস এই যে, এই ১৫ দিনের মধ্যে যদি তাঁদের উদ্দেশ্যে কিছু অর্পণ করা হয় তা সহজেই তাঁদের কাছে পৌঁছায়। মহালয়া হল এই পক্ষের শেষ দিন। তাই অনেকেই পিতৃপক্ষের শেষদিনে পিতৃপুরুষের আত্মার তৃপ্তি কামনা করে তর্পণ-শ্রাদ্ধ বা পারলৌকিক ক্রিয়া পালন করেন এই দিনে। তাই 'শুভ মহালয়া' বলে কিছু হয় না বলেই জানি।

আবার অনেকের মতে মহালয়া হল প্রকৃতপক্ষে গম্ভীর, ধার্মিকতার এবং পবিত্র উৎসবের একটি দিন। এর পরদিন থেকে দেবীপক্ষ শুরু হচ্ছে। তাই এটি একটি আনন্দের উপলক্ষ হিসাবেও দেখা হয়। তাই 'শুভ মহালয়া' বলতে আপত্তি নেই। তবে, আমি ঠিক এই দলে পড়ি না। মৃত বাবা মা আত্মীয় পরিজনদের শ্রাদ্ধ তর্পণের দিনে আমার মনের গভীরতায় 'শুভ মহালয়া' চলবে কিনা তা নিয়ে আমি সন্দিগ্ধ।

আমরা বিচার বিবেচনা করে কিছু বলি কি? হোয়াটসঅ্যাপ আমাদের বাংলা অভিধান!!! সুস্বাগতম বলতে তো অভ্যস্ত হয়ে গেছি। স্বাগতম মানে যে সু+আগতম সেটা ভুলে যাই। এটা ওই ইংরাজিতে Pillar বানানে কটা এল ("l") বসবে, সেই প্রশ্নের মত। রসিকতা করে যার উত্তরে বলা হয়, যত বেশী এল বসবে পিলার তত বেশী শক্ত হবে। এ ক্ষেত্রে অবশ্য উল্টো। নিন্দুকেরা বলেন, দিন দিন সুদিনের সময় যত কমবে তত "সু" এর ব্যবহার বাড়বে, অনেকটা কাঠের গোঁজা দিয়ে যদি সুদিনের উচ্চতাটাকে ধরে রাখা

যায় - সেই রকম আর কি!! কিন্তু আজকাল নন্দনে, বন্দনে এবং আমাদের ভালবাসায় এই "শুভ" শব্দটি যে ভাবে বাংলা শব্দ ভাণ্ডারের প্রতিটি শব্দের আগে এসে নতুন নতুন শব্দের উৎপত্তি ঘটাচ্ছে, যে ভয় হয় এর পরে হয়তো লোকে শ্রাদ্ধের নেমন্তন্নে সাদা ফুলের তোড়া হাতে দিয়ে বলবে "শুভ শ্রাদ্ধ"!!!!

পিতৃপক্ষের সমাপ্তি ও দেবীপক্ষের শুরুতে দুর্গা ও মহিষাসুরের মধ্যে ৯ দিনের যুদ্ধের সূচনা হয়। বাংলার বাইরে বিশেষত হিন্দি বলয়ে ৯ দিনের যুদ্ধ নবরাত্রি হিসাবে পালিত হয় এবং বিজয়া দশমীর সাথে শেষ হয়। 'মহিষাসুরমর্দিনী' শুনতে শুনতে যেন ৯ দিনের এই যুদ্ধের ধারাবিবরণী শুনতে পেতাম, তাও বাংলায়, বীরেন্দ্রকৃষ্ণ ভদ্রের সুললিত কন্ঠে।

আমরা অনেকে হয়তো জানি না, সংস্কৃতের প্রতি বীরেন্দ্রকৃষ্ণ ভদ্র মহাশয়ের যে এত আকর্ষণ জন্মেছিল, তা এসেছিল তাঁর ঠাকুমার কাছ থেকে। তাঁর ঠাকুমা ইংরাজি ও সংস্কৃতে পারদর্শী ছিলেন যা তৎকালীন সময়ে একজন মহিলার ক্ষেত্রে প্রায় দেখাই যেত না। পঞ্জাবের নাভা এস্টেটের মহারাণীর গৃহ শিক্ষক হিসাবে কাজ করে যে টাকা তিনি পেয়েছিলেন তা দিয়ে কলকাতা তে বাড়ী কিনেছিলেন। এই ঠাকুমার কাছেই সংস্কৃত শিক্ষা পান বীরেন্দ্রকৃষ্ণ ভদ্র।

মাত্র দশ বছর বয়েস থেকে চন্ডী পাঠ শুরু করেন। তাঁর আর একটি গুণ ছিল - তা হল প্রখর স্মৃতি শক্তি, দীর্ঘ চণ্ডীপাঠে যা সহায় হয়েছিল বলে মনে হয়। তিনি বাংলা পাঠ এমন ভাবে করতেন যে মনে হত তিনি সংস্কৃতেই তা পাঠ করে চলেছেন। তাঁর গমগমে গলায় শুনি – দেবী চন্ডিকা সচেতন চিন্ময়ী, তিনি নিত্যা, তাঁর আদি নেই, তাঁর প্রাকৃত মূর্তি নেই, এই বিশ্বের প্রকাশ তাঁর মূর্তি"। মনটা ভরে ওঠে।

আজকের প্রজন্ম ভোর চারটের সময়ে ওঠে কি না জানি না। না হলেও পাড়ার মাইকে দুর্বিষহ শব্দদূষণে তা' মরমে প্রবেশ করানো না গেলেও জোর করে কর্ণে প্রবেশ করানো হয়, সেই ভোর চারটে থেকে - এ খবর পাই, যা আগে ছিল না। আর ইউটিউব বা নানা মাধ্যমে যে কোনও সময়ে তা নিজের ইচ্ছে মত শোনা যায়।

তবু মনের মণিকোঠায় আমার এই ছোটবেলায় প্রতিবছর ভোরবেলা উঠে মহালয়ার ভোরে এই 'মহিষাসুরমর্দিনী' অনুষ্ঠানটি শোনার দিনগুলোই মহিমান্বিত হয়ে আছে। আগের দিন মা তাড়াতাড়ি শুইয়ে দিত। ভোর সাড়ে তিনটায় আলার্ম বাজত। ঘড়িটা বিছানার ধারে কাছে থাকত না, একেবারে ঘরের ওপারে পড়ার টেবিলটার ওপরে। মা বলত,

না হলে ঘুমের মাঝে থাবড়া মেরে ওটা নাকি বন্ধ করে দিতে পারি আর ঠিক সময়ে উঠে নাও পারতে পারি। তখনকার দিনের ক্রিং ক্রিং, ক্রিং ক্রিং করে বাজা আলার্ম যে কি বিরক্তিকর ও তীব্র ছিল তা ব'লে বোঝাবার নয়। মশারী তুলে নেমে ওপারে গিয়ে আলার্মটা থামাতে থামাতে ঘুম কেটে যেত, সম্বিত ফিরে পেয়ে বুঝতাম ভোর ৪টা বাজে প্রায়, উঠে মুখ ধুয়ে পরিষ্কার হয়ে রেডিওর সামনে বসে যেতাম, মহিষাসুরমর্দিনী সকলে মিলে শুনব বলে। ২৪ বছর হল আমি বিদেশে। দিনটা এখনও খুব মিস করি।

ওই বয়েসে মন্ত্রোচ্চারণ বা গানের কথার মানে কতটা বুঝতাম তা আমি জানি না, কিন্তু পুজো পুজো ভাবটা মনের মধ্যে চলে আসত, একেই বুঝি বলে পুজোর গন্ধ এসে যাওয়া। কবে ছুটি পড়বে তার জন্য অধীর আগ্রহে বসে থাকতাম।

আজ এতদিন পরেও যদি কোনও কিছুতে অল ইন্ডিয়া রেডিও / আকাশবাণী, দূরদর্শনকে টেক্কা দিয়ে থাকতে পারে তা হল এই 'মহিষাসুরমর্দিনী' অনুষ্ঠানটি, যা এখন একটা বাৎসরিক সাংস্কৃতিক আচারে দাঁড়িয়ে রয়েছে। এর কারণ কি নস্টালজিয়া? আজ এত বছর ধরে মানুষ সেই একই অনুষ্ঠানটি প্রতি বছর শুনছেন, আজকাল ইন্টারনেটের দৌলতে যে কোনও সময়ে যখন তখন মানুষের আঙ্গুলের ডগায় এসে যাবার পরেও এর মাধুর্য কমে নি। এটা একটা অভাবনীয় ব্যাপার নয় কি?

তথ্যসূত্র অনুসারে জানা যায় যে, আকাশবাণীর তৎকালীন অধিকর্তা তপন কুমার দাস একদিন এক ঘরোয়া আড্ডায় প্রসঙ্গটা তোলেন। কি রকম অনুষ্ঠান করলে শ্রোতাদের ভোর রাতে জেগে উঠতে আকৃষ্ট করা যায়। আড্ডায় ছিলেন নৃপেন মজুমদার, রায়চাদ বড়াল, ও পঙ্কজ কুমার মল্লিক। সাংস্কৃতিক মানুষদের আড্ডা বোধহয় এরকমই হয় যা থেকে জেগে ওঠে এমন কিছু যা পরবর্তীতে ঐতিহ্যে পরিগণিত হয়। কথায় ছিলেন বাণীকুমার, যিনি চন্দ্রিল ভট্টাচার্যের পিতামহ।

গ্রন্থনাটির উৎকর্ষ সমস্ত অনুষ্ঠানটিকে এক অতি উচ্চ মাত্রায় পৌঁছাতে সাহায্য করেছিল। সুর দিলেন স্বয়ং পঙ্কজ কুমার মল্লিক। রীতিমত ধূপধুনো জ্বালিয়ে, ধুতি পাঞ্জাবী, গরদের লাল পাড় শাড়ি পরে সকলে সেজেগুজে বসতেন, শ্রোতারা যদিও তা দেখতে পেতেন না, কিন্তু অনুষ্ঠান কক্ষটি এক পবিত্র পরিবেশের আবহাওয়া তৈরি করত। কেউ যদি বলেন যে এগুলো সংস্কার তাহলে তাঁর কাছে তাই, কিন্তু শুচিতা মনে একটা নির্মাল্য ভাব আনে, মনসংযোগ (ফোকাস) বাড়াতে সাহায্য করে এটা আমি বোধ করেছি।

মনে রাখতে হবে তখনকার দিনে প্রথম দিকে সরাসরি অনুষ্ঠান সম্প্রচার করতে হত, রেকর্ড করে প্রচার করা হত না, সুযোগও ছিল না। এদিকে অনুষ্ঠানে অংশগ্রহণকারীদের বয়েস বাড়ছে, বাজারে প্রযুক্তিও সহজলভ্য হয়ে গেছে, সব কিছু বিবেচনা করে ১৯৬৩ সাল থেকে শুরু হল রেকর্ডে এই অনুষ্ঠানটি পরিবেশন করা। প্রত্যেকটি শিল্পী, যন্ত্রী, সহকারী, সকলে এই পুরো প্রক্রিয়াটিকে অন্ত্যস্থ, আত্মস্থ ও অভ্যন্তরীণ করে তোলেন এমনভাবে যে বেতারে এই 'মহিষাসুরমর্দিনী' পরিবেশনাটি মানুষের হৃদয়ে গ্রথিত হয়ে যায়। তাকে পরিস্থাপিত, পরিবর্তিত করতে গেলে যেন হৃদয় কেটে বার করে আনার মত পরিস্থিতি হয়, মানুষের রক্তরঙ্গে টান পড়ে, আত্মমর্যাদায় আঘাত হানে, আত্মসম্ভ্রমে আঘাত হানে। তাই বোধ হয় ১৯৭৬ সালে যখন জরুরী অবস্থার সময়ে এই অনুস্থানটির ওপর খাঁড়া নেমে এসেছিল তখন তার তীব্র প্রতিবাদে সাধারণ মানুষ রাস্তায় নেমে পড়েছিল, যা আমি আগেই বলেছি। কেন এই আদেশ, তা আজও স্পষ্ট নয় কিন্তু সেই আদেশ পালন করা ছাড়া গত্যন্তর ছিল না। গ্রন্থনা সম্পূর্ণভাবে বদলাতে হবে, গান বাজনা সুর সঙ্কলন সব বদলে নলখলচে বদলে দিতে হবে এই হুকুম। ধ্যানেশ নারায়ণ চক্রবর্তী পাঠ লিখলেন। সংগীত শিল্পী অসীমা মুখোপাধ্যায়ের নাকি সেই সময়ে মনে হয়েছিল যে নতুন কলেবরে হুকুম মোতাবেক যে শিল্প তৈরি হবে তা সাধারণ জনগণের মনে ধরবে না, দাগ কাটবে না। শ্রদ্ধেয় হেমন্ত মুখোপাধ্যায় সুর দিলেন, বিভিন্ন বরেণ্য শিল্পী সমাহারে সমৃদ্ধ এই পরিবেশনা, আর পাঠে মহানায়ক উত্তম কুমার, তিনি তখন তাঁর জনপ্রিয়তার শীর্ষে।

শোনা যায় উত্তমকুমার একেবারে রাজী ছিলেন না। অসীমা মুখোপাধ্যায় ও হেমান্ত মুখোপাধ্যায়কে রীতিমত কাঠখড় পোড়াতে হয়েছিল মহানায়ক উত্তম কুমারকে পাঠে রাজী করাতে, তাও তিনি রাজী হয়েছিলেন বীরেন্দ্রকৃষ্ণ ভদ্রের সঙ্গে আলোচনা করে এবং তাঁর আশীর্বাদ নিয়ে। আগের পর্বে বলেছি সেদিন বীরেন্দ্রকৃষ্ণ ভদ্র তাঁর ভদ্রতার এক উজ্জ্বল নমুনা আমাদের কাছে রেখে গেছিলেন, তিনি কোনও রকম রাগ প্রকাশ না করে উত্তমকুমারকে সাহস জুগিয়েছিলেন। যদিও তার অনেক পরে আক্ষেপ করেছিলেন যে উচ্চতর অধিকর্তারা এই আকস্মিক অযাচিত পরিবর্তনের কোনও সংবাদ বা ইচ্ছার প্রকাশ তার কাছে করেন নি, তাঁকে এ ব্যাপারে একেবারে অন্ধকারে রাখা হয়েছিল। জানা যায় রেকর্ডিং শুরু হবার আগে উত্তম কুমার জিজ্ঞেস করেছিলেন 'মার খাব না তো?' তার মনেও যে এক ব্যাপক দ্বন্দ্ব ও ধন্দ ছিল সেটা এ থেকে স্পষ্ট। আর শুনলে হাসবেন, সাম্মানিক হিসাব উত্তমকুমারকে এই জন্য মাত্র ১৫০ টাকার চেক ধরিয়ে দেওয়া হয়েছিল।

অনেকে মনে করেন যে, ঘন্টা তিনেকের অনুষ্ঠানটি বড্ড বড় হয়ে গিয়েছিল, পরে অবশ্য তা' এক ঘন্টার আদলে আনার চেষ্টা হয়। কারণ গানগুলি অসাধারণ ছিল, উত্তমকুমারের গলায় পাঠও মন্দ ছিল না, কিন্তু 'দেবী দুর্গতিহারিনী' কিছুতেই পুজো-র সেই আবহাওয়াটা, প্রাণটা ধরতে পারেনি। এতেই প্রমাণিত হয় কৃষ্টি ও সৃষ্টি - সংস্কৃতির এই দুইকে বেড়ী ও বেড়া ছাড়া বাড়তে দিলেই ভালো। আর কোনও স্বতঃ প্রণোদিত সৃষ্টিকে বোধ হয় সরকারী আদেশনামা, হুকুমনামা দিয়ে রি-মেক (remake) করা যায় না। আগেও যেমন দেখেছি বাংলা ভাষা আন্দোলনের সময়ে ইয়াহিয়া খানের নির্দেশ - ওরা রবীন্দ্রসংগীত ভালবাসে তো নতুন করে বেশ কিছু রবীন্দ্রসংগীত উর্দুতে লিখে নিলেই পারে - তা চূড়ান্ত ব্যর্থ হয়েছে। এই সব নির্দেশ ও আদেশ শুধু শাসকের সঙ্গে মানুষের যোগাযোগের অভাবকেই কেবল নগ্নভাবে প্রকাশ করে। যাইহোক গবেষক যারা তারাই এ ব্যাপারে বিশ্লেষণ করার জন্য উপযুক্ত।

তবে এর পরে নানাভাবে, বিশেষ করে দৃষ্টিশ্রাব্য মাধ্যম দূরদর্শন আসার পরে সেখানেও নানারকম অনুষ্ঠান হয়েছে। তবে তা কোনও আদেশ নির্দেশ ছাড়া, সৃষ্টিনেশার তাগিদে। কিন্তু কোনটাই 'মহিষাসুরমর্দিনী'-র ধারে কাছে আসতে পারে নি।

'মহিষাসুরমর্দিনী' অনুষ্ঠানটি দেড় ঘন্টার অল্প একটু বেশী। শ্রীশ্রীচণ্ডী বা দুর্গা সপ্তশতী থেকে গৃহীত দেবী চণ্ডীর স্তোত্র বা চণ্ডীপাঠ, ধ্রুপদী সঙ্গীত, বাংলা ভক্তিগীতি, এবং পৌরাণিক কাহিনির নাট্যরূপ আছে এই পরিবেশনাটিতে। সব মিলিয়ে ১৯টি গান আছে। তার মধ্যে আমার প্রিয় গানগুলি হল; সুপ্রীতি ঘোষের গলায় 'বাজলো তোমার আলোর বেণু', দ্বিজেন মুখোপাধ্যায়ের গলায় 'জাগো দুর্গা দশপ্রহরণধারিণী', শিপ্রা বসু-র গলায় 'ওগো আমার আগমনী-আলো' মানবেন্দ্র মুখোপাধ্যায়ের গলায় 'তব অচিন্ত্য রূপ-চরিত-মহিমা' বিমলভূষণের গলায় 'নমো চণ্ডী, নমো চণ্ডী' এবং তরুণ বন্দ্যোপাধ্যায়ের গলায় 'হে চিন্ময়ী'। ছোটবেলায় দ্বিজেন মুখোপাধ্যায়ের গলার সঙ্গে আমি হেমন্ত মুখোপাধ্যায়ের গলা প্রায়ই গুলিয়ে ফেলতাম। গানের ভিতর দিয়ে যখন ৯ দিনের যুদ্ধ বাংলায় সহজবোধ্য ধারাবিবরণীতে সচক্ষে দেখতে পাই, তখন আজও এক পরিতৃপ্তি লাভ করি।

পৃথিবীতে যত কার্যকলাপ চলছে মানে ক্রিয়া চলছে তার পেছনে তিনটি গুণ আছে, আর তা হল সত্ব, রজঃ ও তমঃ। সত্বগুণ হল সর্বোত্তম গুণ। ধার্মিকতা, ইতিবাচকতা, সত্য, শান্ততা, ভারসাম্য, শান্তিপূর্ণতা, এবং মহত্বের গুণ এই সব হল সত্বগুণ থাকার লক্ষ্মণ। প্রকৃতির নিকৃষ্টতম গুণ হল তমোগুণ। যেখানে যেখানে অজ্ঞানতা সেখানেই তমোগুণের

বিকাশ হয়। সত্বগুণ আর তমোগুণ এই দুইয়ের মাঝামাঝি হল রজোগুণ যা মনকে চঞ্চল করে ও মনে কাম, ক্রোধ, লোভ জাগায় ।

মহামায়া তিন গুণের অধিকারী তাই তিনি ত্রিগুণাত্মিকা। আর ত্রিগুণাতীত অবস্থায় মহামায়া ভগবতি যে কত রূপে, কত ভাবে মহিমান্বিত তার ব্যাখ্যা দেওয়া হয়েছে। এই পাঠ শুনে আমি প্রথম জানতে পারি তিনি একাধারে ব্রহ্মার গৃহিণী, বাগদেবী, বিষ্ণুর পত্নী লক্ষ্মী, শিবের বণিতা পার্বতী।

ওই বয়েসে কি আর বুঝি?! শুনে আপাতভাবে সব গুলিয়ে গেল। মাকে জিজ্ঞেস করলাম, মা আমি কোন গুণের অধিকারী? মা বললেন আমাদের সকলের মধ্যে এই তিনটে গুণই আছে। এখন তোমাকে ঠিক করতে হবে তুমি কোন গুণটাকে বিকাশ করবে। যিনি নিজেকে এই তিনগুণ থেকে পৃথক করতে পারেন তিনি সাধক হন। যাওবা এতক্ষন কিছুটা বুঝছিলাম, মা'র এই শেষ কথাটা আমার একেবারে মাথার ওপর ট্যাঞ্জেন্ট হয়ে চলে গেল। বয়েস ও কম, ভাবলাম বুঝে আর কাজ নেই, আমি তো আর সাধক হচ্ছি না, যখন হব তার আগে ভাবা যাবে।

এদিকে পাঠ চলেছে। "আবার ত্রিগুণাতীত তুরীয়াবস্থায় তুমি অনির্বচনীয়া, অপারমহিমময়ী, পরব্রহ্মমহিষী; দেবী ঋষি কাত্যায়নের কন্যা কাত্যায়নী, তিনি কন্যাকুমারী আখ্যাতা দুর্গি, তিনিই আদিশক্তি আগমপ্রসিদ্ধমূর্তিধারী দুর্গা, তিনি দাক্ষায়ণী সতী; দেবী দুর্গা নিজ দেহ সম্ভূত তেজোপ্রভাবে শত্রুদহনকালে অগ্নিবর্ণা, অগ্নিলোচনা। কত রূপে তিনি অবতির্ণা। প্রার্থনা করছি যেন "তোমার আবির্ভাবে ধরণী হোক প্রাণময়ী"। "বাণীর ভক্তিরসপূর্ণ" প্রভাবে আমরা হই সিঞ্চিত। 'জাগো মা জাগো মা' বলে আকুল আকুতিতে চারিদিক মুখরিত। পাঠের মাঝে গান শুরু হয়েছে, "জাগো, জাগো দুর্গা, জাগো দশপ্রহরণধারিনী"।

মাকে জিজ্ঞেস করেছিলাম দশপ্রহরণধারিণী মানে কি। মার একটা গুণ ছিল যে যা জিজ্ঞেস করতাম তিনি না রেগে বুঝিয়ে দিতেন। অন্য মা হলে হয়ত বলতেন, চুপ কর, মন দিয়ে শোন, তোর প্রশ্নের জ্বালায় তো অনুষ্ঠানটা মন দিয়ে শুনতেই পারছি না। তিনি তা না করে বললেন যে, প্রহরণ মানে হল যা দিয়ে প্রহার করা যায়, সোজা কথায় অস্ত্র। দেখছিস না দেবী দুর্গার দশ হাতে দশ ধরণের অস্ত্র। আর ঐ যে গোল মত জিনিষ দেখছিস ওটা হল চক্র। দেবী দুর্গার হাতে চক্র থাকার অর্থ হল সমস্ত সৃষ্টির কেন্দ্রে রয়েছেন মা।

মনে পড়ে গেল ছোটবেলায় দুর্গাপূজার সময়ে মার কাছে একটা গল্প বারে বারে শুনতে চাইতাম। গল্পটা এরকম। পার্বতীর দুই ছেলে গণেশ আর কার্ত্তিক। একদিন মা দুর্গা বললেন, তোমাদের মধ্যে কে আমাকে সবচেয়ে ভালবাসো তা' আমি দেখতে চাই। তোমাদের মধ্যে যে আগে পৃথিবী প্রদক্ষিণ করে এসে আমায় প্রণাম করতে পারবে, বুঝতে পারব সেই আমাকে বেশী ভালোবাসো। কার্ত্তিক কথা না বাড়িয়ে তার বাহন ময়ূরের পিঠে চড়ে বেড়িয়ে পড়লেন পৃথিবী প্রদক্ষিণে।

গণেশ দাদা, পেটটি নাদা, মোটা স্থুলদেহী। তিনি পড়লেন মহা মুশকিলে, বাহনটি আবার ছোট একটা ইঁদুর। কিংকর্তব্যবিমুঢ় গণেশ শেষমেশ ঠিক করলেন তিনি পৃথিবী প্রদক্ষন করতে বেরোবেন না। মার চারিদিকে তিনবার ঘুরে তিনি বললেন মা তুমি-ই আমার ভ্যুলোক দ্যুলোক সব। তোমাকে তিনবার ঘুরে আমার পৃথিবী প্রদক্ষিণ করা হয়ে গেছে।

প্রশ্ন করলাম মাকে, এটা করে তিনি কি শঠতার আশ্রয় নিলেন না? মা বললেন, তার উত্তর নির্ভর করবে তোমার ওপর। সত্ব, রজঃ ও তমঃ এই তিন গুণের কোনটি-র প্রকাশ চর্চায় তুমি সময় দিচ্ছ তার ওপর। তোমার বিবেককে শুধাতে হবে - তুমি সত্যি ছলনা করে জিততে চেয়েছিলে না সত্যি সত্যি তুমি তোমার ভেতরে এই বিশ্বাস ছিল যে তোমার কাছে মা-ই পৃথিবী, তাই তুমি তাকে ঘুরে পৃথিবী প্রদক্ষিণ সমাপ্ত করেছ। বিবেক কে জিজ্ঞেস কর। মা আরও বললেন, আমার কেন জানি না মনে হয়, সত্যবান যুধিষ্ঠিরের বিবেক "অশ্বত্থামা হত" - শুধু এটুকু বলেছিল, আর তাঁর মধ্যে যেটুকু তমোগুণ অবশিষ্ট ছিল, সেটাই তাঁর মুখ দিয়ে খুব মৃদু স্বরে বলিয়েছিল "ইতি গজ"।তোমার বিবেককে জিজ্ঞেস কর, বিবেক কক্ষনো মিথ্যে কথা বলে না!।

ভরাট গলায় বীরেন্দ্র কৃষ্ণ ভদ্র-র পাঠ চলেছে – "দেবী চণ্ডিকা সচেতন চিন্ময়ী, তিনি নিত্যা, তাঁর আদি নেই, তাঁর প্রাকৃত মূর্তি নেই, এই বিশ্বের প্রকাশ তাঁর মূর্তি।" মনে হল হিন্দু ধর্ম কি তাহলে পুতুল পূজার আড়ালে এক নিরাকার ঈশ্বরের আরাধনা বরাবর-ই করে চলেছে। কথায় বলে অল্প বিদ্যা ভয়ংকরী – আমার আর ধর্মের তত্ব কথায় গিয়ে কাজ নেই!!!

আগেই বলেছি, বীরেন্দ্রকৃষ্ণ ভদ্র-র পাঠ শুনলে মনে হয় তিনি বাংলা বলছেন ঠিকই কিন্তু যেন সংস্কৃত শ্লোক পড়ে চলেছেন। সেই ভার, সেই ধার, সেই সুর, আর সেই ভাব ধরে রেখেছেন তাঁর পাঠে। রাতের শেষ অন্ধকারে তাঁর সুললিত অথচ গাম্ভীর্যপূর্ণ গলায়

তিনি পড়ে চলেছেনঃ "পূর্বকল্প অবসানের পর প্রলয়কালে সমস্ত জগৎ যখন কারণ-সলিলে পরিণত হল, ভগবান বিষ্ণু অখিল-শক্তির প্রভাব সংহত করে সেই কারণ-সমুদ্রে রচিত অনন্ত-শয্যা 'পরে যোগনিদ্রায় হলেন অভিভূত। বিষ্ণুর যোগনিদ্রার অবসানকালে তাঁর নাভিপদ্ম থেকে জেগে উঠলেন ভাবী কল্পের সৃষ্টি-বিধাতা ব্রহ্মা। "

কল্প হল সময়ের একক। হিন্দুধর্মে পুরাণ অনুসারে, পৃথিবীর ৪.৩২ বিলিয়ন বছরে এক কল্প ধরা হয়। প্রথম পুরুষ ব্রহ্মা-র এক দিন হল এক কল্প। এক একটি কল্প ১৪ টি মন্বন্তরে বিভক্ত। একটি মন্বন্তর হল সূর্য সন্তান মনু-র রাজত্ব কাল। এই রাজত্বকাল বা একটি মন্বন্তরে ৭১ মহাজুগ। এক মহাযুগ চারটি যুগ। সত্য, ত্রেতা দ্বাপর ও কলি। একটি কল্প ৯৯৪ বা প্রায় এক হাজার মহাযুগ। ব্রহ্মা ১০০টি কল্পবছর বাঁচেন। তারপর আর এক ব্রহ্মা-র সাথে আবার একশ বছরের এক সময় চক্রাকারে চলবে। আমাদের এই কলি যুগ তা হলে কততম চক্রের কলি যুগ? কবে ব্রহ্মার ১০০টি কল্পবছর শেষে আর চক্র শুরু হবে?

একটা আকর্ষণীয় দিক হল, যে হিন্দু ধর্মে মনু-র সময়ে এক মহাপ্রলয়ের কথা বলা আছে, 'মহিষাসুরমর্দিনী'তে উল্লেখ করা হয়েছে, আবার খৃষ্টধর্মে নোয়ার সময়ে একই রকম মহাপ্রলয়ের কথা উল্লেখ করা আছে। বেশ অবাক করার মত ঘটনা লাগল আমার কাছে।

তিনি পাঠ করে চলেছেন "" কিন্তু বিষ্ণুর কর্ণমলজাত মধুকৈটভ-অসুরদ্বয় ব্রহ্মার কর্ম, অস্তিত্ব বিনাশে উদ্যত হতে পদ্মযোনি ব্রহ্মা যোগনিদ্রায় মগ্ন সর্বশক্তিমান বিশ্বপাতা বিষ্ণুকে জাগরিত করবার জন্য জগতের স্থিতি-সংহারকারিণী বিশ্বেশ্বরী জগজ্জননী হরিনেত্র-নিবাসিনী নিরূপমা ভগবতীকে স্তবমন্ত্রে করলেন উদ্বোধিত। এই ভগবতী বিষ্ণুনিদ্রারূপা মহারাত্রি যোগনিদ্রা দেবী। "" মানে ভগবান বিষ্ণুর কানের মোম থেকে উদ্ভূত মধু ও কৈটভ নামে দুই অসুর ব্রহ্মার কর্মকাণ্ড নষ্ট করতে উদ্যত হয়। কানের মোম? খটকা লাগল – এ কেমন কথা? আসলে এটা একটা রূপক বই কি কিছুই নয় – অন্তত আমার কাছে। এটা তো সত্যি যে কানের মোম বা খোল একটা নোংরা জিনিষ। তবে বাস্তবে সমাজে কান পাতলে সমাজের আনাচে কানাচে চোখ রাখলে দেখা যায় না কি কত অসুর জন্ম নিচ্ছে আর দাপিয়ে বাড়াচ্ছে? কত সুন্দর সুন্দর বাংলা প্রতি শব্দ হারিয়ে যাচ্ছে লক্ষ্য করি – কে জানত কানের খোলকে কর্ণমল বলা যায়? মনে রাখতে হবে কে এই লিপি (script) লিখেছেন। তিনি হলেন বাণীকুমার।

আমরা তাকে এই নামে জানলেও কলকাতার একজন প্রথিতযশা নাট্যকার, সুরকার, বেতার সম্প্রচারক এবং লিপি-লেখকের আসল নাম হল বৈদ্যনাথ ভট্টাচার্য। সাহিত্য জগতে তাঁর আরও দুটি নাম ছিল – আনন্দবর্ধন ও বিষ্ণুগুপ্ত। তাঁর প্রত্যেকটি ছদ্মনাম-ই খুব তাৎপর্যপূর্ণ। তাঁর পরিবারে বংশ পরম্পরায় সংস্কৃত শিক্ষার ধারা ছিল, তাঁর পিতা ও পিতামহ সংস্কৃতে জ্ঞানী ছিলেন।

বাণীকুমারও সংস্কৃত নিয়ে পড়াশোনা করেন এবং 'কাব্যসরস্বতী' উপাধি পান। কাজেই সংস্কৃত ও বাংলা ভাষায় অসম্ভব দক্ষতা না থাকলে 'মহিষাসুরমর্দিনী'-র মত এক লিপি গ্রন্থনা করা সম্ভব হত না। বীরেন্দ্রকৃষ্ণ ভদ্র তাঁর অসাধারন পাঠ কৌশলে এক আধ্যাত্মিক ভাব জাগিয়ে তুলেছেন।

আমাদের সমাজের সকলকে নিদ্রা থেকে জাগরিত হয়ে অসুর নিধনে নামতে হবে। প্রখ্যাত পি সি সরকার জুনিয়র একবার বলেছিলেন, ম্যাজিক বলে কিছু নেই, সবই বিজ্ঞান আর আত্মবিশ্বাস। আমিও মনে করি আমাদের মধ্যে যদি আত্মবিশ্বাস থাকে, 'মহিষাসুরমর্দিনী' থেকে সু-শিক্ষাটা নিয়ে সমাজকে বিজ্ঞানমনস্ক হয়ে কলুষ মুক্ত করতে বেশী সময় লাগবে না।

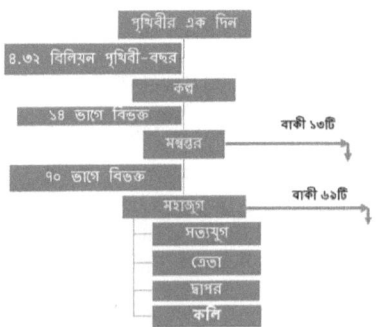

কল্প হল সময়ের একক। হিন্দুধর্মে পুরাণ অনুসারে, পৃথিবীর ৪.৩২ **বিলিয়ন বছরে এক কল্প ধরা হয়।** প্রথম পুরুষ ব্রহ্মা-র এক দিন হল এক কল্প। এক একটি কল্প ১৪ টি মন্বন্তরে বিভক্ত। একটি মন্বন্তর হল সূর্য সন্তান মনু-র রাজত্ব কাল। এই রাজত্বকাল বা একটি মন্বন্তরে ৭১ মহাজুগ। এক মহাযুগ চারটি যুগ। সত্য, ত্রেতা দ্বাপর ও কলি। একটি কল্প ৯৯৪ বা প্রায় এক হাজার মহাযুগ। ব্রহ্মা ১০০টি কল্পবছর বাঁচেন। তারপর আর এক ব্রহ্মা-র সাথে আবার একশ বছরের এক সময় চক্রাকারে চলবে। আমাদের এই কলি যুগ তা হলে কততম চক্রের কলি যুগ? কবে ব্রহ্মার ১০০টি কল্পবছর শেষে আর চক্র শুরু হবে?

কলাবৌ

“বাজল তোমার আলোর বেণু, মাতলো রে ভুবন"। সকালে উঠে দেখিভুবন প্রকৃতি সত্যি সত্যি আলোর বাঁশি বাজিয়ে মেতে উঠেছে। ইন্টারস্টেট হাইওয়ের ওপর দিয়ে যেতে যেতে সাস্কাহানা নদীর ওপর প্রকৃতির রূপ দেখে আমি অভিভূত। আকাশে ভেসে বেড়াচ্ছে পেঁজা তুলোর মত শরতের মেঘ, হাইওয়ের চারপাশে কাশফুলের ঝাড় গাড়ীর হাওয়ায় দোদুল দোলে মন ভরিয়ে তুলল। গুণগুণ করে উঠলাম ছোটবেলায় শেখা কবিতার দুই লাইন, “এসেছে শরত, হিমের পরশ, লেগেছে হাওয়ার পরে, সকাল বেলায় ঘাসের আগায় শিশিরের রেখা ধরে"। নীচে ছবি দিলাম।

আজ দেশে দেবীপক্ষের সপ্তমী। স্নান সেরে লালপাড় শাড়ী পরে সিঁদুর মাথায় দিয়ে, গণেশের ডানপাশে এসে বসেছেন ‘কলা বৌ’। যদিও আমরা অনেকেই এই কলাবৌকে গণেশের স্ত্রী বলে ভেবে থাকি আসলে তিনি দেবী দুর্গার নয়টি রূপ। নবপত্রিকা মানে নতুন পাতা। শাস্ত্র অনুসারে: "রম্ভা কচ্চী হরিডা চ জয়ন্তী বিল্ব দাড়িমৌ।অশোকো মানকচেব ধান্যঞ্চ নবপত্রিকা”। এই নয়টি উদ্ভিদের নয়টি নতুন পাতা নয়টি দেবীর প্রতীক যেমন, কলাগাছ (দেবী ব্রাহ্মণী) , কচুগাছ (দেবী কালিকা), মানকচু (দেবী চামুন্ডা), হলুদ গাছ (দেবী উমা), জয়ন্তীর ডাল (দেবী কার্তিকী), ডালিম গাছ (দেবী রক্তদন্তিকা), বেল (দেবী শিবাণী), অশোক ফুলের গাছ (দেবী শোকরহিতা) ও ধানগাছ (দেবী লক্ষ্মী)। এত বিভিন্ন নামের দেবদেবী সম্বন্ধে আমরা ক'জনই বা জানি। কলাগাছের ওপর এই নয়টি পাতা জড়িয়ে, কলাবৌয়ের এই পূজা আসলে প্রকৃতির পূজা, প্রকৃতির আরাধনা। প্রকৃতির মধ্যেই আমরা দেবী দুর্গাকে খুঁজে পাই।

শরৎ তোমার অরুণ আলোর অঞ্জলি

“রাবণস্য বধার্থায়...”

দেশে অষ্টমী শেষ হয়ে নবমী পড়তে চলেছে। এই উপলক্ষে সকলকে শারদীয়া শুভেচ্ছা জানাই। ভাবছি এই দুর্গাপূজা সম্বন্ধে কত কিছুই জানি না আমি। এতদিন জানতুম শরতকালে হয় বলে শারদীয়া। এখন জানলুম দেবী দুর্গার আর এক নাম শারদা তাই শারদীয়া। শারদা মানে জ্ঞানী (স্ত্রী লিঙ্গে)।

এতদিন জানতুম রাম অকালবোধন করেছিলেন, এখন জানলুম সংস্কৃত বাল্মীকি রামায়ণে এই দুর্গাপূজার বা অকালবোধনের কোনও উল্লেখই নেই। এতদিন জানতুম রামচন্দ্র, বসন্তের বদলে শরতে এই বোধন করতে বাধ্য হয়েছিলেন বলে একে অকালবোধন বলে। কিন্তু বসন্তের বাসন্তী পূজার সঙ্গে এই শারদীয়া দুর্গাপূজার অকালবোধনের কোনও সম্বন্ধ নেই, কারণ এই বাসন্তীপূজায় বোধন বলে কোনও ব্যাপার নেই, তাহলে অকালবোধন কোথা থেকে আসবে? তবে আমরা কৃত্তিবাসের রামায়ণ পড়ে থাকি, সেখানে এসবের উল্লেখ আছে।

অবাক হওয়ার শেষ নেই, রাবণ বধের জন্য রাম যে অকালবোধন দুর্গাপূজা করেন, রাবণ নিজেই সেই পূজায় পৌরহিত্য করেছিলেন। প্রজাপতি ব্রহ্মা রামচন্দ্রকে জানালেন, রাবণের মত সংস্কৃত পণ্ডিত, জ্ঞানী ব্রাহ্মণ আর নেই। কাজেই অকালবোধনে রাবণকেই ডাকতে হবে। রামচন্দ্র তাই করলেন, রাবণকে পৌরহিত্য করতে বললেন। তাঁকে বধ করার জন্য এই অকালবোধন, তা’ জেনেও রাবণ রাজী হলেন। তিনি বোধন শুরু করলেন এই বলে, “”রাবণস্য বধার্থায়...” মানে রাবণকে বধ করার জন্য...

ভাবা যায়!!!!

পূজোয় চাই নতুন জুতো।

পুজোয় চাই নতুন জুতো। ওই সময়ে পূজার সময়ে একটা জাতীয় শ্লোগানের মত হয়ে গিয়েছিল। একটা আনন্দের দিন ছিল বটে। পূজার ঠিক আগে আগে সকালে যত খবরের কাগজ বের হত, তাদের প্রথম, মাঝের দুটো পাতা আর শেষের পাতা জুড়ে শুধু বিজ্ঞাপন থাকত, তাও একই কোম্পানির। পুজোয় চাই নতুন জুতো - বাটা। হাসিখুশি বাচ্চাদের মুখ আর সাথে বাবা মায়ের ছবি।

কত রকমের জুতো। মনটা হাহুতাশ করত - কখন বাবা মা বাটার দোকানে নিয়ে যাবে। পায়ের মাপ মাপার যন্ত্রটা দিয়ে গোড়ালি ধরে মাপ নেবে, একটা মই দিয়ে উপরে উঠে একটা বাক্স নামিয়ে জুতাটা পড়িয়ে দিয়ে বলবে, একটু হাঁটত বাবা। সেই নতুন জুতো পায়ে দিতেই একটা দৃপ্ত ভঙ্গি এসে পড়ত। পা তুলে তুলে দপ দপ করে সামনে পিছনে মিলিটারি কায়দায় হেঁটে নিতাম কয়েকবার। পূজার গন্ধ এসেছে বলে যে একটা কথা আছে, তার নানা উপকরণের একটা হল এই নতুন জুতোর গন্ধ।

সে কি আজকের কথা? ১৯৩০ সালে টমাস বাটা চেকোস্লোভাকিয়াতে বসে বাটা করপোরেশন তৈরী করলেন। ঠাণ্ডা যুদ্ধ শেষ, চেক আর স্লোভাকরা পূর্ণ উদ্যমে চিরদিনের শত্রুতার সুযোগ নিয়ে দেশটিকে আবার চেক রিপাবলিক ও স্লোভাক রেপাব্লিক এই দুই রাষ্ট্রে ভাগ করে নিলেন।

বাটা মনে করতেন মুনাফা-ই শুধুমাত্র একজন শিল্পপতির লক্ষ্য হতে পারে না- কর্মচারীদের জন্য বাসস্থান, শিক্ষা, সাস্থ্য এবং বিনোদনের জন্যও তাদের দায়িত্ব আছে। তার তৈরি কোম্পানিতেও তাঁর এই বিজনেস মডেলে এর প্রতিফলন ছিল।

তিনি মূলত ভারতীয় বাচ্চাদের জন্য রাবার গার্ড দেওয়া পিন-স্ট্রাইপড স্নিকার বাজারে আনলেন। প্রথম থেকেই ঘরে ঘরে বাটার জুতো প্রচন্ড জনপ্রিয় হয়ে উঠল। তদানীন্তন ক্রয় ক্ষমতার নিরিখে সে জুতোগুলোর দাম ছিল একটু বেশী, তবে গুণমাণ ছিল ভাল এবং প্রচুর টেকসই ছিল।

সে সময়ে আমরা এখনকার মত এ বেলা ও বেলা জুতো কিনতাম না। জুতো ফেটে গেলে, ছিঁড়ে গেলে, পাড়ার মুচি আমাদের উদ্ধার করতে এগিয়ে আসতেন। একটা জিনিষ লক্ষ্য করেছেন নিশ্চয়, প্রায় সব মুচিরা বাম পা'টা মাটির সঙ্গে সমান্তরাল রেখে ডান পা'টা উল্লম্ব করে রেখে, ডান হাতটা ডান পায়ের ডানদিকে রেখে মাথা নিচু করে জুতো সেলাই করেন। এর একটা বৈজ্ঞানিক ব্যাখ্যা আছে, যা পদার্থবিদ্যার ভারোত্তলন দণ্ডের (lever) তিনটি নীতি-র দ্বারা ব্যাখ্যা করা যায়।

যাই হোক, সময়ের পরিবর্তনের সঙ্গে সঙ্গে মানুষের মনে গুণমান থেকে যত দেখনদারি প্রাধান্য পেতে থাকল তখন বাটার জুতো নিয়ে অনেকে বলাবলি করতে শুরু করল, সেই একই রকম মডেল, দামও বেশী, ইত্যাদি ইত্যাদি!!!

এদিকে মাস্টারদা সূর্য সেনের দলের তৎকালীন ২১ বছর বয়েসী তরুণ সদস্য সুরেশচন্দ্র দে, ১৯৫২ সালে এসে, তাঁর বহুকালের স্বপ্ন বাস্তবায়িত করলেন। জামসেদপুরে শ্রীলেদার্স নামে একটি জুতোর ব্যবসা খুলে বসলেন, নানা রকমের নানা মডেলের বাহারি ডিজাইনের জুতো বাজারে এল, অনেক কম দামে পাওয়া গেল। জনপ্রিয়তাও পেল প্রচুর। শঙ্কা হয়েছিল, যে সেদিন থেকে বাটা কোম্পানির একচ্ছত্র আধিপত্য ধীরে ধীরে কমতে শুরু করবে।

কিন্তু বাস্তবে ২০টা ব্রান্ডের পোর্টফোলিও হোল্ডার কোম্পানি হয়ে বাজারে এখনও বাটা কোম্পানি স্ব-মর্যাদায় প্রতিষ্ঠিত হয়ে আছে। ভারতে ১৩৭৫টা স্টোর নিয়ে বাটা এখনও সর্ববৃহৎ জুতো প্রস্তুতকারী সংস্থা। কলকাতাতে বাটানগরে ৫টা ফ্যাক্টরী সহ বিহার ও তামিলনাড়ুতেও ফ্যাক্টরি আছে। অবশ্য এই মুহূর্তে বাটানগরের নাড়ীর খবর নিয়ে উঠতে পারি নি। এই কোম্পানির মুনাফার ৯৮ শতাংশ আসে অভ্যন্তরীণ বিক্রী থেকে – যা খুবই ভালো খবর।

যাই হোক, যখনই দেশে যাই একবার পাড়ার বাটার দোকানটা আজও ঘুরে আসতে ইচ্ছে করে। আজ ষষ্ঠী – মা বেঁচে থাকলে – আজকে নিশ্চয় একটা বাটার জুতো পেতাম। অবশ্য, অ্যামাজন ওয়েব সাইটে গিয়ে, আমেরিকাতে বসেও বাটার জুতো কিনতে পাওয়া যায়। অ্যামাজন হল কিনা, আজকের দিনের কলকাতার নিউমার্কেট – যেখানে কথায় বলে, চাইলে বাঘের দুধও কিনতে পাওয়া যায়।

সকলকে জানাই শারদীয়া ষষ্ঠীর আন্তরিক শুভেচ্ছা।

কুমারী পূজার মাহাত্ম্য

যখন এই লেখা লিখছি দেশে অষ্টমী পেরিয়ে নবমীও শেষ হতে চলেছে।

কুমারী পূজাও শেষ। এক (১) বছর থেকে ষোল (১৬) বছর পর্যন্ত কুমারী মেয়েদের বয়েস-ভিত্তিক ১৬টি বিভিন্ন নাম আছে, যথাক্রমে, সন্ধ্যা, ত্রিধামূর্তি, কালিকা, সুভগা, উমা, মালিনী, কুষ্ঠিকা, কালসন্দর্ভা, অপরাজিতা, রূদ্রাণী, ভৈরবী, মহালক্ষ্মী, পীঠনায়িকা, ক্ষেত্রজ্ঞা, এবং অন্নদা বা অম্বিকা। কেউ বলেন একজন কুমারীকে পূজা করতে হয় কিন্তু আর একমতে নয়জন পর্যন্ত কুমারীকে বসিয়ে পূজা করা যায়।

যোগিনীতন্ত্র, কুলার্ণবতন্ত্র, দেবীপুরাণ, স্তোত্র, কবচ, সহস্রনাম, তন্ত্রসার, প্রাণতোষিণী, পুরোহিতদর্পণ প্রভৃতি ধর্মীয় গ্রন্থ অনুসারে নাকি কুমারী পূজায় কোনও জাতপাত ও ধর্মের ব্যাপার নেই, কিন্তু আর এক মতে নাকি জাতপাত মেনে শুধু ব্রাহ্মণ কুমারী মেয়েদেরই নাকি পূজা করা যাবে। এখানেও জাতপাত?!!!

শাস্ত্রমতে একটি মেয়ে নাকি কুমারী থাকাকালীন শূচি - রজস্বলা হলেই অশূচি। আর একারণে অনেক মন্দিরে রজস্বলা মেয়েদের মন্দিরে প্রবেশ নিষেধ - মন্দিরের শুচিতা নষ্ট হয়। দক্ষিণ ভারতে এই নিয়ম অনেক বেশী দেখা যায়।

শাস্ত্রমতে মাখনের যত পুরু প্রলেপ লাগিয়েই একে সঠিক বলে ব্যাখ্যা করার চেষ্টা হোক না কেন আমি কোনোদিন তা গ্রহণ করতে পারব না। তাহলে আমার নিজের মাকে, সমস্ত মাতৃজাতিকে অশুচি বলতে হয়, অপমান করা হয়। আর মনে রাখতে হবে এই তথাকথিত "অশুচিতা" না থাকলে আমাদের কারো, মানে পুরো মানবজাতির অস্তিত্বই থাকতো না।

আমেরিকাতে দুর্গাপূজায় খাবারের লাইন

দুর্গাপূজাতে গিয়ে খাবারের লাইনে দাঁড়িয়ে আছি। দেখি, খাবারের আয়োজন বিশাল। এলাহি ব্যাপার!!! পদের সংখ্যা কম না - ভাত, ভাজা মুগের ডাল, ঝুরঝুরে আলুভাজা, তপসে মাছ ভাজা বা ঝাল, পনিরের আঙুলভাজা মানে finger fry (নিরামিশাষীদের জন্য সংরক্ষিত), গলদা চিংড়ির কালিয়া, এঁচড়ের ডালনা (নিরামিশাষীদের জন্য সংরক্ষিত - কোনো ক্ষেত্রে এঁচড়ে পাকাদের জন্যও সংরক্ষিত), মাছের পাতুরী, আলু পনিরের তরকারী (নিরামিশাষীদের জন্য সংরক্ষিত), গন্ধরাজ মুর্গী, পনির পসন্দ, গোলাপজাম, কমলাভোগ, মাতৃভান্ডারের মিষ্টি দই, পান।

৬০০ - ৭০০ জনের লম্বা লাইন - একজন মিষ্টভাসীকে দেওয়া হয়েছে টিকিট পরীক্ষকের কাজ - যিনি কিনা ভিসুভিয়াসকে বা রক্তচক্ষু শিবকেও highest molecular orbital থেকে একদম lower most molecular orbital এ নামিয়ে আনতে পারেন।

ঘ্রাণেন অর্ধ ভোজনং - এ সংস্কৃত শ্লোক মনে করিয়ে দিলেও কারো পেট আদতে অর্ধেক কেন, একটুও ভরে না। বরং খাবারের সুগন্ধ শুঁকতে শুকতে লাইনে দাঁড়িয়ে থাকা লোকেদের electronic energy (ক্ষুধা) চোঁ চোঁ করে বাড়তে থাকে। দেখলুম সেই সময় অপেক্ষারতদের হাসি মুখে, হাস্য রসাত্মক বাক্যালাপে মজিয়ে ভুলিয়ে রাখতে পারেন যিনি সেই ওস্তাদকে দেওয়া হয়েছে টিকিট পরীক্ষকের কাজ।

ঝুরঝুরে আলুভাজা দেখি বাচ্চা থেকে বুড়ো সকলেই বারেবারে চায়। মুগের ডালের সঙ্গে খেতে কি মজা, তাই চাহিদার তালিকাতে ঝুরঝুরে আলুভাজা সবার ওপরে - দোষ দেওয়া যায় না। তাই Bob the Builder এর digging machine এর মত পাঁচটা আঙুল দিয়ে আলুভাজার ট্রে থেকে মুঠো করে ঝুরঝুরে আলুভাজা দিতে হয়। দেখি ভারতীয় পরিবারের বাচ্চারা শুধু নয়, অভারতীয় বা মিশ্র পরিবারের বাচ্চারাও এবং তাদের অভারতীয় বাবা বা মায়েরাও, এই ধবধবে সাদা সুগন্ধি বাসমতি চাল আর ঝুরঝুরে আলুভাজা পেলেই খুশী।

ভালোমত অর্থনীতির supply and demand এই policy আত্মস্থ করতে না পাড়লে লাইনে শেষের দিকে দাঁড়ানো লোকজনের ভাঁড়ে মা ভবানী হয়ে যেতে পারে - সে দিকটাও খেয়াল রাখতে হয়। সেটা নিতান্ত অনভিপ্রেত - আর ভুলে গেলে চলবে না – উদ্যোক্তারা, স্বেচ্ছাসেবীরা, আর অতিথি শিল্পীরা, তাদের খাবার যেন থাকে সেটা নিশ্চিত করতে হবে। বুঝলাম এদের ওপর চাপ কম না।

খাদ্য কমিটির লোকেরা দেখলাম সিদ্ধহস্ত এ ব্যাপারে। নিজে দশপ্রহরণধারিণী হয়েও, দশটা হাতের কত সুবিধা এসব জেনেও মা দুর্গা পরিবেশনকারীদের দুটো হাতের বেশী হাত দেন নি। তাতে কি হয়েছে? দেখি এনারা কনভেয়ার বেল্টের মত কাজ করে চলেছেন। মাঝে মাঝে বল্টু খুলে গেলে একটু আধটু গতি স্তিমিত হয় বইকি। “দুর্গা মাই কি জয়” বললে সেই কনভেয়ার বেল্ট আবার সচল হয়ে নতুন উদ্যমে দ্রুত গতিতে চলতে থাকে।

এখানে হাতে গ্লাভস পড়া একান্ত জরুরী। গ্লাভস পড়তে হয় খাবার পরিবেশনের সময়ে, তা ছাড়া জামার ওপরে খাবার এপ্রন। মাঝে দেখি খাদ্য দপ্তরের যিনি হর্তা কর্তা বিধাতা তিনি একজন পরিবেশনকারীর কানের কাছে এসে ফিসফিস করে কি যেন বলে গেলেন। লাইনে দাঁড়িয়ে থাকা এক ভদ্রলোক বললেন নিশ্চয় কোনও পদ কম পড়েছে, চেপে দিতে বলে গেল। ঝপ করে গুণে নিলুম আমার সামনে কজন দাঁড়িয়ে। দুর্গা নাম জপ করতে লাগলুম।

তার ওপর বউদের চোখ এড়ানোর কোনো উপায় নেই - সেটাও বুঝলাম। সাদা পাঞ্জাবীর নৈঋত কোণে মাছের ঝাল কখন মিষ্টি মেয়ের মত একটু কিস করে দিয়ে চলে গেছে - তা' এনাদের চোখে পড়বেই পড়বে। ছেলেটা যে গোল্লা পাকিয়ে তাড়াতাড়ি কাজের মাসীকে (Laundry washer) দিয়ে, বউয়ের চোখ এড়িয়ে, পাঞ্জাবীটা ধুইয়ে রাখবে তার কোন উপায় নেই। “দেখেছ দেখেছ এত শখ করে একটা সুন্দর সাদা পাঞ্জাবী কিনে দিলাম - দিলে তো হলুদ লাগিয়ে?” বলে প্রেম উথলে পড়ল। দেখি যিনি খাবার পরিবেশন করছেন, মাছের ঝাল ভর্তি হাতা ধরা ডান হাতটার ওপর হুমড়ি খেয়ে পড়ে পাঞ্জাবীর হাতা গোটাতে লেগে গেলেন তাঁর স্ত্রী। 'আরে কর কি, কর কি' বলে থামাতে চেষ্টা করলেন পরিবেশনকারী। কিন্তু কে শোনে কার কথা!

চারিদিকে সিসিটিভি, ক্যামেরা, শত শত শত মুঠোফোন, পাপারাজ্জি-র মত তাক করে আছে। ছেলেটি বোধ হয় ভাবছে, গেল রে - নিমেষের মধ্যে কেউ না আবার সুন্দর একটা ক্যাপশান দিয়ে ছবি ফেসবুক, হোয়াটসঅ্যাপে, ইন্সটাগ্রামে পোস্ট করে দেয়। নীচে

বড় বড় করে লেখাঃ bottlenecked love finds its way out in public বা ওরকম একটা কিছু।

ছেলেটি বলে, আরে এ সব করতে গিয়ে তোমার শাড়ীটাতে ঝাল ঝোল লেগে যাবে, নষ্ট হয়ে যাবে। ওঁর স্ত্রীর কোনো ভ্রুক্ষেপ নেই। ছেলেটি মনে মনে ভাবল - মেয়েরা এখন একটা শাড়ী একবারের বেশী পড়ে না - ফেসবুকে একই শাড়ী দু'বার পরে ছবি দিলে স্ট্যাটাস কমে যাবার ভয়ে। কাজেই ঝোল পড়ল না ঝাল পড়ল তাতে ওঁর কাঁচকলা। কিন্তু ছেলেদের তো তা' নয়- তাই এই পাঞ্জাবীটা বাঁচানো হচ্ছে।

এই গ্লাভস পড়ে খাবার দিতে দেখলেই, আমার ছোটবেলার স্কুলের সরস্বতী পূজোর কথা মনে পড়ে। তখন গ্লাভস বলে কোনো কনসেপ্টই ছিল না। আমাদের শিক্ষক অভিজিতবাবু বোঁদে পরিবেশন করতেন। লম্বা বড় বালতি ভর্তি বোঁদের মধ্যে হাত কনুই পর্যন্ত ডুবিয়ে, ডান হাতের পাঁচ আঙুল ইয়া বড় মুঠো করে ধরে, খাবারের পাতে যখন বোঁদে ফেলতেন, পড়ার সময়ে কি কারণে যেন দু- তিন চামচের মত বোঁদে পড়ত। একেবারে ম্যাজিকের মত। মুখটা কাঁচুমাচু করলেই বলতেন খা' না - যতবার চাইবি ততবার পাবি।

যাই হোক, টিকিট পরীক্ষকের কাছে টিকিট জমা করে দেখি - কই? কোনও খাবার কম পড়ে নি তো। দারুণ আয়োজন। মনটা খুশি হয়ে গেল। প্লেট নিয়েছি, খাবার নেব - এখন রাখি?!!

ভূতের আমি ভূতের তুমি - ভূত দিয়ে যায় চেনা।

সে প্রায় ২৪ বছর আগের কথা। মার্কিন যুক্তরাষ্ট্রে আসার পরে প্রথম জেনেছিলাম যে এদেশে ভূত নিয়ে মাতামাতির করার জন্য বছরে একটা নির্দিষ্ট দিন আছে যেটি হ্যালোউইন নামে পরিচিত। প্রতি বছর ৩১শে অক্টোবর হ্যালোউইন পালিত হয়। প্রধানত মার্কিন যুক্তরাষ্ট্রে এবং কানাডাতে এই দিনটি ব্যাপক জনপ্রিয়। এ ছাড়া ইংল্যান্ড, ফ্রান্স এবং জার্মানিতে কিছুটা জনপ্রিয় হলেও তা' এখানকার জনপ্রিয়তার ধারে কাছে নয়। আমি যখন প্রথম এদেশে আসি তখন ভারতে সাধারণ মানুষজন এই উৎসব সম্পর্কে কিছু জানত না। ইদানীং শুনি, নিউদিল্লী, মুম্বাই সহ বিভিন্ন বড় বড় শহরে, বিশেষ করে নতুন প্রজন্মের কাছে, এই উৎসব ধীরে ধীরে জনপ্রিয় হয়ে উঠছে। এই শহরগুলির আধুনিক মদের ঠেকগুলোতে, ভদ্র বাংলায় যাকে পাব (Pub) বলে, সেখানে নাকি রীতিমত ভুতুড়ে বাড়ী (Haunted House) বানানো হচ্ছে। আন্তর্জাল মাধ্যমে, সামাজিক মাধ্যমে, পৃথিবীটা এত ছোট হয়ে গেছে যে পশ্চিমী সভ্যতার, বা বিশেষ করে মার্কিন যুক্তরাষ্ট্রের নানা উৎসব, যেমন ভ্যালেন্টাইন্স ডে, থ্যাঙ্কস গিভিং ডে ইত্যাদি, আমাদের দেশেও এখন নিয়মিত পালিত হচ্ছে। প্রত্যেকটি উৎসব একটি বড় বাজার তৈরি করে – কাজেই ভারতের বাজার সেদিক থেকে বেশ লাভজনক বইকি। আজকাল WhatsApp, Facebook ইত্যাদি আমাদের জ্ঞানের উৎস, আমাদের ইংরাজি ও বাংলা অভিধান, আর এটা হচ্ছে flow এর সাথে প্রবাহিত হবার যুগ, মস্তি করার যুগ। তাই ইতিহাস, প্রাসঙ্গিকতা অনেকেই খুঁজে দেখার চেষ্টা করে না। মাঝে মাঝে মজা করে বলি, এমন কোনও দিন যেন না আসে, যে দেশে ফিরে দেখব, সেখানে 4th of July পালিত হচ্ছে মহাসমারোহে, কেউ এতটুকু খেয়াল করেনি যে ওটা আসলে আমেরিকার স্বাধীনতা দিবস!!! যাই হোক, আগে জেনে নিই ভূত ব্যাপারটা কি?

ভূতের আমি ভূতের তুমি – ভূত দিয়ে যায় চেনা।

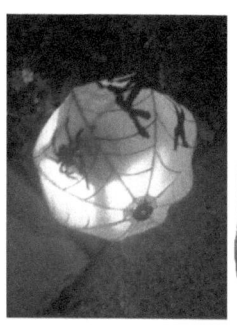
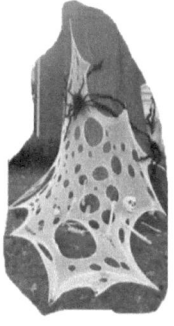

মৃত ব্যক্তির অশরীরী আত্মা হল ভূত। ডানকান ম্যাকডওগাল নামে এক চিকিৎসকের একটি গবেষণামূলক পরীক্ষার ফলাফল, ১৯০৭ সালের এপ্রিল, জার্নাল অফ দ্য আমেরিকান সোসাইটি ফর সাইকিক্যাল রিসার্চ এবং মেডিকেল জার্নাল আমেরিকান মেডিসিনে প্রকাশিত হয়। এই পরীক্ষায় জানা যায় যে মানুষের আত্মার ওজন মাত্র ২১ গ্রাম। মনে করা হয়, সে পরীক্ষা নানা ভুলে ভরা ছিল এবং যথার্থ নয়। পরবর্তীতে এরকম বৈজ্ঞানিক পরীক্ষা সঠিকভাবে আর হয়েছে বলে আমার জানা নেই। তবে এটা তো ঠিক, আমরা, ভারতীয় হিন্দুরা পুরাণ মতে বিশ্বাস করি যে, ব্রহ্মার নির্দেশে পিতৃপক্ষকালে, পিতৃপুরুষের আত্মারা মর্তলোকের কাছাকাছি আসেন। এই ১৫ দিনের মধ্যে যদি তাঁদের উদ্দেশ্যে কিছু অর্পণ করা হয় তা সহজেই তাঁদের কাছে পৌঁছায়। আত্মার অস্তিত্ব সম্বন্ধে আমরা মোটামুটি সহমত।

ভূত নিয়ে সাধারণ মানুষের মধ্যে আজ পর্যন্ত কত চর্চা হয়েছে তার কোনও ইয়ত্তা নেই। ছোটবেলা থেকে কেউ ভূতের নাম, ভূতের গল্প কোনোদিন শোনেন নি, এ ভূ-ভারতে কেন সারা বিশ্বেই বোধহয় কেউ নেই। ভূত বলে কিছু নেই, এ বিশ্বাস আছে দাবী করেও, জীবনে কোনোদিন ভূতের ভয় পান নি এরকম লোক পাওয়া কঠিন। একদম ছোটবেলায় প্রথমবার বাংলা ব্যাকরণে ভূতপূর্ব শব্দটি যখন শুনি, বুকের ভেতরটা ধক করে উঠেছিল। Physical science বাংলায় হল গিয়ে ভৌত বিজ্ঞান, তাতেও আমি ভূতের গন্ধ পেতাম। প্রাণ না থাকলে তাকে জড় বা ভূত বলা হয়, তাই ভৌত-বিজ্ঞান – এটা অনুধাবন করতে আমাকে বেশ বেগ পেতে হয়েছিল, যেন এই বিষয়টা আসলে ভৌতিক বিজ্ঞান, জড় বিজ্ঞান বললেই তো ঠেলা চুকে যেত!! 'ভূত' শব্দের আর এক মানে অতীত। 'ভূত' শব্দটার মধ্যে আসলে একটা ভীতিপ্রদক শ্রদ্ধা (awe) আছে বলেই বোধহয় সেই আদ্যিকাল থেকে, কি ছড়া, রূপকথা, কল্প ও গল্প কাহিনী, ছায়াছবি, সর্বত্র ভূতের রমরমা। আমেরিকাতে

২৪ বছর আসা ইস্তক দেখে আসছি, এখানে 'ঘোস্ট বাস্টার' নামে একটি ছবি-র সিরিজ খুব জনপ্রিয়। তাদের কর্মকাণ্ড টিভি বা কেবল কোম্পানির আরটিপি দ্রুত বাড়িয়ে দেয়।

ভূত বললেই আমার ছোটবেলার কলকাতাতে লোডশেডিং এর কথা মনে পড়ে। এই লোডশেডিং হলেই আমি খুব ভূতের ভয় পেতাম। আগে বলি 'লোডশেডিং' ব্যাপারটা কি, কারণ নতুন প্রজন্ম এই শব্দটি বোধহয় শোনেই নি। প্রায় প্রতিদিন, সন্ধ্যের অন্ধকার গাঢ় হবার আগেই ঝপ করে আলো চলে যেত, চারিদিক অন্ধকার হয়ে যেত। আর কিছু নিন্দুকেরা সমস্বরে বলে উঠত - এই যাঃ জ্যোতিবাবু চলে গেলেন। কবে আলো আসবে তার কোনও ঠিকঠিকানা ছিল না। আর আলো এলেই এই নিন্দুকেরা হাততালি দিয়ে সমস্বরে বলে উঠতেন, জ্যোতিবাবু চলে এলেন। এই সময়ে ঘোর অন্ধকারে আধা মাইল দূরে রেশনের দোকানে যেতে হত, যদি ডিউ স্লিপ জমা দিয়ে চাল, ডাল, চিনি, লবণ পাওয়া যায়। এই প্রজন্মের লোকেরা তো আবার ডিউ স্লিপ কি তাও জানেন না। ধরুন, একটু চিনি দিয়ে চা খাবেন বলে রেশনের দোকানে গেছেন, চিনির বদলে আপনাকে একটা রসিদ ধরিয়ে দিয়ে বলল, পরের সপ্তাহে পাবেন। তাকেই বলা হত "ডিউ স্লিপ বা ডিউ পার্ট"। প্রতি সপ্তাহে যান আর একটি করে ডিউ স্লিপ নিয়ে ফেরেন। সেগুলো জমিয়ে বাঁধানোর মত বই হয়ে যেত, কিন্তু অত সহজে চিনি পাওয়া যেত না। সে সময়ে চাল, ডাল, চিনি, লবণের মত বিদ্যুতের আলো'র জন্যও রেশনিং চালু হয়েছিল, মানে কোন দিনে কোন পাড়ায় কতক্ষণ আলো থাকবে না, তার জন্য সুন্দর শৈল্পিক তালিকা তৈরি হয়েছিল। যদি দেখতাম আমাদের পাশের পাড়ায় অল্প কিছুক্ষণ পরেই আলো এসে গেছে, আমরা হতাশ হয়ে অপেক্ষা করতাম, উষ্মা প্রকাশ করতাম, নিন্দুকেরা বলে উঠত, চিন্তা করবেন না ধরে নিন, সরকার আমাদের ডিউ স্লিপ ধরিয়ে দিয়েছেন, কোনও একদিন সব আলো একসঙ্গে পেয়ে যাবেন। "ডিউ পার্ট" সে সময়ে এমনই একটা বাগধারাতে পরিণত হয়েছিলে যে মহানায়ক উত্তমকুমারের শেষ ছবি "ওগো বধূ সুন্দরী" ছায়াছবিতে একটা গানেও এই শব্দটি ব্যবহৃত হয়েছিল - "আমি একজন শান্ত শিষ্ট পত্নীনিষ্ঠ ভদ্রলোক, একটি নিয়েই গলদঘর্ম, ডিউ পার্টেতে নেইকো লোভ"।

যাই হোক, এরকম একদিন ভাপসা গরমে সন্ধ্যায় লোডশেডিং চলাকালীন চারতলার তিনকোণা ছাদে উঠেই প্রচণ্ড ভয় পেয়ে গেছিলুম। ঘুটঘুটে অন্ধকারে, দূরে এক কোণে একটা ধবধবে সাদা ভূতের গলা পর্যন্ত দেখা যাচ্ছে, দুই চোখ জ্বলজ্বল করে আমার দিকে তাকিয়ে আছে। সারা পৃথিবীর সংজ্ঞায় ভূত প্রধানত ধবধবে সাদা হয় কেন জানি না। আমার মা খবু সাহসী ছিলেন। টর্চের আলোটা ফেলতেই বোঝা গেল এটা একটা বড়সড়

লক্ষ্মী পেঁচা, ড্যাবড্যাব করে মানুষের মত আমাদের দিকে তাকিয়ে আছে। মা বলে উঠল – ওকে তাড়াতে নেই- ঘরের লক্ষ্মী – ঘরের মঙ্গল হয়।

মা-র কাছে আর একটি ঘটনা শুনে আমার বিশ্বাস হয়েছিল ভূত থাকলেও থাকতে পারে। মা ভাটপাড়ার কট্টর ঘটি, বাঙাল বাবার বরিশালের বাড়ি ঘরদোর, জমিজমা, মা কোনোদিন দেখবার সুযোগ পান নি। সেই বরিশালে আমার ঠাকুমা আমার বাবার ১৪ বছর বয়েসে মারা যান, ভারত তখনও স্বাধীন হয় নি। ছেলের বউ দেখে যেতে পারলেন না এই দুঃখ নিয়ে মারা যান। আমি যখন মাতৃগর্ভে, তখন মা সন্ধ্যাবেলায় বিছানাতে আধশোয়া হয়ে একটু বিশ্রাম নিচ্ছেন, দেখলেন চারতলার বারান্দা দিয়ে একজন সাদা থান পরিহিতা, মাথায় লম্বা ঘোমটা দেওয়া এক মহিলা, তার মুখটা আমার মা'র মুখের কাছে একেবারে নিচু করে নামিয়ে এনে, তাকে কিছুক্ষণ দেখে, ঘরের জানালা দিয়ে বেরিয়ে গেলেন। মা ধড়ফড় করে উঠে বসতেই, মা'র চিৎকারে বাবা এসে পড়লেন। সেই মহিলার বর্ণনা শুনে বাবা বলেন এতো তাঁর মা, নিশ্চয় পুত্রবধূ দেখতে এসেছিলেন। মা কি ভূত নিয়ে মিথ্যা কথা বলবেন?

ভূত-চতুর্দশী নামে একটি দিন আমাদের দেশে পালন করা হয়। এই দিনটি নিয়ে দুটো গল্প প্রচলিত আছে। দানবরাজ বলির অত্যাচারে স্বর্গ, মর্ত পাতাল যখন জর্জরিত, তখন ভগবান বিষ্ণু এক ছোটখাটো বামনের ছদ্মবেশে এসে রাজা বলির কাছে এসে তিন-পা মাপে যতটুকু জমি হয়, সেইটুকু জমি ভিক্ষা চাইলেন। দানবরাজা বলি এই ছদ্মবেশ ধরে ফেলেন কিন্তু ভগবান বিষ্ণুকে তিনি ফেরান নি এবং সব বুঝেও তিনি তাঁর তিন-পা সমান জমি দিতে রাজি হলেন। ভগবান বিষ্ণু তখন স্বরূপ ধরেন, এক পা দিয়ে স্বর্গ ধরলেন, এক পা দিয়ে মর্ত ধরলেন, নাভি থেকে বেরিয়ে আসা তৃতীয় পা দানবরাজ বলির মাথায় রেখে তাঁকে নরকে নিয়ে গেলেন। কিন্তু যেহেতু দানবরাজ বলি সবকিছু বুঝেও রাজি হয়েছিলেন, তাই তাঁর প্রতি দয়াপরবশ হয়ে ভগবান বিষ্ণু জানালেন যে বছরে একদিন দানবরাজ বলির পূজা হবে যখন তিনি তাঁর সহস্র অশরীরী আত্মাদের নিয়ে মর্তে আসতে পারবেন। আর এক পৌরাণিক বিশ্বাস অনুসারে, কার্তিক মাসের কৃষ্ণপক্ষের চতুর্দশীর দিন ভগবান শ্রীকৃষ্ণ নরকাসুর নামে এক রাক্ষসকে বধ করেন। কালীপূজার আগের রাতে মা কালীর সাথে ১৪ রকমের ভূতপ্রেতরা মর্তলোকে নেমে আসেন। এই ভূতেদের থেকে নিজেদের দূরে রাখতে, ১৪ শাক খেয়ে, ১৪ প্রদীপ জ্বালিয়ে, এবং ১৪ ফোঁটা দিয়ে এই দিনটি উদযাপন করা হয়। কাজেই হ্যালোউইন নামে না হলেও ভূত নিয়ে ভাবার একটা দিন আমাদেরও আছে। ভূত নিয়ে চর্চা কম্বোডিয়া, কোরিয়া, চীন, জাপান, মেক্সিকো, ব্রাজিল সব দেশেই

হয়ে থাকে। সিঙ্গাপুর, তাইওয়ান, ইন্দোনেশিয়া, চীনে hungry ghost festival নামে বৌদ্ধ ও তাওবাদী সংস্কৃতির সাথে যুক্ত একটি উৎসব সপ্তম চন্দ্রমাসে চোদ্দ দিন ধরে পালন করা হয়। এখানেও সেই চোদ্দ দিন - অবাক লাগে না? কারণ পুরানো সব ক্যালেন্ডারই চান্দ্রমাসের ভিত্তিতে তৈরি।

আমেরিকাতে ফিরে আসি। এক সন্ধ্যায় সদ্য ড্রাইভিং লাইসেন্স পাওয়া অনভ্যস্ত হাতে গাড়ী চালিয়ে ডেলাওয়ার নদী পেরিয়ে পার্শ্ববর্তী অঙ্গরাজ্য নিউ জার্সিতে যাচ্ছি। এই সময়ে তো সাড়ে চারটে বাজলেই অন্ধকার হয়ে যায়। বন্ধুর বাড়ীর যাবার পথে রাস্তাতে আলো বেশ কিছুটা কম, এই সময়ে গাড়িঘোড়াও বেশ কম। আর শহরতলীর রাস্তাঘাটে এদেশে লোক এমনিতেই খুব কম, প্রায় কেউ হাটে না বললেই চলে। তার ওপর দুটো ব্লক জুড়ে দু-পাশে বেশ বড়সড় কবরখানা। সামনে ট্র্যাফিক লাইটের লাল আলো – দাঁড়িয়ে আছি। সবুজ আলো হতেই ডানদিকে মোড় নিয়েই ভয়ে হিম হয়ে যাবার মত অবস্থা। স্টিয়ারিং কেঁপে যাওয়া কোনও রকমে সামলে এগিয়ে চলেছি। কবরের পাশে রাস্তার ধারে, গোটা দশেক নরকঙ্কাল দুই হাত মাথার ওপরে তুলে নাচানাচি করছে। গাড়ীর হেডলাইটের আলোতে, গাঢ় অন্ধকারের কালো প্রেক্ষাপটে, এতগুলো নরকঙ্কাল দেখে খুব ভয় লেগে গিয়েছিল। আগেই শুনেছিলাম নিউজার্সির এই এলাকার ধারে কাছে কোনও এক জায়গায় নাকি কখনো গাড়ির হেডলাইট নামাতে নেই, তাহলে সঙ্গে সঙ্গে ভূত গাড়ির মাথায়, নয়তো বনেটে এসে বসবে। হয়ত ৩০ সেকেন্ড মত সময় লেগেছে এলাকাটা পেরোতে কিন্তু

ঐ অতটুকু সময়ে সাদা রঙের নর-কঙ্কালগুলোর নিঃশব্দ নৃত্য যেন কয়েক ঘন্টার ঘটনা মনে হল। বন্ধুর বাড়ীর সামনে গাড়ী থেকে নেমে তাড়াতাড়ি ঘরে ঢুকে নিশ্চিন্তি! বন্ধুকে বলায় লজ্জিত হয়ে বলল, এই রে, আমার একদম ভুল হয়ে গেছে, আমার আগেই বলে রাখা উচিত ছিল। আজ তো হ্যালোউইন (Halloween)! প্রতি বছর এইদিন সন্ধ্যেবেলাতে পাড়ার কিছু ছেলেমেয়ে ভূত সেজে নাচতে থাকে। না জানা থাকলে ভয় পাবারই কথা।

এখানে এই হ্যালোউইন (Halloween) দিনটির জন্য বাচ্চারাও সারা বছর অধীর আগ্রহে বসে থাকে। সন্ধ্যে হলেই, একেবারে কোলের শিশু থেকে সব বয়েসের বাচ্চারা নানাবিধ পোশাক পরিচ্ছদ পরে, বালিশের ওয়ার নিয়ে বা বড় ব্যাগ নিয়ে, পাড়ায় পাড়ায় বাড়ি বাড়ি ঘুরতে থাকে, ট্রিক'র-ট্রিট (Trick or Treat) বলে কড়া নাড়তে থাকে। সাধারণত ক্যান্ডি দেওয়া হয়ে থাকে। আর বলতে হয় হ্যাপি হ্যালোউইন। ক্যান্ডি পেয়ে বাচ্চাদের খুশিতে তাদের যে হাসি ফুটে ওঠে তাতেই মন ভরে যায়। আবার অনেকের হাতেই পাকা কুমড়োর মত প্লাস্টিকের বাটি, যাতে ক্যান্ডি দেওয়া হয়। কোনও কারণ নেই কেন ক্যান্ডি দেওয়া হয় তবে মনে করা হয় সেই ১৬-শ শতকে স্কটল্যান্ডে এই প্রথা প্রথম চালু হয়। সে যাই হোক, বাচ্চারা যে যত ক্যান্ডি পেতে পারে তার তত আনন্দ। ধরে নিন আপনি কোনও বাড়ীতে গেছেন, দরজার সামনে একটা কঙ্কালের স্ট্যাচু চেয়ারে বসানো আছে, এমনও হতে পারে আপনি ক্যান্ডি নিয়ে পেছন ফিরে নামতে যাবেন সেই কঙ্কালটি সোজা হয়ে আপনার সামনে দাঁড়িয়ে আছে। আসলে ওটা একটা মানুষ ছিল। তবে স্থানীয় প্রশাসন থেকে সতর্কবার্তা আসতে থাকে, কারণ বিকৃতমনস্ক কোনও ব্যক্তি ক্যান্ডির মধ্যে ছুঁচ বা অন্য কিছু পুরে দিয়ে থাকতে পারে। অবিশ্বাস্য হলেও তা যে ঘটে না তা' নয়। Trick or Treat, মানে আপনি যদি ক্যান্ডি না দেন তা হলে আপনাকে ট্রিট দেওয়া হবে। আপনার অগোচরে দরজায় পচা ডিম, পচা টমেটো কেউ ছুঁড়লে, অবাক হবার নয়। তবে ওটা সচরাচর হয় না। এই সময়ে চারিদিক নানারকমের ভূতের প্রতিমূর্তি দিয়ে বাড়ির চারপাশ সাজানো হয়, tomb stone বসানো থাকায় কোনও কোনও বাড়ীর চারপাশ কবর থানার মত দেখতে লাগে। কোথাও বা গাছের গোড়ায়, ঝোপে ঝাড়ে বড় বড় কৃত্রিম মাকড়শার জাল বানিয়ে তার ওপর বিশাল বিশাল পুতুল মাকড়সা বসানো হয়। পাড়ায় পাড়ায় ভুতুড়ে বাড়ী তৈরি করা হয়। লেখা থাকে দুর্বল চিত্ত হলে ঢুকবেন না। রীতিমত পয়সা দিয়ে টিকিট কেটে মানুষ ভয় পেতে যায়। আমি দু-একবার গেছি। সব কিছু জেনেও ভেতরে রীতিমত ভয় না পেয়ে কোনও উপায় নেই। যারা ভয়ে ভেতরে যান না তাঁরা বাইরে দাঁড়িয়ে চিল চিৎকার শুনে দুধের স্বাদ ঘোলে মেটান।

হ্যালোউইন (Halloween) এলেই, কেন জানি না সত্যজিৎ রায়ের "গুপি গাইন বাঘা বাইন" সিনেমাতে ভূতেদের নাচের কথা আমার মনে পড়ে যায়। "কাছে আয় কাছে আয়, তোরা বড় ভাল ছেলে, কাছে আয়।" কি অভাবনীয় এক সৃষ্টি। সেই দৃশ্যের শেষে ভূতেদের নৃত্যের ক্রমপর্যায় লক্ষ্য করলে দেখবেন যে সমান্তরাল চারটি প্যানেলের সবচেয়ে নিচের দিকে পুরোহিতরা রয়েছেন, সবচেয়ে উপরে সাধারণ মানুষেরা। সত্যজিৎ রায় বর্তমান সমাজ ব্যবস্থার বিপরীতে এমনি এক সমাজ ব্যবস্থা কল্পনা করেছিলেন যেখানে সাধারণ মানুষরা মর্যাদার নিরিখে সবচেয়ে ওপরে থাকবেন, বৈষম্যে পদদলিত থাকবেন না। অন্য একটি গান – 'ভূতের রাজা দিল বর'–এ কত রকমের ভূতের কথা বলেছেন। আহা ভূত, বাহা ভূত, কিবা ভূত, কিম্ভুত, বাবা ভূত, ছানা ভূত, খোঁড়া ভূত, কানা ভূত, কাঁচা ভূত, পাকা ভূত, সোজা ভূত, বাঁকা ভূত, রোগা ভূত, মোটা ভূত, আধা ভূত, গোটা ভূত আরও হাজার রকম ভূত। কিন্তু সাদা ভূত, কালো ভূত, এই দুই ভূতের কোনও উল্লেখ কেন নেই। সত্যজিৎ রায়ের মত উচ্চ মানের একজন চলচ্চিত্রকার তা উল্লেখ করতে ভুলে যাবেন এটা মনে হয় না। তাঁর প্রতিটি পদক্ষেপ যেখানে মাপা, সুচিন্তিত। তিনি হয়ত এটাই বোঝাতে চেয়েছেন যে মানুষের লজ্জা পাওয়া উচিত এই দেখে যে ভূতের রাজ্যে আর যাই হোক, বর্ণবিদ্বেষ নেই। আমি আরও একটি প্রসারিত করে হলফ করে বলতে পারি ক্ষুধার রাজ্যে পৃথিবী গদ্যময় হলেও ভুতের রাজ্যে কোনও সাম্প্রদায়িকতাও নেই।

তবে এই ২১ গ্রাম আত্মার বাইরে যা পড়ে থাকে তার সবটাই এই মন। আত্মার ওপর আমাদের কোনও কন্ট্রোল নেই, মনের ওপর আছে। তাই কবি রামপ্রসাদ সেন লিখে গেছেন – "মন রে কৃষিকাজ জানো না, এমন মানব জমিন রইল পতিত, আবাদ করলে

ফলত সোনা"। এখন বুঝি এই মনটাকে সঠিক আবাদ করতে পারলে আমরা সুখী থাকতে পারব।

মানবতার পিঠে চাবুকের দাগ *

জীবনদর্শন এই শব্দটি খুব জানা – কিন্তু এর মানে কি? আমি জানি না। আমরা কেউ কি জানি? সহজ কথায় যতটুকু বুঝি তা হল আমার জীবনটা আমি কিভাবে কাটাব তা নিয়ে দিক নির্দেশনা। কে দেবে? দার্শনিক দেবে। কিসের ভিত্তিতে দেবে? দর্শনের সংজ্ঞা হিসাবে বলা যেতে পারে, "জ্ঞান, বাস্তবতা এবং অস্তিত্বের মৌলিক প্রকৃতির অধ্যয়ন, বিশেষ করে যখন একটি একাডেমিক (কেতাবী) শৃঙ্খলা হিসাবে বিবেচিত" অভিজ্ঞতার ভিত্তিতে দেবে। দর্শন একটা শৃঙ্খলাবোধ জাগায়। দর্শনের ব্যাপ্তি বিশাল।

আমেরিকাতে এসে দেখি সাধারণ লোকেরা অফিসে কাছারিতে আমাদের ডক বলে ডাকে। এদের অনেকে জানে না যে আমাদের নামের আগে যে ডঃ বসে তার সঙ্গে ডাক্তারির কোন সম্পর্ক নেই। এদের অনেকে জানেই না যে ডক্টরেট অফ ফিলসফি কে ছোট করে ডঃ লেখা হয়। আমাদের পরীক্ষাগার যে ঝাড়পোঁছ এবং পরিষ্কার করতে আসে সে ইংরাজিতে বলেই বসল – 'আপনি তাহলে দার্শনিক?' আমি বললাম – সে অর্থে তাই। এই জন্যই তো যে কোন বিষয়ে মৌলিক কোন গবেষণা করে উত্তরণের দিশা দেখাতে পারলে ডক্টরেট অফ ফিলসফি উপাধি দেওয়া হয়। তারপর সে তার জীবনের সংগ্রামের অনেক কথা বলে গেল, কিভাবে সে সংগ্রাম করে সঠিক পথে থেকে জ্যানিটারের কাজ করে উচ্চশিক্ষার অর্থ যোগান করছে তাও বলল। আমি তাকে সেদিন বলেছিলাম – তুমিও একজন দার্শনিক – তোমার জগতে, তোমার মত করে, তুমি কিভাবে জীবনটাকে সঠিকভাবে পরিচালনা করে বড় হবে, তা নিয়ে এই যে নিয়ত চিন্তাভাবনা করেছ, এটাও দর্শন, তা নয় কি? দর্শন কক্ষনো আচার আচরণ, বাহ্যিক আড়ম্বরকে নিয়ে বড়াই করে না, সঙ্ঘবদ্ধতার তোয়াক্কা করে না। সংগঠিত ধর্মের সঙ্গে ধর্মের মূল দর্শনের বা শিক্ষার এখানেই প্রবল তফাৎ। একটি ধর্ম দর্শন শাস্ত্রের অনেকগুলি ধারার একটি মাত্র হতে পারে, কিন্তু কোন একটি ধর্ম দর্শনের সর্বজনীন (global) ব্যাপ্তিকে কখনও ধরতে পারে না।

আমি যখন জন্মালাম তখন আমি কেঁদে আমার অধিকার ব্যক্ত করেছি, তা শুধু জৈবিক চাহিদা থেকে, কোন দর্শন জ্ঞান থেকে নয়। বলা হয় যে একটা শিশুর ৫ বছর

বয়েস পর্যন্ত তার মধ্যে দেবত্ব থাকে। তারপরে বয়েস বাড়ার সঙ্গে সঙ্গে ষড়রিপু-র জান্তব প্রভাব বাড়তে থাকে। তার পশুত্বকে কমাতে দর্শন শিক্ষার দরকার হয়। সুস্থ সামাজিক জীব হিসাবে বেঁচে থাকার জন্য যেটুকু দর্শন শিক্ষা দেওয়া হয়, আজ বুঝি তার অনেক কিছুই আসলে আমরা কেউ মানি না, কৌশলের আশ্রয়ে বেসাতি করে চলি, শঠতা করে চলি। তা বলে তো একটা শিশুকে এটা বলা যায় না যে মিথ্যা কথা বলা আর মহাপাপ নয়, বা সর্বদা সত্য কথা বলবে না, তার আর কোনও দরকার নেই, ইত্যাদি। বরং উল্টোটাই সত্য। আমরা দর্শন শিক্ষা বললেই মনে করি ধর্ম শিক্ষার প্রাতিষ্ঠানিক আচার আচারাদিতে তাকে মুড়ে দিতে হবে। আমার কাছে ধর্ম শব্দটির মানে হল – যাহা ধারণ করে। কাকে ধারণ করে? সমাজকে ধারণ করে। উদ্দেশ্য সমাজের ভাল করা। কিন্তু আমি এটা মনেপ্রাণে বিশ্বাস করি, ধর্ম যদি যুক্তিতর্কবিহীন অকপট বিশ্বাস দাবি করে, তাহলে সেই ধর্মের ধারণ ক্ষমতা কমে যায়, ধর্ম তখন মানবতাকে টুকরো টুকরো করার কাজে পর্যবসিত হয়। মানুষের মনের দুর্বলতাকে সহায় করে তখন সঙ্ঘবদ্ধ দল পাকানোর চেষ্টা হয়, ধর্ম তখন রাজনীতি হয়ে ওঠে। আর তাই বাস্তবে ধর্ম শিক্ষা দিতে গিয়ে আমরা সমাজটাকে শুধু সাম্প্রদায়িক বানিয়ে রেখেছি। সত্যিকারের দর্শনশিক্ষা একজনকে মুক্ত চিন্তা করতে শেখায়, আর তার কোনও বিশিষ্ট ধর্মীয় লক্ষণ রেখা থাকতে পারে না। আজ নয়, যুগ যুগ ধরে তাই ধর্ম একটি রাজনৈতিক ক্ষমতার হাতিয়ারে পর্যবসিত হয়েছে, এক ছাতার তলায় জমায়েত করার লাউড স্পীকারে পরিণত হয়েছে। রাজনৈতিক ক্ষমতার বা ধর্মক্ষমতার বাইরে থাকলে, মুক্তচিন্তা খুব পছন্দের একটা জিনিস, বিরোধী আন্দোলনের আকর্ষণীয় হাতিয়ার, কিন্তু যখন হাতে রাজনৈতিক ক্ষমতা ও ধর্মক্ষমতার পরিমণ্ডল থাকে, তখন মুক্ত চিন্তাকে বড় শত্রু বলে মনে হয়। আসলে প্রতিটি নাগরিকের ব্যক্তিগত জীবনদর্শন এমন হওয়া উচিত যেন সে তার নিজের বিচার বিবেচনা দিয়ে তার স্বাধীন পথ বেছে নিতে পারে। দর্শন হচ্ছে বিশ্লেষণাত্মক মুক্তচিন্তা করার সোপান। হাজার হাজার বছর আগের বিভিন্ন ধর্মের সদুপদেশকে, আজকের দিনের প্রাসঙ্গিকতার প্রেক্ষাপটে ফেলে বোঝার চেষ্টা করি না। আমার এক খুব ঘনিষ্ঠ বন্ধু আছে – সে তার খৃস্টীয় ধর্মীয় সংগঠনে পৌরোহিত্য করে, ধর্মপ্রচার করে বেড়ায়। ইংরাজিতে congregation বলে একটা শব্দ আছে, যার বাংলা করলে দাঁড়ায় জামাত বা ধর্মসভা। আমি তাকে জিজ্ঞাসা করেছিলাম আমাকে তুমি তোমার ধর্মসভায় ঢুকতে দেবে? সে উৎফুল্ল হয়ে বলল – কেন নয়, অবশ্যই। আমি তাকে বলেছিলাম, আচ্ছা আমি যদি সেখানে যাই, তুমি তোমার ধর্মগ্রন্থ থেকে পড়ে যখন ব্যাখ্যা করবে, তখন আমি প্রশ্ন করতে পারব? সে আমতা আমতা করে বলেছিল যে ধর্মগ্রন্থে লেখা কোন লাইনের মানে বুঝতে না পারলে তুমি অবশ্যই প্রশ্ন করতে পার। কিন্তু

তোমাকে ধর্মগ্রন্থের ঐ লাইনে থাকা বক্তব্যকে প্রশ্ন করা চলবে না – সেখানে যা লেখা আছে তার ওপর বিশ্বাস রাখতে হবে। সেইজন্য আমরা বলি আই বিলিভ ইন যীশাস– আমি ভগবান যীশুতে বিশ্বাস করি। আমি বললাম, মানে অন্ধবিশ্বাস রাখতে হবে বলছ? ও বলেছিল, এর মধ্যে অন্ধবিশ্বাসের কোন জায়গা নেই। এ ধ্রুব সত্য, ভগবানের বাণী, প্রশ্ন করার কোনও জায়গাই তো নেই। ধর্মীয় নেতা যেদিন পৃথিবীতে এই ধর্ম প্রচার করেছিলেন তখন তিনি ভগবানের দূত ছিলেন, তিনি যা বলেছিলেন তার তুমি উল্টোটা যদি ভাব তাহলে তুমি নাস্তিক। আমার মনে হল সব ধর্মে এই একটা সমস্যা, প্রশ্ন করার কোনও জায়গা নেই! সে আরও বলল, যে ধর্মে কোন ধর্মসভার ব্যাপার নেই সেই ধর্ম কোন ধর্মই নয়। বুকের ভেতরটা কেমন ছ্যাঁত করে উঠল, সে জানে জন্মসূত্রে আমি হিন্দু। হিন্দু ধর্মে তো কোনও congregation নেই, তাই কি পশ্চিমী সভ্যতা একে মিথোলজি বলে মনে করে? আমার মনে হল – ছোটবেলা থেকে আমিওতো এটা শুনে এসেছি – 'বিশ্বাসে মিলায়ে বস্তু তর্কে বহুদূর'! তাহলে একে দোষ দিই কি করে? আমি জিজ্ঞাস করেছিলাম – তুমি কি মনে কর না যে ধর্ম ব্যাপারটা মানবতাকে টুকরো টুকরো করে চলেছে। ও আমাকে বলেছিল – না না না, আমরা ঠিক পথে বাকীরা ভুল। যারা আমার ধর্মের অনুসারি নন, তাদের আমাদের ধর্মে দিক্ষা দিয়ে মানবতাকে একত্রিত করার চেষ্টাই তো নিরন্তর করে চলেছি, মানবতাকে অখণ্ডিত করার জন্য। আমি বললাম জানতো আমাদের দেশে এক মহাপুরুষ ছিলেন যিনি বলেছিলেন 'যত মত তত পথ'। ও বলল, যত মত তত পথ থাকতে পারে কিন্তু সব পথ কি আর ঠিক পথ হতে পারে? সঠিক পথ বেঠিক পথ বলেও তো একটা ব্যাপার আছে। না হলে তুমি জিপিএস ব্যবহার কর কেন? সবপথ তো উপরওয়ালার কাছে পৌঁছায় না। ধর্ম হল এই জিপিএস যা তোমাকে দিক নির্দেশ করবে।

তখন সদ্য সদ্য অ্যামেরিকা এসেছি, সব কিছুই নতুন। একবার কর্মসূত্রে স্যানফ্রান্সিস্কো যাব। ফ্লাইট ঘন্টা খানেক লেট। অগত্যা কি করি। বসে আছি লাউঞ্জে। আমার পাশে একজন বেশ বয়স্ক ব্যক্তি, মুখভরা প্রশান্তি নিয়ে হাসি মুখে বসে আছেন। চোখাচোখি হতেই তিনি আমাকে 'হাই' বলাতে আমিও হাই বললাম। বললেন ৮২ বছর তার বয়েস। জিজ্ঞেস করলেন আমি কোথা থেকে এসেছি। আমি ভারতীয় শুনে ভারতীয়দের খুব প্রশংসা করলেন। প্রায় ঘন্টাখানেক তিনি আমার সঙ্গে ভারতীয় সংস্কৃতি নিয়ে কথা বললেন। তিনি ভারত সম্পর্কে জানেনও অনেক কিছু। তিনি কর্মসূত্রে নাকি বেশ কিছুদিন ভারতে ছিলেন। তিনি হিন্দুধর্ম নিয়ে নাকি পড়াশুনো করেছেন। আমি ওনাকে বললাম আমি জন্মসূত্রে হিন্দু হলেও এবং আমি হিন্দু ধর্মগ্রন্থ, যেমন বেদ, গীতা, পুরাণ ওপর ওপর পড়লেও, এগুলো সম্বন্ধে

আমার সম্যক জ্ঞান আছে এ দাবী আমি করতে পারি না। এই ধর্মগ্রন্থগুলো সরাসরি আমি পড়িনি। আর পাঁচটা লোক যেমন লোকমুখে শুনে থাকে বা বইতে পড়ে থাকে, ছায়াছবিতে রামায়ন, মহাভারত, ইত্যাদি দেখে থাকে, সেরকম আর কি। আমাদের কথাবার্তা এতটাই আন্তরিক ছিল যে ঘন্টাখানেক কোথা দিয়ে কেটে গেল বুঝতেই পারিনি। ঘোর কাটল এই ঘোষণায় যে আর পাঁচ মিনিটের মধ্যে প্লেন ছাড়ার জন্য প্রস্তুত হয়ে যাবে। কাজেই কথা গুটিয়ে আনার পালা। কথাবার্তা শেষ হলে ওনাকে বিদায় সম্ভাষণ জানিয়ে উঠে যাবার মুহূর্তে তিনি আমাকে একটা ছোট্ট পকেট বই দিলেন। বললেন এটা পড়ে দেখো জীবনে সব প্রশ্নের উত্তর পাবে। আমার বুঝতে বাকি রইল না যে এই বইটি আর কিছু না – এটি বাইবেল। ওনার চোখের দিকে তাকিয়ে ধন্যবাদ জানিয়ে আমি আর এক মুহূর্ত দাঁড়ালাম না। এক লহমায় ওনার সঙ্গে কথোপকথনে যে অনাবিল আনন্দ এতক্ষন পাচ্ছিলাম, তা বিলীন হয়ে গেল। নিজেকে মনে হল আমি তার ধর্ম বাজারের খদ্দের, ছলনায় মোহিত করে আমাকে খ্রিস্টধর্ম গছাতে এসেছিলেন, কিং অব প্রাসিয়া মলে যেমন সুন্দরী মহিলা বা সুসজ্জিত সুপুরুষ অত্যন্ত মেকি ভদ্রতা ও হাসিমুখ নিয়ে একটা পারফিউম বিক্রির চেষ্টায় থাকে অনেকটা সেরকম। একজনকে খৃস্টধর্মে ধর্মান্তরিত করতে পারলে উনি নিজে স্বর্গে যাবেন, এই বিশ্বাসে কথার মায়াজালে আমাকে জড়িয়ে ধর্মান্তরিত করতে চেয়েছিলেন। ওনার মুখের প্রশান্তি আমার কাছে একটা শিশুকে অপহরণ করার আগে ছেলেধরার মুখের প্রশান্তির মত দেখাল।

বহু বছর আগের কথা। তখন সকালবেলা ১০ টা নাগাদ হবে। আমি তখন ছোট। আমরা তৎকালীন বি ই কলেজের সামনে একটা ভাড়া বাড়ির চারতলায় ভাড়া থাকতাম। ইন্দিরাগান্ধী খুন হয়েছেন দুই শিখ দেহরক্ষীর হাতে। তৎ পরবর্তী ব্যাপক দাঙ্গায় দু তিন দিনের মধ্যে ৭০০র ওপর শিখকে হত্যা করা হয়েছে, বিশেষত দিল্লিতে। হাওড়ায় আমাদের বাড়ির কাছে সান্তা সিং পেট্রল পাম্প বলে একটা বাস স্টপ ছিল – জায়গাটার কাছে একটা গুরদুয়ারা (শিখদের উপাসনালয়) ছিল। ভবানিপুর কলকাতাতেও শিখ অধ্যুষিত অঞ্চল ছিল। যখন দিল্লিতে কংগ্রেসের স্বেচ্ছাসেবকরা সক্রিয়ভাবে ধরে ধরে শিখদের মারধোর করা, খুন করার প্রচনায় যুক্ত বলে দাবী করা হচ্ছিল, তখন পশ্চিমবঙ্গে বামগণতান্ত্রিক সরকার। তাদের পার্টিকর্মীরা ও স্বেচ্ছাসেবকরা গুরদ্বারা ও শিখ অধ্যুষিত এলাকা দিনরাত পাহারা দিয়ে গণহত্যা ও উপাসনালয়গুলোর ধ্বংস রোধ করতে সক্ষম হয়েছিল। তখন মনে পড়ে আমার পরিচিত কংগ্রেসিরা এদের খালিস্তানি চর, দেশদ্রোহী বলে নিন্দা করেছিল। কোন এক ধর্মের একজন গুঢ় অপরাধ করলে সমস্ত সম্প্রদায়কে কালিমালিপ্ত

করা এবং সংহারে উদ্যত হওয়া আমার পক্ষে কোনভাবেই সমর্থন করা সেদিন সম্ভব হয় নি। সংখ্যালঘু সম্প্রদায়ের কি কষ্ট সেদিন আমরা যারা বুঝিনি, তারাই আজ ৯/১১-র পর ধর্ম নিরপেক্ষতার দাবীতে, সংখ্যালঘু সম্প্রদায়ের নিরাপত্তার ও অধিকারের দাবীতে, ধর্ম নিরপেক্ষতার দাবীতে নিউ ইয়র্কের রাস্তায় নামি, কারণ আজ আমরা সংখ্যালঘু, এ দ্বিচারিতা কবে কমবে জানি না। সংগঠিত ধর্মের এই ধরণের ব্যবহারকে সমর্থন না করলেই তাকে নাস্তিক আখ্যা দেওয়া হয়। আজও দেখি ১৯৪৭ পরবর্তী ইতিহাসের পরিহাসে দ্বিজাতি স্বত্তের ভিত্তিতে বিভক্ত দুটি (বাংলাদেশ জন্মের পরে তিনটি) রাষ্ট্র সাবালক হতে পারল না, এক দেশের রাজনৈতিক টানাপোড়েন আর এক দেশের রাজনীতির তুরুপের তাস হয়ে ওঠে। যারা বামিয়ান বুদ্ধমূর্তি ধবংস করার তীব্র নিন্দা করেছিল, বলেছিল হাজার হাজার বছরের একটা মূর্ত ইতিহাসকে উড়িয়ে দেওয়া হল, তারাই বাবরি মসজিদ ধ্বংস করবার সময়ে তা ভুলে গেছিল। সংগঠিত ধর্মের (Organized religion) এটাই হল সমস্যা।

আমার বরাবর মনে হয়েছে ধর্মের ধব্জাধারীরা বৃহত্তর মানবতাবাদকে শুধু বিপন্ন করে এসেছে। ভারতে হিন্দু ধর্মের জাতপাত নিয়ে হিংসার কথাতো আমার জানা ছিল। তখন আমি জানতাম খৃস্টান ধর্ম দুভাগে বিভক্ত – ক্যাথলিক ও প্রটেস্টান্ট। এখানে এসে দেখলাম প্রটেস্টান্টরা শত শত ভাগে বিভক্ত। শুধু আমেরিকাতেই ২০০টির ওপর আর সারা পৃথিবীতে ৪৫ হাজারেরও বেশি স্বীকৃত খৃস্টান ধর্মভাগ আছে – সকলেই খ্রিস্টান, তবু বিভক্ত – কেন? খুব অবাক হয়েছিলাম যখন আমার এক আমেরিকান বন্ধু আর এক বন্ধুকে জিজ্ঞেস করে – 'হোয়াট ইজ ইওর রিলিজিয়ন' – আর উত্তর এসেছিল 'ইস্টার্ন অরথডক্স চার্চ' বা ব্যাপ্টিস্ট। আমি সাউথ আফ্রিকা থেকে আসা এক ধার্মিক সাদা খৃস্টান বন্ধুকে জিজ্ঞেস করেছিলাম তোমাদের দেশে যারা কালো তাদের প্রায় সকলেইতো তোমার ধর্মের, ভগবান যীশুর অনুসারী, তাহলে এত বর্ণবৈষম্য হল কেন? সাদা চামড়ার খৃস্টানরা কালো চামড়ার খৃস্টানদের ওপর ঘৃণ্য অত্যাচার করল কেন – সকলেই তো যীশুর অনুসারি। বৌদ্ধধর্ম শান্তির ধর্ম। সেই বৌদ্ধ ভিক্ষুরা তাহলে কি করে শ্রীলঙ্কাতে হিন্দু আর মায়ানমারে মুসলমানদের ওপর এত অত্যাচার করতে পারে? আমি আমার পাকিস্তানী, আরব, ইরানী, এমনকি পশ্চিম ভারতের, এমনকি উত্তর প্রদেশের লখনউ এলাকার মুসলমানদের সঙ্গে কথা বলে দেখেছি, তারা বাংলার মুসলমানদের সাচ্চা মুসলমান বলে মনে করে না। এরকম আলোচনা আমি অনেকের সঙ্গে করেছি। ধর্মের শানিত ধারে মানবধর্ম শুধু বিভক্ত হতে দেখেছি। সব ধর্ম যেন মানবতাকে ভুলে, একমাত্র তাদের নিজ

নিজ ধর্মের অনুসারী বানানোর টাগ-অব-ওয়ারে নেমে পড়েছে, শুধু দল ভারী কর। হাজারো ধর্মের চাবুকের আঘাতে আঘাতে, মানবতার পিঠ আজ রক্তাক্ত।

মনে পড়ে যাচ্ছে সত্যজিৎ রায়ের 'মহাপুরুষ' ছায়াছবিটির একটা অংশের কিছু কথাবার্তা। নিবারণবাবু, বিজ্ঞানী ননীগোপাল বাবু আর ওনার স্ত্রীর মধ্যে, বিরিঞ্চিবাবাকে নিয়ে কথা হচ্ছে। "কথা কিন্তু বেশ বলেন সব তো বুঝিনা.... চেকস্লভাকিয়ায় তপস্যা করত...আইনস্টাইন যেত ওর কাছে। উনিই তো শিখিয়েছিলেন। কি? Relativity. E = mc2. বাবাজি শিখিয়েছিলেন? আইনস্টাইনকে? একথা সে বললে? অতগুলি লোকের সামনে? আর সকলে সে কথা বিশ্বাস করলে? Yes! সবাই ক্ল্যাপ দিল। তুইও দিতিস" । এই জন্যই বোধহয় মন্দজনেরা বলেন – ধর্মের চেয়ে বড় আফিম কিছু নেই, ধর্মের ক্যাপ্সুলে সবই খাওয়ানো যায়। আর, নাৎসি হিটলারের আমলে তাঁর ক্যাবিনেট সদস্য এবং প্রোপাগান্ডা মন্ত্রী গোয়েবেলস বলেছিলেন যে তুমি যদি একটা মিথ্যাকে খুব বাড়িয়ে বলতে পার এবং বারবার বলে যেতে থাক, একটা সময়ে মানুষ ঠিক বিশ্বাস করবে।

শেষ করি আমার প্রিয় লেখক হুমায়ুন আহমেদের লেখা 'তেঁতুল বনে জোছনা' থেকে কয়েকটা লাইন উল্লেখ করে। ভূমিকাটা এইরকমঃ নবনী একটি তেঁতুল গাছে উঠে তেঁতুল পাড়ার ইচ্ছা প্রকাশ করল। বাকিটা গল্প থেকে উদ্ধৃতি করছি। "এগুলো আপনি নিয়ে যান, আমি গাছে উঠে নিজের হাতে পাকা তেঁতুল পাড়ব। ইমাম সাহেব খুবই লজ্জিত গলায় বলেছেন, এটা সম্ভব না। মসজিদের কাছে গাছ, সেই গাছে মেয়েছেলে উঠে তেঁতুল পাড়বে এটা ঠিক না। নবনী তেজী গলায় বলেছিল – ঠিক না কেন? আল্লা রাগ করবেন? তার উত্তরে ইমাম সাহেব বলেছেন – আল্লাপাক এত সহজে রাগ করেন না, কিন্তু মানুষ রাগ করে। আমরা এমন, সেই মানুষের রাগটাকেই বেশী ভয় পাই।"

*এই লেখাটি monmanchitra.com পত্রিকায় ১২ জুলাই ২০২১ তারিখে প্রকাশিত হয়েছিল।

জিনিরিকিশা - কারণ তো আছে একটা নিশ্চয়!!!

জিনি (মানব)+রিকি (পেশীশক্তি) + শা (গাড়ী) – এই থেকেই আজকের রিকশার সৃষ্টি - সেই জাপানে সম্ভবত ১৮৭৯ সাল নাগাদ। যে হাতেটানা রিকশা (১) কলকাতার লজ্জা, (২) পিলখানা হাওড়ার এক বস্তি নিয়ে তৈরি ছায়াছবি 'সিটি অব জয়' এর পোস্টার, (৩) যে হাতেটানা রিকশা নিয়ে আগন্তুক ছবিতে উৎপল দত্ত মন্তব্য করেছিলেন "আর পঁয়ত্রিশ বছর পরে এখানে ফিরে এসেও দেখি, মানুষ টানছে রিকশা, এই কন্ট্রাডিক্সন না হলে আর সভ্যতা?!", (৪) যে হাতেটানা রিকশা আমার জার্মান কলিগ কলকাতাতে কনফারেন্সে গিয়ে এক ছেঁড়াফাটা হাতকাটা গেঞ্জি আর নোংরা লুঙ্গি পড়া এক ভদ্রলোক দুইজনকে নিয়ে টেনে নিয়ে যাচ্ছেন দেখে খুব অবাক ও হতাশ হয়েছিলেন, সেই হাতেটানা রিকশা হল জাপানের ট্যুরিজম এর একটা আকর্ষণ।

টোকিও, কিয়টো শহরে পর্যটন কেন্দ্রগুলোর আশেপাশে এদের প্রচুর পরিমাণে দেখতে পাওয়া যায়। কেউ এদের দেখে অবাক হয় না। 'সিটি অব জয়' সিনেমা করতে এগিয়ে আসে না। আর এখানেই তফাৎ।

গরীব ও ধনীর এই আকাশপাতাল পার্থক্য জাপানে নেই। যারা রিকশা চালান তারা পর্যটনশিল্পের অঙ্গ, তাঁরা শিক্ষিত, ইতিহাস ও ভূগোল ইত্যাদিতে রীতিমত পড়াশুনো করেছেন, পর্যটকদেরদের নিজের দেশ ঘুরিয়ে দেখানো তাদের নেশা – টাকা নেন ঠিকই – কিন্তু হাতেটানা রিকশা চালানো তাদের কাছে গ্রাসাচ্ছাদনের পেশা নয়। পুরুষতান্ত্রিক এই পেশাকে বুড়ো আঙ্গুল দেখিয়ে দেখি মেয়েরাও সেখানে হাতেটানা রিকশা টানছে। এই ছিমছিমে পুরুষ ও মহিলা রিকশা চালকদের শরীর স্বাস্থ্য দেখলে এক একজনকে কুস্তীগির বলে মনে হয়।

মানুষ কেন মানুষকে টানবে সেটা একটা সংযত প্রশ্ন – সেটা জাপানের টোকিও হোক, কিয়োটো হোক বা কলকাতা হোক। তবু বাস্তবে কলকাতায় হলে প্রশ্ন ওঠে, জাপানে হলে ওঠে না – কারণ তো আছে একটা নিশ্চয়!!!

অক্টোবরস্য প্রথম দিবসে

সময়কে যদি জিজ্ঞেস কর – সে বলবে তার আদিও নাই অন্তও নাই। তবু মানুষ মন ও মানকে মাপতে 'প্রথম' ও 'শেষ' এই দুই পর্যায় তৈরি করেছে। তাই "আষাঢ়স্য প্রথম দিবসে" হল – মেঘদূত আমাদের মনকে চঞ্চল করে গেল। আর আজ অক্টোবরস্য প্রথম দিবসে কিছু কথা আপনার সঙ্গে ভাগ করে নিতে পারলাম।

বিন্ধ্য পর্বত যখন রূপে, গুণে, শৌর্যে বেড়েই চলেছে, দম্ভে সুমেরু পর্বতের উচ্চতাকে হার মানাতে চলেছে, সূর্যের আলোকে রুখতে, তার গতিপথ রুদ্ধ করতে চলেছে, আকাশে মাথা ঠেকানোর উপক্রম, সেই সময় সকল দেবতা গেল ব্রহ্মার সঙ্গে পরামর্শ করতে। ব্রহ্মার উপদেশ অনুসারে, অগস্ত্য মুনি গেলেন বিন্ধ্য পর্বতের কাছে। অগস্ত্য মুনির অত্যন্ত এবং অন্যতম প্রিয় শিষ্য বিন্ধ্য, প্রণাম করতে নিচু হলেন। মাথার ওপর অপার আশীর্বাদে হাত রেখে বললেন – তোমার ভক্তিতে আমি যারপরনাই খুশী হয়েছি। আমি না ফিরে আসা পর্যন্ত এই তুমি অবস্থাতেই থাক। অগস্ত্য মুনি আর ফিরলেন না। এভাবেই বিন্ধ্য পর্বত আর মাথা তুলে দাঁড়াতে পারল না। সুমেরু পর্বত এবং তাকে প্রদক্ষিণে সূর্যের আর কোনও বাধা রইল না। আর এ থেকে তৈরি হল বাংলা বাগধারা – 'অগস্ত্য মুনির যাত্রা'। তাই মায়েরা আজও বলেন, যাচ্ছি বলতে নেই বাবা – বলতে হয় – মা আসছি।

বিন্ধ্যপর্বত নিচু হলেন, শুধু তাই না - ভারতবর্ষের মানচিত্রকে যেন আড়াআড়ি দুভাগে ভাগ করে দিলেন, উত্তর ও দক্ষিণে – মন, মান, ভূগোল ও চরিত্রে। এত বিশ্লেষণ করার সময় আজ নেই, তবে এটুকু বলতে পারি – এই দেখুন না, উত্তর-ভারত প্রধানত চা পিপাসু হল আর দক্ষিণ-ভারত প্রধানত কফি পিপাসু হল। অবশ্যই এটা অতি রঞ্জিত করা হল - বিন্ধ্যপর্বতের সঙ্গে আসলে এর কোনও যোগসূত্র নেই।

তবে এ কথা সত্যি যে একটা সময় ছিল, ইষ্ট-ইন্ডিয়া কোম্পানি, ভ্রাম্যমান গাড়িতে গাড়িতে বিভিন্ন শহরের বুক চষে ফেলেছিল ভারতীয় জনগণকে চা খাওয়ানোর অভ্যাস করাতে। হাওড়া ষ্টেশনে, ট্রেনে, ট্রেনে বিনামূল্যে রেল কোম্পানি চা খাওয়াত। কিন্তু এই

দক্ষিণ ভারতের লোকগুলোকে পুরো দস্তুর বশে আনতে পারে নি। তারা প্রধানত কফি-প্রেমী রয়েই গেল।

আমি আমার বন্ধুকে জিজ্ঞেস করলুম – চিকমাগালুর জানিস? ও সঙ্গে সঙ্গে গড়গড় করে বলে বসল, হ্যাঁ এখানেই তো, সেই ১৯৭৮ সালে, ইন্দিরা গান্ধী, এমারজেন্সি-র পর প্রথম জাতীয় নির্বাচনে হারের এক বছরের মধ্যে, এই শহর থেকে দাঁড়িয়ে জনতা পার্টি-র প্রতিদ্বন্দ্বী বিরেন্দ্র পাতিলকে ৭০ হাজার ভোটে হারিয়েছিলেন। চিকমাগালুর কোনোদিন ইন্দিরা গান্ধী কে ভুলবে না, ভুলতে পারে না। ঠিক কথা। আমারও মনে পড়ে গেল। ছ বছর টাটা ইন্সটিটিউটে কাটিয়েছি তো। আমিও তাই দেখেছি। সেবার কি কারণে ক্যাম্পাসের অদূরে মালেশ্বরম গেছি – দেখছি কাতারে কাতারে লোক যাচ্ছে বেঙ্গালুরুর দিকে, গাড়ীতে, বাসে, ট্রেনে। দু একজন কে জিজ্ঞেস করলাম – কে আসছেন? বলল – গান্ধী কে দেখতে যাচ্ছি। আমি কপাল চাপড়ে ফুটপাথে বসে পরার জোগাড় – হায় রে!!!! সোনিয়া গান্ধী আসছেন – মনে হচ্ছে যেন মহাত্মা গান্ধী পুনর্জন্ম পেয়ে বেঙ্গালুরু এসেছেন। সেদিন বুঝলাম, গান্ধী শব্দটাকে যেন একটা রাজনৈতিক আফিমে পরিণত করা হয়েছে – যা অত্যন্ত দুর্ভাগ্যজনক।

যাইহোক, বন্ধুটিকে বললাম, হল না, তোকে একটা হিন্ট দিই। অক্টোবরস্য প্রথম দিবসে তোর বিশেষ কিছু মনে পড়ে? বন্ধুটি কিছুই মনে করতে পারল না। আমি বললাম, এই জায়গাতে, ব্রিটিশরা আসার অনেক আগেই, এই চিকমাগালুর এলাকাতে ১৬৭০ সাল নাগাদ ইয়েমেন থেকে বাবা বুদান কফি বীন এনে এখানে চাষ শুরু করেছিলেন। আর তাই এখানে কফি এত জনপ্রিয়। আমি বুঝলাম সে এখনও গান্ধীর ঘোরের ঘূর্ণাবর্তে ঘূর্ণায়মান – নির্বিকার চিত্তে শুধু বলল - ওঃ। কেন অক্টোবরস্য প্রথম দিবসে বললাম সেটা বোঝা তো দূর অস্ত।

সেই আমি বেঙ্গালুরুতে টাটা ইন্সটিটিউটে থাকাকালীন কফি বোর্ডে গিয়ে চিকরি মেশানো কফি খেতে অভ্যস্ত হলাম। ভালই লাগত। মাটির ভাঁড়ের জায়গায় ছোট্ট একটা কাগজের কাপ। কফি হয়তো কাগজের কাপে চলতে পারে কিন্তু মাটির ভাঁড়ে চা খাবার একটা কৌলীন্য আছে বিশেষ করে যখন চায়ের দোকানদার ফুটন্ত কেটলিটাকে তিন ফুট উঁচুতে তুলে দুধ চিনি মেশানো আদা দেওয়া ফেনা সমেত চা ছোট্ট একটা ভাঁড়ে ঢেলে দেয়।

এরপর, যে আমি বরাবর দার্জিলিং চা খেতে বেশী ভালোবাসি, সে কিনা এসে পড়লুম ফিলাডেলফিয়ার একটা ল্যাবে। প্রথম দিন ল্যাব ঘোরানোর পর আমার বস বললেন – এই

হল আমাদের আলোচনা করার ঘর। স্ক্রিন আছে, প্রজেক্টর আছে, আর একটা ফ্রিজ, মাইক্রোওয়েভ ওভেন আছে। এই ড্রয়ারে কাপ থাকে, এই কর্নারে একটা কফি মেশিন আছে – সব সময়ে কফি পাওয়া যায়। চিনি, দুধ সব আছে। বলে উনি ড্রয়ার থেকে একটা কফি কাপ বার করে আমার হাতে দিয়ে বললেন – কফি খাবে নিশ্চয়? তুমি বস আমি এখুনি ফিরে আসছি, তারপর সব বোঝাব।

আমি সত্যি বলছি, হাওড়ায় থাকতে মাটির ভাঁড়ে একটাকার চা খেয়ে অভ্যস্ত। আর বাড়ীতে যে কাপে চা খেতাম তাঁর সঙ্গে এই কাপের সাইজ দেখে মনে হল এতো একটা গামলা। মনে হল, একটা দশ সীটের প্লেনের সঙ্গে এ-৩৮০ বিমানের তুলনা করছি। কাপটা লম্বায় ৫ ইঞ্চি, ব্যাস সাড়ে তিন ইঞ্চি খানেক হবে। যে ভাঁড়ে চা খেয়ে অভ্যস্ত তা লম্বায় কত আর হবে ওই এক ইঞ্চি আর ব্যাস বড়জোর পৌনে এক ইঞ্চি খানেক হবে। লোকে দেখে শেখে বা ঠেকে শেখে, আমি দেখে শিখলুম। আমার আগে যে দুজন কফি নিল, তারা দেখলাম কফির সাথে কিছুই মেশাল না। বস-ও তাই করলেন দেখলাম। আমি ভাবলাম জস্মিন দেশে যদাচার। বলে কফি নিলাম। গন্ধটা মন আনচান করা বটে কিন্তু বেগুন পোড়ার মত কালো কুচকুচে কফিতে মুখ দিয়েই আঁতকে উঠলাম। শীতকালে কলকাতার হাল্কা ঠাণ্ডায় দুধ আর চিনিতে তৈরি নেসক্যাফেই আমার ভালো।

এদেশে এসে জানলাম ১২০ রকমের কফি হয়। কফিবীন রোস্ট করে কফি বানানো একটা শিল্প-র পর্যায় পড়ে। অনেকে বাড়ীতে নিজেরাই কফি রোস্ট করেন। এদেশে আসার আগে রোস্ট বলতে মুরগির রোস্ট মনে পড়ত আর জিভে জল আসত। এখানে এসে দেখলাম কি করে কফি রোস্ট করতে হয়। তাপমাত্রা ও কতক্ষণ রোস্ট করা হচ্ছে তার ওপর কতটা জল কফিবীন থেকে বেরিয়ে যাবে, তার ওপর নির্ভর করছে কি ধরণের স্বাদ ও গন্ধ হবে। তারপরে নানারকমের মশলা মেশানো কফি দিয়ে পসরা সাজানো থাকে দোকানে দোকানে।

পয়লা অক্টোবর হল আন্তর্জাতিক কফি দিবস। ভারত সহ International Coffee Organizations (ICO)-এর ৭৭টি সদস্য রাষ্ট্র এবং বিশ্বজুড়ে কয়েক ডজন কফি অ্যাসোসিয়েশনের সাথে উদযাপন করে থাকে। ভাগ্যের এমনই পরিহাস অক্টোবরস্য প্রথম দিবসে যখন এই স্মৃতি চারণ করছি তখন আমার সঙ্গী এই এক গামলা ভর্তি কালো কফি-ই!!! আর কি অবাক কাণ্ড – মার্কিন যুক্তরাষ্ট্র এই সংস্থার সদস্য-ই নয়। তাই বলে কি কফি খাব না? বরং কফি খেতে খেতে মান্না দে'র কণ্ঠে গাওয়া কফি নিয়ে

সর্বকালের সর্বশ্রেষ্ঠ গানটি ("কফি হাউসের আড্ডাটা আর নেই") শুনতে থাকি। লিঙ্ক দিলাম না – ইউটিউবে সহজেই পেয়ে যাবেন।

৯কার ধরে ডিগবাজী খাই - মুখে তালব্য-র হাসি

বাংলা সাহিত্যের ক্লাসে একটা প্রশ্ন ছিল। প্রশ্নটা এরকম - উর্দুসাহিত্যের বিখ্যাত কথাশিল্পী কৃষণ চন্দের, বাংলা ১৩৫০ সালের মহাদুর্ভিক্ষ নিয়ে একটি উপন্যাস লেখেন - তার নাম কি ছিল? পরীক্ষার খাতায় উত্তর দেখে প্রবীণ শিক্ষকের চক্ষু চরকগাছ। ছাত্রছাত্রীদের অনেকেই লিখেছে - অন্যদাতা। ফলে, শুন্য পাওয়া সেইসব ছাত্রছাত্রীর দল ঘেরাও করল শিক্ষকটিকে। যুক্তি হল আজকাল বানান নিয়ে তেমন কেউ মাথা ঘামায় না। ওরা তো জানে উপন্যাসটির নাম - এটাই তো জিজ্ঞেস করা হয়েছিল – উত্তরও তো সঠিক দিয়েছে। বানান ঠিক লিখতে হবে প্রশ্নপত্রে তো এমন কোনও নির্দেশিকা ছিল না। কাজেই অন্নদাতা যদি অন্যদাতা হন, তাতে নম্বর কেটে নেবার কোনও অধিকার প্রবীণ শিক্ষকটির নেই। আজকালকার অতিসচেতন নব্য আইনজ্ঞদের ঠেলায় পরে গণতান্ত্রিক পদ্ধতিতে স্কুল বোর্ড থেকে সিদ্ধান্ত নেওয়া হল – ছাত্রছাত্রীরা পুরো নম্বর পাবে।

যারা ছলে বলে কৌশলে প্রকৃত শিক্ষাকে বুড়ো আঙ্গুল দেখান তাদের নিয়ে একটা প্রচলিত গল্প আমরা সকলেই জানি। টুকলি করে পাশ করা এক শিক্ষক গ্রামে এক খোলা মাঠে এক প্রকৃত শিক্ষককে জিজ্ঞেস করেছিলেন, আমি তোমায় শুধু একটা মাত্র প্রশ্ন করব তার যদি সঠিক উত্তর তুমি দিতে পার তাহলে আমি নিজেকে ফাঁসিতে ঝোলাব। তিনি জিজ্ঞেস করলেন বল তো "I don't know" মানে কি? ছলনা ধরতে না পেরে প্রকৃত শিক্ষক বললেন – আমি জানি না। আর যায় কোথায় – বরং প্রকৃত শিক্ষকটির প্রায় ফাঁসিতে ঝুলে মরার অবস্থা। বাংলা বানান নিয়ে জেনে বুঝে বা নিছক অবহেলায়, আজকাল যে শিথিলতা দেখানো হচ্ছে তার পরিণতি মারাত্মক হতে চলেছে।

এই ধরণের শিথিলতার ইঙ্গিত হাস্যরসের মধ্য দিয়ে সত্যজিৎ রায় আগন্তুক ছবিতে এনেছিলেন। ৩৫ বছর পর দেশে ফিরে কোকোকোলার দোসর ঠান্ডা পানীয় Thums Up খেতে খেতে নিজের ভাগ্নির ছেলেকে, ভদ্রলোক জিজ্ঞেস করেছিলেন – "আরে সর্বনাশ বুড়ো

আঙ্গুলের এই বানান শিখেছ নাকি সাত্যকি বাবু"? ছেলেটি জবাব দিয়েছিল ধ্যাৎ। তারপর বানানটা ঠিক করে বলে দিয়েছিল। আজকের দিন হলে ভদ্রলোক হয়তো এই প্রশ্ন করতেন না - করার দরকারও পরত না বোধহয় - সাধারণ জনমনে অনেকের কাছেই (সকলের নয়) বানান ব্যাপারটা তার কৌলিন্য হারিয়েছে – তা অনেক দিন হল।

বিদ্যাসাগর বাংলা বর্ণমালা সংশোধনের অনেক আগে শুনেছি ১৮ রকমের "অ" ছিল। ভাগ্যিস সে সময়ে জন্মাই নি। তখন দীর্ঘ "ঋ" ছিল, দীর্ঘ "৯" ছিল। অনুস্বার, বিসর্গ ও চন্দ্রবিন্দু নাকি বাংলা বর্ণমালায় ছিল না – বিদ্যাসাগর মহাশয় তা জুড়েছিলেন। "ক" এবং "ষ" এই দুয়ের মিশ্রণে তৈরি হয় বলে "ক্ষ" বর্ণটিকে ব্যঞ্জন বর্ণমালা থেকে ছেঁটে বাদ দিয়েছিলেন। ক'দিন আগেই বিশ্ব-যতিচিহ্ন দিবস গেল – আমরা কয়জন জানি যে এই বিদ্যাসাগর মহাশয় বাংলাতে যতি চিহ্নের ব্যবহার শুরু করেছিলেন। না হলে, হরেকরকমবা জীওবা রুদেরকা রথানা মত ব্যাপার হয়ে যেতে কতক্ষণ?

মনে আছে দন্ত "স" দিয়ে কেউ হাসি বললেই বলতাম - বাঙাল কোথাকার!! বাপরে কত রকমের "শ", "স", "ষ" - আরে শসা না বলে, সসা, ষষা, যাই বলো স্বাদ তো বদলাবে না। সত্যি বলতে কি কতলোকেই তো "ছ" আর "স" এই দুইয়ের পার্থক্য করতে পারেন না - খাব শিম, লিখব সীম আর বলব ছিম – সমস্যা কোথায়? তিন তিনটে বর্ণ " শ", "স", "ষ" জ্বালিয়ে খেল – বানান মুখস্থ করতে গিয়ে হিমসিম। উচ্চারণ করতে গিয়ে যদি জৈববিজ্ঞান শিখতে হয়, কোথায় মূর্ধা, কোথায় দন্ত এই খুঁজতে গেলে তো কখনই বা সঠিক জায়গায় জিভ ঠেকাব, আর কখনই বা কথা বলব?! কি দরকার "ই"-"য়", "ণ", "ন"? তারপর "ই"-"ঈ", "উ"-"ঊ", বলতে গেলে সমস্যা। কতটা দীর্ঘ হলে তবে দীর্ঘ বলা যায়? মুখগহ্বর নিসৃত টানটি কত সেকেন্ড দীর্ঘায়িত করলে তাকে "ঈ"-র সঠিক উচ্চারণ করা হল তা কেউ বলে নি। এটা বুঝতে পারি না তো বানান মনে রাখব কি করে। একটা বর্ণ রাখলেই সমস্যা মিটে যায়। বলব ব্যানজন বর্ণ কিন্তু বানান করতে গিয়ে কেন "ন" এর জায়গায় "ঞ" ঢোকাতে হবে - না হলেই বানান ভুল? "ঞ"-র এই অযৌক্তিক দাবী আর কাঁদুনি, যত সমস্যার মুলে। "কি ঠিক বললাম?" নাকি, "কী ঠিক বললাম?" - কোনটা ঠিক? একরকম স্বরবর্ণ ও ব্যঞ্জনবর্ণের দরকার কি? "ত" বলতে গিয়ে জিভ সরাৎ করে পপাত ধরনীতলে হলে এমনিতেই খন্ড "ত" (ৎ) হয়ে যায়, বোঝা যায় - তার জন্য আবার বর্ণমালায় আলাদা জায়গা রাখতে হবে? আর যে শব্দটা শুদ্ধ ছিল সেই "ইতোমধ্য"-কে সেই কবেই আমরা "ইতিমধ্যে"

স্বীকার করে নিয়েছি – সেরকম একটা আপোষ করে বর্ণমালার সংখ্যাগুলো কমিয়ে আনলে ব্যাপারটা একটু সুবিধের হত না?

কিন্তু একথা তো স্বর্গে গিয়েও বিদ্যাসাগর মহাশয়ের চরণে দন্ডবৎ হয়ে বলতে পারব না! তিনি বাংলা ভাষার জন্য নিবেদিত প্রাণ ছিলেন, মহাপুরুষ ছিলেন, যথাসাধ্য আমাদের জন্য করে গেছেন। এই আমরা অধমের দল তার মর্যাদা ধরে রাখতে পারিনি। ঘুণাক্ষরের জন্য বলতে পারব না, আমরা কলেজ স্কোয়ারে ওঁনার মূর্তি ভেঙে মাথাটা নিয়ে রাজনৈতিক ডুগডুগি, ফুটবল কতরকমের খেলা খেলেছি। বরং ওখানে গিয়ে, ৯কার ধরে ডিগবাজী খেয়ে - মুখে তালব্য-র হাসি হেসে বলব – প্রতি বছর আমরা আপনাকে ধুমধাম করে কত পুজো করি, লেকচার দিয়ে থাপ্পর মেরে টেবিল ফাটাই। স্বাধীন ভারতে ৭৬ বছর পর সংসদে যে মহিলা সংরক্ষন বিল বা অধিনিয়ম পাশ হল -সেই বিলটার নাম তো ওঁনার নামে দেওয়াই যেত। কিন্তু, হয় নি, কারণ উনি তো ভোট টানেন না। আসলে, সেদিন আমরা এই ধর্মব্যাবসায়িরা, সতীত্ববাদীরা আর একটু হলে দেখে নিতুম ওনাকে, নেহাত ওই লালমুখো সাহেবগুলো ক্ষমতায় ছিল বলে হালে পানি পাই নি। এবার দেখে নেব। গোঁড়া বামুনের ছেলে কিন্তু গায়ে কেমন নাস্তিক নাস্তিক গন্ধ! তবু বিবেকটা যেন ক্যারা পোকার-র মত মাঝে মাঝে নড়ে ওঠে, তাই এখনও যখন একটা মাটির মূর্তি হু হু করে দুধ খাচ্ছে বলে সাষ্টাঙ্গে প্রণাম করি, তার আগে একবার আড় চোখে দেখে নিই - বিদ্যাসাগর মহাশয় দেখছেন না তো? বলতে সাহস পাই না যে, বিদ্যাসাগর মহাশয়, এখন ভাষা-টাই যখন ভাসা ভাসা, তখন এত বর্ণের দরকার কি? বর্ণের সংখ্যা আরও বেশ কিছু কমিয়ে দিলে ভালো হত না? আপনি তো এক সময়ে বর্ণমালায় ১৮ খানা "অ" থেকে বাংলায় একটিকে বেছে নিয়েছিলেন। আজকের “আমরা সবাই রাজা আমাদের এই রাজার রাজত্বে” আমরা সকলেই এক একটা বিদ্যাসাগর, একটু অনুমতি দিন না, আমরা করে দেখাব। "৯" কার তো আমরাই বাদ দিয়েছি আপনার রচিত বর্ণমালা থেকে। একটু অনুমতি দিন না। ঘুম থেকে উঠে বলব, বিদ্যাসাগর মহাশয় আমাকে স্বপ্নে আদেশ দিয়েছেন - এখন সময় হয়েছে শান্তিপূর্ণ গণতান্ত্রিক পদ্ধতিতে একটা "র", একটা "স" এরকম করে বর্ণমালাটাকে সংশোধন করে নেওয়ার, তারপরে যদি কিছু বাকী থাকে তাই দিয়ে নতুন বাংলা বর্ণমালা তৈরি হবে, তাতে যদি বাংলাটা অনন্ত বাঁচে।

ঈশ্বরচন্দ্র বিদ্যাসাগর মহাশয়ের জন্মদিনে– তাঁর চরণে সশ্রদ্ধ প্রণাম।

হুঁকো মুখো হ্যাঁংলা ও সৈয়দ মুজতবা আলী

কোলকাতার রাস্তা ঘাটে একটা সময় ছিল যখন এই হুঁকো মুখো হ্যাংলাদের বেশ আধিক্য ছিল। এখন কেমন জানি না। তবে আজকাল এই সব হ্যাংলাদের জন্য যে হারে হুক্কাবার চালু হয়েছে তাতে তাদের আধিক্য আর থাকার কথাও নয়। এই ধরুন না আমিও এই রকম একপ্রকার হুঁকোমুখো হ্যাংলাদের পর্যায়েই পরি বলতে পারেন। কলকাতাতে লিফটে ওঠার সময়ে কিছু বাচাল বাঙালী ছাড়া বাকী সকলেই হুঁকো মুখো হ্যাংলা - কেউ কারো সাথে কথা বলে না, টু শব্দটি করেন না। অন্তত আমাদের সময়ে সেরকমই ছিল। তাই লিফট যা এখানে এলিভেটর, তাতে এলিভেটেড হতে হতে শ্যামলকান্তি শিশু প্রবাসী যখন প্রথম দিনই এক শ্বেতশুভ্র যুবকের কাছ থেকে এক অযাচিত হাই শুনল তখন আমার ব্যাপারটা বুঝতে একটু সময় লেগেছিল।

ভাবছিলাম এদেশে বোধহয় হাই ব'লে লোকে হাই তোলে। তারপর ভাবলাম তাসের দেশের মত “ব্রহ্মা হয়রান পরলেন সৃষ্টির কাজে। তখন বিকেল বেলাটায় প্রথম যে হাই তুললেন পবিত্র সেই হাই থেকে” এদের উদ্ভব বলেই এরা কথায় কথায় হাই বলে। তবে এই অচেনা অজানা কাউকে হাই বলাটা কাষ্ঠগদ্যে আলাপচারিতার অসুবিধাটা দূর করে - এটা আমি বুঝতে পারি।

কিন্তু আমার এক রাশিয়ান কোলিগ যা বলল তাতে আমার ভিরমি খাবার যোগাড় - এভাবে তো ভাবি নি। সে রাশিয়ার নভোসিবিরিসক নামে তুন্দ্রা অঞ্চলের এক বিশ্ববিখ্যাত বিশ্ববিদ্যালয় থেকে পোস্টডক করতে এসেছে। সে তার স্বাভাবিক বচন ও বাচনভঙ্গিতে যা বলল তা যদি আমার মনের মাধুরী মিশিয়ে বাংলায় বলি তাহলে অনেকটা এরকম দাঁড়ায়। কথা নেই বার্তা নেই, জানাশুনো নেই যেখানেই যাই - দেখা হলেই - হাই, হাউ আর ইউ? মনে হয় দিই এক থাপ্পর। তোর নিজের চরকায় তেল দিগে যা, আমি কেমন আছি তাতে তোর দরকার কি? মরণ!!! আমি বললাম, চটছ কেন, এটা এদেশের ভদ্রতা।

বাংলার কবি সুকুমার রায় একবার এইজন্য আক্ষেপ করে লিখেছিলেন "হুঁকোমুখো হ্যাংলা বাড়ী তার বাংলা, মুখে তার হাসি নাই, দেখেছ? নাই তার মানে কি? কেউ তাহা জানে কি?কেউ কভু তার কাছে থেকেছ?" এরা তো অন্তত খোঁজখবর নিচ্ছে, বলছে, হাই, হাউ আর ইউ?। তেলে যেন বেগুণ পড়ল - অমন ভদ্রতার নিকুচি করেছে। রাশিয়ান কোলিগ এর এ হেন পরিস্থিতি দেখে আপাত নীরবতাই শ্রেয় ভেবে চুপ করে গেলাম। ভেতরে ভেতরে আমি হেসে কুটি কুটি।

যাঁরা জীবনের কঠিন মরুভুমি থেকে রস বের করে তাকে বাংলা সাহিত্যের রশদ বানাতে পারেন তাঁরা ধন্য।

সৈয়দ মুজতবা আলী হলেন এরকম একজন বাংলা সাহিত্যিক যিনি তাঁর দেশেবিদেশে ভ্রমণ কাহিনীতে লিখেছিলেনঃ "একটা তুলনাত্মক ভাষাতত্ত্বের বইয়ে পড়েছিলুম, "বাঙলা শব্দের অন্ত্যদেশে অনুস্বার যোগ করিলে সংস্কৃত হয়; ইংরেজি শব্দের প্রাগদেশে জোর দিয়া কথা বলিলে সায়েবী ইংরেজি হয়।" অর্থাৎ পয়লা সিলেবেলে অ্যাকসেন্ট দেওয়া থারাপ রান্নায় লঙ্কা ঠেসে দেওয়ার মত - সব পাপ ঢাকা পড়ে যায়। সোজা বাঙলায় এরি নাম গাঁক গাঁক করে ইংরেজি বলা।" আফগানিস্তান ভ্রমণের প্রেক্ষাপটে লেখা এই বইটি প্রথম যখন পড়ি তখন মুগ্ধ হয়ে গেছিলাম।

তিনি বিদগ্ধ ব্যক্তি ছিলেন, বাইশটি ভাষায় সাবলীলভাবে কথাবার্তা চালাতে পারতেন। ভ্রমণ পিপাষু ছাড়াও, তিনি সাংবাদিক, সংস্কৃতিবান, জ্ঞানী, তুলনামূলক ধর্মতত্ত্বে বিশেষজ্ঞ, এবং ভাষাবিদ ছিলেন। শান্তিনিকেতনে তিনি ভর্তি হতে গেলে প্রথম মুসলিম ছাত্র হিসাবে কিছুটা অস্বস্তিকর পরিবেশের মধ্যে পড়লে, কবিগুরু নিজহাতে তাঁকে বুকে টেনে নিয়েছিলেন - এবং সৈয়দ মুজতবা আলী শান্তিনিকেতনের প্রথম মুসলিম ছাত্র হিসাবে নিজেকে সমহিমায় প্রতিষ্ঠিত করেছিলেন। আমৃত্যু তিনি রবীন্দ্রনাথ ঠাকুরকে গুরু মানতেন। তিনি নরসিংহ দাস পুরস্কার (১৯৪৯), আনন্দ পুরস্কার (১৯৬১) এবং একুশে পদকে (মরণোত্তর) ভূষিত হয়েছিলেন। তার সাহিত্যে বিন্দুমাত্র ধর্মীয় সংকীর্ণতা ছিল না। তার এই উদারতার জন্য সাম্প্রদায়িক ধর্মব্যবসায়ীরা তাঁকে গ্রহণ করতে পারেন নি।

মাঝে মাঝে মনে হয় আমাদের চারপাশে যে সব হঁকোমুখো হ্যাংলারা সারাক্ষন বসে থাকেন আর প্রমথনাথ বিশী-র লেখা "চোখে আঙুল দাদা"-র মত নিজের মহিমা ছাড়া আর কারো ভালো দেখতে পারেন না, সকলকে, সবকিছুকে, শুধু ট্র্যাশ ট্র্যাশ বলে সমালোচনা করে যান, তাদের জন্য এরকম লেখক, কবিরা যুগে যুগে আসবেন, এইটা মনে

করিয়ে দিতে - জীবন বড় সুন্দর, দৃষ্টিকে সুস্থ দৃষ্টিভঙ্গিতে রূপান্তরিত কর। বই পড়। আর মনে রাখতে হবে সৈয়দ মুজতবা আলী মোক্ষম এক বাণী আমাদের সকলের জন্য রেখে গেছেন - "বই কিনে কেউ দেউলিয়া হয় না"। প্রবাসে ব'সে বাঙালীয়ানা ধরে রাখার একটা উপায় বাঙলা সাহিত্যের কোলে বসে দোল খাওয়া। ওঁনার বই পরে তাই বাঙালীআনা ধরে রাখার চেষ্টা করি। আজ তাঁর জন্মদিনে তাঁর প্রতি রইল আমার সশ্রদ্ধ প্রনাম।

তারা-র খোঁজে

২০২২ একটা খবর বেরোনোর পর আমি একটু চমকে গিয়েছিলাম। সাহিত্য একাডেমীর তৎকালীন সম্পাদক কৃষ্ণ কৃপালিনী নাকি শরৎচন্দ্রের সমতুল্য এক বাঙালী লেখককে ১৯৭১ সালে সাহিত্যে নোবেল পুরস্কারের জন্য মনোনীত করেছিলেন। আমাদের দুঃখের কথা যে তাঁকে হারিয়ে সেবার সাহিত্যে নোবেল পুরস্কার পেয়েছিলেন পাবলো নেরুদা।

আমি তখন খুব ছোটো - সাহিত্য টাহিত্য কিছুই তখন বুঝি না কিন্তু আমি পাবলো নেরুদার নোবেল পাবার খবরে ভেতরে ভেতরে বেশ খুশিই হয়েছিলাম। আমার কাছে তিনি ১৯৬৫ তে জন্ম নেওয়া ফেলুদা, বা আমার থেকে অনেক বড়, ১৯৪৬ সালে জন্ম নেওয়া টেনিদার মত, আমারই পাড়ার আর এক দাদা পাবলো নেরুদা।

বড় হয়ে বুঝলাম এই নেরুদা চিলে নামে এক দেশের মানুষ। তাঁর পরাবাস্তববাদী কবিতা, ঐতিহাসিক মহাকাব্য, রাজনৈতিক ইশতেহার, গদ্য আত্মজীবনী, এবং আবেগপূর্ণ প্রেমের কবিতার বাংলা অনুবাদ একটু আধটু পড়েওছি। এখন ভাবি বাঙালী লেখকটি কেন সেদিন নোবেল পুরস্কারটা পেলেন না। আক্ষেপ করে করবটা কি - রবীন্দ্রনাথ যখন নোবেল পেলেন - তখন হারলেন টমাস হার্ডি - ভেবে নাও শোধবোধ হয়ে গেল।

আসলে তা না। অনেকে মনে করেন দুটো কারণ। এক হল চোর-ডাকাত থেকে কবি হয়ে মূল চরিত্র ধারণকারী নিতাইয়ের বিখ্যাত উক্তি, 'জীবন এত ছোট কেনে' সেই গল্পের প্রেক্ষাপট ঠিকঠাক ইংরাজীতে অনুবাদ করে প্রকাশ করা আর তারপর পশ্চিমী সভ্যতার বিচারককে অনুধাবন করানো এটা খুব একটা সহজ ব্যাপার নয়। ভাষা এমন একটা জিনিস যা যত বড় AI বা ChatGPT আসুক না কেন কেউ তা ১০০ শতাংশ সফলভাবে করতে পারবে না। আর একটা কারণ হল তৎকালীন বৈশ্বিক ভুরাজনৈতিক প্রেক্ষাপটের ভিত্তিতে fine tuning করার পর পুরস্কার শুদ্ধ মা থেকে কড়ি মা তে চলে গেলে অবাক হবার কিছু নেই।

সেদিন আমার এক বন্ধু আমাকে মেসেজ পাঠালো যে ফেসবুকে তার বন্ধুর সংখ্যা এক হাজার অতিক্রম করেছে। আমাদের মত যারা "তৈল-ঢালা স্নিগ্ধ তনু, নিদ্রারসে ভরা, মাথায় ছোটো বহরে বড়ো বাঙালি সন্তান" তাদের জন্য ১০০০ বন্ধু – চাট্টিখানি কথা?! তিনি বেঁচে থাকলে তার সাহিত্য থেকে উদ্ধৃতি দিয়ে বলতেন, "সুখের মধ্যে মানুষকে চিনতে পারা যায় না, বিলু! দুঃখের দিনেই মানুষকে ঠিক বোঝা যায়।"

তিনি তথাকথিত সভ্য সমাজের প্রতি বীতশ্রদ্ধ হয়ে লিখে গেছেন "স্থূল প্রমাণ প্রয়োগ যেখানে একমাত্র অবলম্বন, মানুষ যতক্ষণ স্বার্থান্ধতায় মিথ্যা বলতে দ্বিধা করেন না, ততক্ষণ ডিভাইন জাস্টিস বোধ হয় অসম্ভব। সরল সহজ সভ্যতাবঞ্চিত মানুষ মিথ্যা বললে সে মিথ্যাকে চেনা যায়, কিন্তু সভ্য – শিক্ষিত মানুষ যখন মিথ্যা বলে তখন সে – মিথ্যা সত্যের চেয়ে প্রখর হয়ে উঠে। পারার প্রলেপ লাগানো কাচ যখন দর্পণ হয়ে ওঠে তখন তাতে প্রতিবিম্বিত সূর্যচ্ছটা চোখের দৃষ্টিকে সূর্যের মতই বর্ণান্ধ করে দেয়। জজ, জুরী, সকলকেই প্রতারিত হতে হয়। অসহায়ের মতো।" তাঁর মৃত্যুর এত বছর পরেও এর প্রাসঙ্গিকতা এতটুকু কমেনি।

তিনি যখন লেখেন "মহাপুরুষের স্পর্শ মহাপুরুষের সঙ্গেই চলে যায়। অন্তত বস্তুজগতে থাকে না। বস্তুজগতের ধরে রাখবার শক্তিনেই, থাকলে মিশরের ফারাওদের মমিদের কল্যাণেই পুরনো মিশর বেঁচে থাকত। বুদ্ধের অস্থির উপর স্তূপের কল্যাণে ভারতবর্ষের সকল দুঃখ দূরে যেত। ঈশ্বরের পুত্রের আবির্ভাবের পর প্রতিবেশীতে প্রতিবেশীতে মিলে ইয়োরোপ জুড়ে এক অপরুপ প্রেমের রাজ্য গড়ে উঠত। এমনভাবে ইয়োরোপই বিশ্বযুদ্ধের কেন্দ্র হয়ে উঠত না।", আর কিছু কি ব্যাখ্যা করার থাকে?

ব্যক্তিগত জীবনে চিরদারিদ্রে জর্জরিত, সাংসারিক অশান্তিতে ব্যতিব্যস্ত এই অতীব নরম মনের মানুষটি দুশটির মত অসাধারণ সব গ্রন্থ লিখে গেছেন, এমন একটা লগ্নে যখন দুই বিশ্বযুদ্ধ পরবর্তী কালে পৃথিবী দুই মেরুতে দ্বিধা বিভক্ত হয়েছে। সাম্রাজ্যবাদ, সমাজবাদের সংঘাত মানুষের বিশ্বাসে আস্থায় মৌলিক কিছু প্রশ্ন তুলে আনছে। জমিদার বাড়ির, রীতিমত ধর্মীয় পরিবেশে বড় হওয়া একটি ছেলে এই দোটানায় পড়ে ভাবতে শিখছে । চৈতালী ঘূর্ণি, জলসাঘর, ধাত্রীদেবতা, কালিন্দী, গণদেবতা, পঞ্চগ্রাম, কবি, হাঁসুলি বাঁকের উপকথা, আরোগ্য নিকেতন – একের পর এক ভাবনা প্রসূত লেখায় মুগ্ধ হচ্ছে জনগণ। কোনটাকে বাদ দিয়ে কোনটাকে এক নম্বরে বাছব তা খুব কঠিন।

তবু আমার প্রথম তিন পছন্দের হল গণদেবতা, হাঁসুলি বাঁকের উপকথা এবং জলসাঘর। তার লেখার অনেকগুলি চলচ্চিত্রে রূপায়িত হয়েছে। সত্যজিৎ রায়ের জলসাঘর তার মধ্যে অন্যতম। তিনি কলকাতা বিশ্ববিদ্যালয়ের 'শরৎস্মৃতি পুরস্কার' (১৯৪৭) ও 'জগত্তারিণী স্বর্ণপদক' (১৯৫৬) ছাড়াও 'রবীন্দ্র পুরস্কার' (১৯৫৫), 'সাহিত্য আকাদেমি পুরস্কার' (১৯৫৬), 'জ্ঞানপীঠ পুরস্কার' (১৯৬৭) এবং 'পদ্মশ্রী' (১৯৬২) ও পরে (১৯৬৯) 'পদ্মভূষণ' উপাধিতে ভূষিত হন।

সে সময় থেকে আজকের বীরভূম, বাংলা অনেক বদলে গেছে। আমরা নিউক্লিয়ার ফ্যামিলির যুগে মুঠোফোনে সারাদিন বেনারসী পরিধান করা বড়, মেজ, সেজ ও ছোট বউ পরিবেষ্টিত পরিবারে শাশুড়ির সঙ্গে চার বউমার ঝগড়া নিনাদ দেখতে অভ্যস্ত হয়ে গেছি কিন্তু এই অনবদ্য লেখাগুলো পড়তে বিমুখ হয়ে পড়ছি। আমার স্মৃতিভ্রম যদি না হয়ে থাকে তাহলে সম্ভবত ব্যাটল অফ ওয়াটারলু যুদ্ধে পরাজিত হবার পর বিধস্ত কিংকর্তব্যবিমূঢ় জনগণকে নেপলিয়ান বলেছিলেন – এসো আমরা এখন ইতিহাস পড়ি। জাতি কোনোদিন মরে না। বাঙালীজাতিও চিরকাল বেঁচে থাকবে এনার লেখা গল্প উপন্যাসে। আজ ১৪ই সেপ্টেম্বর তারাশঙ্কর বন্দ্যোপাধ্যায়ের মৃত্যুদিনে তারার খোঁজে তাঁর সাহিত্যে অবগাহন করি।

শর্ত সাপেক্ষে শরৎচন্দ্র

সেবার একটা টেলিগ্রাম এল। অবাক কাণ্ড। স্বাধীনোত্তর ভারতে বাংলার এক প্রত্যন্ত গ্রামে... দাঁড়ান অবাক কাণ্ড, কেন ধরতে পারলেন না? পারার কথাও নয়। আজ থেকে প্রায় ১২৩ বছর আগের কথা। গ্রাফ পেপারে যেমন দশটি ছোট বর্গাকৃতি ঘরকে একক ধরিয়া একটি বড় জিনিসকে ছোট করে এক সময়ে আঁকা হত, সেরকম একটা চেষ্টা করি। সময়ের মানদণ্ডে পিছতে থাকুন, মানে সেই প্রত্যন্ত গ্রামে যখন, স্মার্ট ফোন, ফোন, টিভি, রেডিও, গাড়ি, রেলগাড়ী, বিদ্যুৎ কিছুই ছিল না, যখন পতিদেবতাকে তুই বলে, শ্বশুরমশাইকে কাকু ব'লে কেউ সম্বোধন করত না, যে গ্রামের সকলেই ছিল অক্ষরজ্ঞানহীন, যেখানে কালেভদ্রে পোস্টকার্ড আসত, সেরকম একটি গ্রামে কিনা একদিন টেলিগ্রাম এল। চারিদিকে হৈ হৈ রৈ রৈ পরে গেল। দুপুরে তামাকাটামাক খেয়ে আড্ডা শেষে এক ভদ্রলোক, পেশায় যিনি চাষি, বাড়ী ফিরে এই টেলিগ্রামটি পেলেন।

কিন্তু টেলিগ্রামটা পড়বে কে। কি করা যাবে, দশ কি বিশ ক্রোশ হবে, ভদ্রলোক চললেন পোস্টমাস্টারের কাছে। পোস্টমাস্টার ছাড়া ইংরাজি তো দূরের কথা বাংলাও পড়তে পারেন না কেউ। পোস্টমাস্টার মহাশয় টেলিগ্রামটা খুলে পড়ে দিলেন, সেটি ফেরত দিয়ে ভদ্রলোককে বললেন, আপনি এতদূর এসেছেন কেন, আজ বুঝি তামুকের আড্ডায় শরৎবাবু আসেন নি? ভদ্রলোক জানালেন যে তিনি এসেছিলেন যেমন প্রায়ই আসেন, কিন্তু তিনি তাদের মতই মুখ্যুসুখ্যু মানুষ, এসে আড্ডা মারেন তামুকটামুক খান, তারপর চলে যান।

পোস্টমাস্টার কিছু না বলে চুপ করে গেলেন। পরে শরৎবাবু আসলে তিনি একথা জানাতে শরৎবাবু বললেন যে ওরা যদি জানে তিনি সাহিত্যিক, শিক্ষিত, তাহলে কি আর ওরা ওনার সঙ্গে খোলাখুলি মিশতে পারবে, তাদের দুঃখ সুখের কথা মন খুলে বলতে পারবে? পারবে না। এই হল আমাদের কথা সাহিত্যিক শরৎচন্দ্র চট্টোপাধ্যায়। অচেনা কেউ তাঁকে পরিচয় জিজ্ঞেস করলে উত্তর দিতেন,'আমি চরিত্রহীন শরৎচন্দ্র।'

যাই হোক সব জায়গায় কিছু ঘাড়ত্যাঁরা বাঙালী থাকে না ? আমার সেরকম একটি বন্ধু আছে। শুধু বলেছি, শরৎচন্দ্র চট্টোপাধ্যায় সারাজীবন আইবুড়ো ছিলেন না বলে অবিবাহিত ছিলেন বললে ভাল করতিস। আর যায় কোথায়। সে আমাকে এমন বাংলা ব্যাকরণে চুবিয়ে আনল যে আজকের লেখাটাই না মাটি হয়ে যায়। বলল কেন বলা যাবে না – দুটোই একেবারে এক। আইবুড়ো শব্দটা এসেছে তৎসম বা সংস্কৃত অব্যূঢ় থেকে। ন + ব্যূঢ় হল অব্যূঢ়। আর তাই ক্রমে ক্রমে প্রথমে হল আইবড়ো, তারপরে প্রচলিত আইবুড়ো।

যাকগে যাক – যেটা বলতে চেয়েছিলেম তা হল শরৎচন্দ্র চট্টোপাধ্যায় সারাজীবন অবিবাহিত থাকলেও মেয়েদের মনের কষ্ট, যন্ত্র, যাতনা, তাঁর থেকে বেশী কেউ বোঝেন নি। অবহেলিত, নিপীড়িত, নিষ্পেষিত নারীদের তিনি টেনে এনেছেন বারে বারে। কথার তুলিতে সাধারণ আটপৌরে নারীকে প্রেমিক, প্রতিবাদী, বাৎসল্যতায় ভরা চরিত্রে অঙ্কন করেছেন। সে পতিতা, বিধবা, বৈষ্ণবী, সতী না অসতী তা নিয়ে বিভেদ করেন নি। রক্ষণশীলতা, ধর্মান্ধতা, কুসংস্কার আচ্ছন্ন পুরুষশাসিত সমাজে তাঁদের দুর্দশার কথা তাঁর চেয়ে আর কেউ বোধ হয় লিখে যেতে পারেন নি। তাঁর সময়ে তিনি ছিলেন অনেক যুগ এগিয়ে থাকা এক পুরুষ। তাই তিনি বলতে পেরেছিলেন, “মন্ত্র পড়ে বিয়ে দিলেই যেকোনো মেয়ে যেকোনো পুরুষকে ভালবাসতে পারে? এ কি পুকুরের জল যে, যেকোনো পাত্রে ঢেলে মুখ বন্ধ দিলেই কাজ চলে যাবে?” তিনি বলেছেন “সতীত্ব তো শুধু দেহেই পর্যবসিত নয়,...মনেরও তো দরকার”।

দরিদ্রতার জন্য প্রথাগত শিক্ষা সমাপ্ত হয়নি, কত সময় গেছে সন্যাসীদের সঙ্গে ঘুরে বেড়াতেন, শ্মশানে বা পোড়োবাড়ীতে রাতের পর রাত কাটাতেন, জঙ্গলে ঘুরতে ঘুরতে ফড়িং ধরতেন, কলকাতা হাইকোর্টের অনুবাদক হিসাবে কাজ করেছিলেন, বার্মা রেলকোমপানীতে কেরানীগিরি ও বাদ যায় নি, দেশবন্ধুর অনুরোধে হাওড়া জেলা কংগ্রেসের সভাপতিত্ত করেছিলেন, গান্ধীজীর অসহযোগ আন্দোলনের সঙ্গে যোগ দিয়েছিলেন আবার বিপ্লবীদের জন্য অস্ত্রশস্ত্র ও টাকা তুলে দিতেও কার্পণ্য করেন নি। বাবার ভাঙ্গা দেরাজ থেকে খুঁজে বের করে গোয়াল ঘরে লুকিয়ে লুকিয়ে হরিদাসের গুপ্তকথা আর ভবানী পাঠক পড়েছেন। পথের দাবী উপন্যাসের জন্য রাষ্ট্রদ্রোহিতার কোপেও পরেছেন। নিন্দুকেরা বলে তখন নাকি “রাষ্ট্রদ্রোহিতা” শব্দটার যথেষ্ট ওজন ছিল – এখনকার মত পান থেকে চুন খসিয়ে তা পাওয়া যেত না। তিনি আক্ষেপে বলেছিলেন “মানুষের মরণ আমাকে বড় আঘাত করে না,করে মনুষ্যত্বের মরণ দেখিলে”। ধর্ম ব্যবসায়ীদের প্রতি চরম বৈপ্লবিক

এক ঘোষণা ছিল তাঁর - "সমস্ত ধর্মই মিথ্যা, আদিম যুগের কুসংস্কার। বিশ্ব মানবতার এত বড় শত্রু আর নাই"।

সে আজ থেকে অনেক বছর পরের কথা। প্রযুক্তির সঙ্গে সঙ্গে মানব সভ্যতা আরও অনেক অগ্রসর হয়েছে। ধর্মনিরপেক্ষতা, সর্বধর্মসমন্বয়, পরধর্মসহিষ্ণুতা এসব বস্তাপচা, বুর্জুয়া ধ্যানধারণা পরিত্যক্ত হয়েছে। বিশ্বসংস্থার উদ্যোগে ধর্মভিত্তিক দেশ তৈরি হয়েছে। এক একটি ধর্মের এক একটি মাত্র দেশ। এক ধর্মের দেশে অন্য ধর্মের কোনও মানুষের প্রবেশের অধিকার নেই। এক দেশ থেকে আর এক দেশে যাবার দরকার নেই তাই পাসপোর্ট ভিসা পদ্ধতি বিলুপ্ত হয়েছে। অশরীরী আমি এইরকম এক দেশে গিয়ে দেখি মেঘনাদবধ কাব্য লেখার জন্য মাইকেল মধুসূদন দত্তকে মরণোত্তর ফাঁসি দেওয়া হয়েছে। আর একটি দেশে গিয়ে দেখি সেখানে বেছে বেছে শরৎচন্দ্র চট্টোপাধ্যায়ের "মহেশ" গল্পটাই শুধু পড়ানো হয়। এই দুই দেশের বাইরে তৃতীয় একটি দেশে গিয়ে দেখি সেখানে মেঘনাদবধ ও মহেশ দুই-ই পড়ানো হয়। আমি একজনকে জিজ্ঞেস করে ফেললাম বাংলা সাহিত্য আপনারা এরকম নিজেদের ধর্মমতের সঙ্গে সাযুজ্য রেখে কাঁটা বেছে পড়ান? যিনি উত্তর দিলেন তিনি জ্ঞানী ব্যক্তি। তিনি বললেন – আপনার না বোঝারই কথা, বহু যুগের আগের লোক তো আপনি। যখন তিনি বলেছিলেন - ওরা রবীন্দ্র সংগীত গাইতে চায় তো উর্দুতে রবীন্দ্রসংগীত লিখে ফেললেই পারে তখন তো ChatGION ছিল না। এখন তো আছে। আমি বললুম মানে? মানে বঙ্গানুবাদ, ভাষানুবাদ এসবের এখন আর দরকার পরে না। বাংলা সাহিত্যের কোনও অংশ মনে হল আপনার ধর্মমতে সাংঘর্ষিক মনে হচ্ছে, আপনার নিজের RELIGION টা সিলেক্ট করে ChatGION এ ফেললেই তা ধর্মানুবাদ করে দেবে। আমি চিৎকার করে জিজ্ঞেস করলাম – তোমরা শরৎচন্দ্র চট্টোপাধ্যায়ের সাহিত্যও এভাবে পড়াও নাকি? তারপর আর আমার মনে নেই। গায়ে ধাক্কা খেয়ে জেগে উঠতে স্ত্রী বলল – চিৎকার করছিলে কেন? আমি বললাম – কি বলছিলাম? ও বলল – তুমি চিৎকার করে উঠেছিলে – শর্ত সাপেক্ষে শরৎচন্দ্র চট্টোপাধ্যায়ের সাহিত্য পড়ানো চলবে না। দূরে ক্যালেন্ডারের পাতায় চোখ যেতেই দেখি আজ ১৫ই সেপ্টেম্বর – হয়তো তাই এই স্বপ্ন।

উহ্যনাম পণ্ডিত

হঠাৎ মনে হল – এই রে আজতো দশই সেপ্টেম্বর – বাঙালী অথচ উহ্যনাম পণ্ডিতকে তো স্মরণ করা হল না। প্রবাসী বাঙালীর মন পূর্ব গোলার্ধে কিন্তু রয়েছি তো পশ্চিম গোলার্ধে – তাই কিছুটা সুবিধা পাওয়া গেল – দশ তারিখ এখনও যায় নি এখানে। লন্ডনে থাকাকালীন তিনি এডওয়ার্ড লিয়ার এবং লিউইস ক্যারল নামের দুই লেখকের লেখার দ্বারা প্রভাবিত হন। এডওয়ার্ড লিয়ারকে যেমন সারা পৃথিবীতে "Father of Nonsense" বলা হয় তেমনি বাংলায় তথা ভারতীয় উপমহাদেশে আমাদের "Father of Nonsense" হলেন এই উহ্যনাম পণ্ডিত।

Nonsense কথাটাকে বাংলা করলে অনেকগুলো সমার্থক শব্দ পাওয়া যায়, তারমধ্যে আবোলতাবোল এই শব্দটি পরে। আর বাকী সমার্থক শব্দগুলোর মধ্যে কয়েকটা উল্লেখ করা যেতে পারে যেমন – আজেবাজে কথা, নিরর্থ, আজগুবি, অর্থহীন ইত্যাদি। কিন্তু ননসেন্স লেখা লিখলেই কি তা সাহিত্য হবে? বোধ হয় না। ননসেন্স লেখার মজা হচ্ছে এই আপাত অর্থহীন কথাবার্তার মধ্যে অনেক অন্তহীন গূঢ় তত্ত্বগত ব্যাপার থাকে যা ধরতে পারলে এই Nonsense literature এর মানে ও মান দুই-ই বোঝা যায়। যারা ননসেন্স কবিতা লেখেন তাদের রচনার মধ্যে কালের কোনও বেড়া থাকে না, একই রচনা বিভিন্ন কালে, একই রকম ঘটনার পরিপ্রেক্ষিতে সময়ে সময়ে প্রাসঙ্গিক হয়ে ওঠে – আর সেখানেই ননসেন্স লেখকদের সার্থকতা। বাচ্চারা মজা পায় এক কারণে, আর বড়রা অন্য কারণে।

তাঁর লেখাগুলির পেছনে কিছু নেপথ্য কাহিনী ছিল বলে মনে করা হয়। ১৯২২ সাল নাগাদ লিবারাল পার্টির আমলে কাকে নাইটহুড সহ নানা পুরস্কার দেওয়া হবে তা নিয়ে এক স্ক্যান্ডাল হয়। নাইটহুড পেতে গেলে তখন নাকি ১০ হাজার পাউন্ড দিতে হত। এই স্ক্যান্ডালের কারণে লিবারাল সরকারের পতন হয়। গন্ধ বিচার কবিতাটি নাকি এই পরিপ্রেক্ষিতে লেখা হয়েছিল। স্ক্যান্ডালের গন্ধ চারাদিকে ছড়িয়ে পড়ার পর রাজা প্রত্যেক মন্ত্রীকে ডেকে ডেকে কৈফিয়ত দিতে বলেন, কেউ সঠিক উত্তর দিতে না পারলে, প্রধানমন্ত্রী

পদে বসেন অ্যান্ড্রু বোনার ল, যাকে গন্ধ বিচার কবিতায় বৃদ্ধ নাজির বলে উল্লেখ করা হয়েছে। সাম্প্রতিক কালে এরকম কোনও দুর্নীতি যদি আপনার জানা থাকে সেখানেও হয়তো এই কবিতাটির প্রাসঙ্গিকতা খুঁজে পাওয়া যাবে।

উনিশ শতকের শুরুর দিকে ব্রিটিশ সরকার কোনও সমালোচনা করলেই দেশদ্রোহী তকমা লাগিয়ে দেওয়া হত এবং সেন্সরশিপের কবলে পরতে হত। এই সমস্যা এড়াতেই সম্ভবত তিনি এই পথ অবলম্বন করেছিলেন। এই সমস্যা যদি বর্তমানে কোনও দেশে এই মুহূর্তে থেকে থাকে তাহলে দেখবেন তাঁর কবিতা একই রকম প্রাসঙ্গিক।

'ডানপিটে' কবিতাটির নেপথ্যে তৎকালীন (১৯১৯) ভার্সাই চুক্তির ঘটনা আছে বলে মনে করা হয়। দ্বিতীয় বিশ্বযুদ্ধের পর এই চুক্তিকে বলা হয় সবচেয়ে বিতর্কিত চুক্তি। সেরকম, রাওলাট আইনের বিরুদ্ধে তিনি লেখেন 'একুশে আইন', কুস্তীগির ভবেন্দ্রনাথ সাহা-কে নিয়ে লেখেন 'পালোয়ান' কবিতাটি। আর ব্রিটিশ ঔপনিবেশিক যন্ত্রপাতি (শিক্ষা ব্যবস্থা) দিয়ে আত্মভরিতায় ভরা এক বাঙালী কেরানী হল 'ট্যাঁস গরু'।

আর আমিও তাঁর কবিতার মধ্যে আমার চারিদিকের পরিস্থিতির ব্যঙ্গাত্মক উপস্থিতি দেখতে পাই। দেশে থাকতে তেমাথার কোণে আমাদের বাড়ি হওয়ায় যে কোনও বারোয়ারি পূজো এলে, দুইপাশের দুই পুজোর প্যান্ডেলের চোঙা মাইক থেকে সারাদিন সারারাত অবিরাম গান শুনতে শুনতে কান ঝালাপালা হলে মনে পরত "গানের গুঁতো" কবিতাটি – "গানের দাপে আকাশ কাঁপে দালান ফাটে বিলকুল, ভীষ্মলোচন গাইছে ভীষণ খোশ মেজাজে দিলখুল"।

"অবাক জলপান" পড়লে আমরা আমাদের নিজেদেরকে দেখতে পাই না? "মশাই, একটু জল পাই কোথায় বলতে পারেন?" এই থেকে শুরু, কথার পৃষ্ঠে কথা চলতেই থাকল, জল তো পেলেনই না। আমরা অনেকেই, আসল কথায় না গিয়ে, আসল সমস্যাটা সমাধান না করে যতসব উল্টোপাল্টা আলোচনায় মত্ত থাকি – তাই না?

"হযবরল" তে পরিষ্কার দেখা যাচ্ছে যে এক বিচারক ঘুমিয়ে আছেন, কিন্তু তা বলতে গেলেই, তিনি উল্টে দাবী করেন যে, তিনি জেগেই ছিলেন, এক চোখ বন্ধ করে শুধু গভীর চিন্তায় মগ্ন ছিলেন। "হযবরল" শেষ হয় একটি অবিশ্বাস্য হাস্যকর ঘটনা দিয়ে যাতে একজনে ৩০ দিনের জেল আর সাত দিনের ফাঁসি হয়। দেশকাল নির্বিশেষে, যদি বর্তমানে কোনও দেশে, কোনও সমাজে, প্রশাসন, পুলিশ, বিচার ব্যাবস্থা ঘুমিয়ে আছে

বলে মনে করেন তাহলে এই কবিতাটি পড়ে দেখবেন। মনে হবে সেটি একবারে খাপে খাপ মিলে যাচ্ছে।

"বাবুরাম সাপুড়ে" আমাদের অনেকের মধ্যেই বেঁচে আছেন। সাপের শিরদাঁড়া নেই তবু তাদের আমাদের ভয়। যারা সত্যের পক্ষে, দুষ্টের দমনে কোনও দিন এক পা এগিয়ে আসতে পারবে না, সাহস নেই, মেরুদণ্ডহীন ভিতু কাপুরুষ, তারাই আবার, "সেই সাপ জ্যান্ত, গোটা দুই আন তো"-র মত পরিস্থিতি হলে দল বেঁধে হাতের সুখ করতে সময় নষ্ট করেন না।

আমরা যারা সারাজীবন অন্য লোকের খুঁত ধরে বেড়াই, বড়াই করে আনন্দ পাই, আমরা কত জ্ঞানী আর অন্য লোকের থেকে সবকিছুতে কত শ্রেয় এটা প্রমাণ করতে ব্যস্ত, তাদের জন্য কবি লিখে গেছেন "জীবনের হিসাব"। ব্যক্তির দম্ভ জীবনখাতার কোন পাতায় কোনও না কোনও সময়ে হিসাব মিলাতে গিয়ে সমস্যায় পরবে জেনেও আমরা অনেকেই অন্যের খুঁত ধরতে সর্বদা ব্যস্ত। মানুষের যার যা কাজ, তা আপাত দৃষ্টিতে যত ছোট বলেই মনে হোক না কেন, তার কাছে সেটাই তার কাজ, জীবন ধারণের উপায়, চুরি না করে সে তো কাজ করেই ক্ষুধা নিবৃত্ত করছে, এটা আমরা ভাবি না, তাকে যে কক্ষনো হেয় করতে নেই – এই শিক্ষা পাই আমরা এই কবিতাটি থেকে। নৌকা যাত্রা কালে এক শহুরে ভদ্রলোক মাঝিকে, নৌকাতে চড়া ইস্তক সর্বক্ষণ তার প্রথাগত শিক্ষার অভাবকে, অবিরাম অবজ্ঞা করে চলেছেন, তাকে হেয় প্রতিপন্ন করে চলেছেন, নিছক অযাচিত ভাবে। কিন্তু ঝড়ের আগমনে নৌকা যখন টালমাটাল, ভদ্রলোককে তখন জলে ডুবে মরার ভয়ে কাতর হতে দেখে, মাঝি দেয় তুলনাহীন জব্বর উত্তরঃ

মাঝি শুধায়, "সাঁতার জান?" মাথা নারেন বাবু,

মূর্খ মাঝি বলে, "মশাই এখন কেন কাবু?"

বাঁচলে শেষে আমার কথা হিসাব কোরো পিছে,

তোমার দেখি জীবন খানা ষোল আনাই মিছে"।

রাজনীতির ময়দানে, যদি "বাবু হাঁকেন ওরে আমার গোঁফ গিয়েছে চুরি" আজকের স্তাবকতার দিনে "সবাই তারে বুঝিয়ে বলে সামনে ধরে আয়না, মোটেও গোঁফ হয় নি চুরি কক্ষনো তা হয় না" এটা আর হবে না। বরং, আজকের দিনে কাগজে খবর বেরবে,

ছবি উঠবে, ব্রেন ওয়াসড জনগণ গোঁফ দেখেও তা দেখতে পাবেন না। গোঁফ কোথায় গেল, কোথায় গেল, এই রবে চিৎকার জুড়ে দেবেন। একেই বলে social hallucination তৈরি করা, যা অসুস্থ রাজনীতিবিদের জন্য খুব দরকার।

চোর ধরা কবিতাটা পড়ার সময়ে ছবিটা লক্ষ্য করেছেন? যতই গজরানো হোক না "এই দেখ ঢাল নিয়ে খাড়া আছি দেয়ালে, এই বার টের পাবে মুণ্ডুটা বাড়ালে"। কিন্তু যার চুরি করার কথা তিনিও জানেন এসব লম্ফ ঝম্প সবই লোক দেখানো। ঠিক পেছনে দাঁড়িয়ে চুরি সে করে চলেছেই – ধরবে কে?

"ভালো রে ভালো" কবিতাটা পড়লে মনে হয় আসলেই আমরা একক ভাবে সকলেই ভালো, পরস্পরের দৃষ্টিতে ব্যক্তিগত আশাআকাঙ্ক্ষার নিরিখে সবটাই আপেক্ষিক। তবে সব কিছু ভালো-র পরে আমার আমি-তে এসে সেই পাউরুটি আর ঝোলাগুড় আমাকে সবচেয়ে বেশী তৃপ্তি দেয় – তাই সেটাই সবচেয়ে ভালো।

"গল্প বলা" কবিতাটি পড়লেই আমার মনে হয় অসুস্থ রাজনীতিকরা যখন কথা নেই বার্তা নেই, একটা আলটপকা প্রশ্ন তুলে দেয়, অযথা বিতর্ক বাঁধিয়ে দেয় ঘোলা জলে মাছ ধরবার জন্য, তখন আমাদের পরিস্থিতি যেরকম হয় অনেকটা সেরকম। পেটে কিল দিয়ে হলেও আঙ্গুল চুষতে চুষতে সমস্যা সমাধান করতে আমরা ব্যস্ত হয়ে পরি। বিরোধী পক্ষের সঙ্গে তর্কে না পারলে সুকুমার রায় তো বলেই গেছেন কি বলতে হবে – "ধরব ঠেসে টুঁটির পরে, পিটব তোমার মুণ্ডু ধরে। কথার পরে কেবল কথা? এখন বাপু পালাও কোথা?"

রাজনীতির পাঁচ বছরের প্রথম তিন-চার বছর আমরা সকলে " নারদ নারদ" ভূমিকায় থাকি – হ্যাঁরে তুই নাকি শাদাকে বলেছিলি লাল?..." আর যে বছর নির্বাচন আসে সে বছর ও আমরা নারদ নারদ "হাঁ হাঁ হাঁ হাঁ রাগ কোরনা, করতে চাও" (coalition)" কি তাই বল না?" হাঁ হাঁ তাতো সত্যি বটেই, আমি তো চটিনি মোটেই, মিথ্যে কেন লড়তে যাবি? ভেরি ভেরি সরি মশলা খাবি? শেকহ্যান্ড আর দাদা বল, সব শোধবোধ, ঘরে চল। ডোন্ট পরোয়া, অল রাইট, হাউ ডু য়ু ডু গুড নাইট।"

সমাজে যারা অনিয়ম বেনিয়মে ক্ষমতাবান আর সেই দম্ভে বেহুশ তাদের জন্য বোধহয় তাঁর "ভয় পেয়ো না' কবিতাটি প্রযোজ্য। তাদের দরকারে, তাদের কাজ হাসিল করার জন্য গদগদ ভাবে তারা আমাকে বলবে "ভয় পেয়ো না, ভয় পেয়ো না, সত্যি বলছি তোমায় আমি মারব না..." পুরো কবিতাটা পড়তে থাকুন। কিন্তু আমার মত

যদি তাদের সঙ্গে না মেলে, আমার যদি শিরদাঁড়া বলে কোনও বস্তু থাকে আর তা সোজা করে দাঁড়াই, তাহলেই এদের মূর্তি পালটে যাবে আর তখন এই কবিতার শেষ দুটি লাইন প্রযোজ্য হবে, পড়ে দেখুন। তারা বলবে, "অভয় দিচ্ছি শুনছ না যে? ধরব নাকি ঠ্যাং দুটা? বসলে তোমার মুণ্ডু চেপে, বুঝবে তখন কাণ্ডটা। আমি আছি, গিন্নি আছেন, আছেন আমার নয় ছেলে" (পড়তে হবে আমার দলবল), "সবাই মিলে কামড়ে দেব মিথ্যে অমন ভয় পেলে"।

আর "খুড়োর কল" হল সবচেয়ে মজার - চন্ডীদাস হল জনগণ আর মুখের সামনে ঝোলানো খাবার হল রাজনৈতিক মিথ্যা প্রতিশ্রুতি - "এমনি করে লোভের টানে খাবার পানে চেয়ে, উৎসাহেতে হুস রবে না চলব কেবল ধেয়ে" । প্রতিশ্রুতি কোনো দিন মিলবে না।

এরকম অনেক কথাই বলা যায়। তবে যিনি এইসব লিখেছেন তার ছদ্মনাম ছিল – উহ্যনাম পণ্ডিত। সুকুমার রায়ের তিরোধান দিবস আজ। তার প্রতি সম্মান রেখে সব কবিতার প্রাসঙ্গিক মূল্যায়ন না করে উহ্য রাখাই শ্রেয়।

টেকো যায় বেলতলাতে – কিন্তু প্রশ্ন ক'বার যায়?

বিধাতার লীলা বোঝা দায়!! যাদের টাক পড়ে না তাদের অনেকেরই খুব তাড়াতাড়ি চুল পেকে যায়। আর যাদের তাড়াতাড়ি টাক পড়ে যায় তাদের বুড়ো হতে চললেও সহজে চুল পাকে না।

সে অনেকদিন আগের কথা। শিশু বয়েস থেকে যার কাছে চুল কাটিয়ে এসেছি, একদিন সেই নাপিত কাকার কাছে গিয়ে বললাম, কাকা–যে দ্রুত হারে টাক পড়ছে, আপনার কাছে আসা এবার বন্ধ হল বোধহয়। আমার সেই প্রিয় নাপিত কাকা বলেছিলেন, জানিস তো ভগবান কাউকে ভাতে মারে না। তুই আমার কথা মিলিয়ে নিস ভবিষ্যতে – তোর সারা মাথায় টাক পড়লেও, ঘাড়ের পেছনে আর দুই কানের দুই জুলপির আশেপাশে কক্ষনো টাক পড়বে না। তোকে আমার কাছেই আসতে হবে শুধু ওই জন্যই। সেকথা একেবারে অক্ষরে অক্ষরে মিলে গেছে তা' স্বীকার না করে উপায় নেই।

প্রোটিন কেমিস্ট হিসাবে চিরকাল জেনে এসেছি প্রোটিন ফোল্ডিং হচ্ছে বিজ্ঞানের এক বিস্ময়। কি করে অত বড় একটা প্রোটিন মাত্র ৫ মিলি সেকেন্ডের মধ্যে একটা বিশাল লম্বা সুতো থেকে একটা বলের মত গোলাকার আকার পায় এত বছর পরেও কেও সমাধান করতে পারেন নি। যদি তা না হত তাহলে আমাদের রোগের অন্ত থাকত না। এখন বুঝি তার থেকেও বড় প্রশ্ন – টেকো-রা ক'বার বেলতলায় যায়। মনে পড়ে সুকুমার রায়ের সে বিখ্যাত কবিতার কয়েকটি লাইন?

"রাজা বলে – কেই বা শোনে, যে কথাটা ঘুরছে মনে।

মগজের নানান কোণে, আনছি টেনে বাইরে তায়। ......

লেখা আছে, পুঁথির পাতে, নেড়া যায় বেলতলাতে।

নাহি কোন সন্দ তাতে, কিন্তু প্রশ্ন ক'বার যায়?

নেড়া-র একটা সুবিধা হল যে, যদি সে একটু নিজেকে কন্ট্রোল করতে পারে, তাহলে কিছুদিনের মধ্যেই মাথায় চুল গজিয়ে যাবে, নেড়া থাকার সমস্যাগুলো থাকবে না – যদি না আজকালকার এই অ্যামেরিকান ছেলে ছোকরাদের মত, ফ্যাশন করে মাথা ভরা চুল নিয়েও ক্লিন শেভ করে ঘুরে বেড়ায়। সবচেয়ে সমস্যা হল, এই টেকোদের নিয়ে। কিন্তু কেউ এই প্রশ্নটা করল না যে – টেকো-রা ক'বার বেলতলায় যায়।

সেদিন একটা বেড়ে স্বপ্ন দেখলুম। ভগবান মগজ রক্ষাহেতু যে কেশবহুল মস্তক আমাদের দিয়েছিলেন, তা শুধু শুধু চুল আঁচড়ানোর জন্য ব্যবহার করায়, মগজের পুষ্টির কোনও চেষ্টা না করায়, আমাদের সকলকে টেকো করে দিয়েছেন। দেখি আমাদের পাড়ায় যত রাজনীতিবিদ খুড়োরা আছেন, তাঁরা আমাদের সকলকে, ফ্রিতে একটা করে কল দিয়েছেন। কি সুন্দর কলটা – একদম সেই চণ্ডীদাসের খুড়োর কলের মত দেখতে।

“সামনে তাহার খাদ্য ঝোলে যার যেরকম রুচি,

মণ্ডা মিঠাই চপ কাটলেট খাজা এবং লুচি”।

তবে সময় বদলেছে, দেশ প্রযুক্তিতে অনেক এগিয়ে গেছে। খাবারের বদলে, ওখানে ঝুলছে, নানারকমের লোভনীয় রাজনৈতিক প্রতিশ্রুতি, “যার যেরকম রুচি” তার মত।

“মন বলে তায় ‘খাব খাব’, মুখ চলে যায় তাতে,

মুখের সাথে খাবার ছোটে পাল্লা দিয়ে মেতে”।

আমার আর খাবারের মানে মিথ্যা রাজনৈতিক প্রতিশ্রুতির মধ্যে দূরত্ব কোনোদিন কমবে না, কোনোদিন রাজনৈতিক প্রতিশ্রুতি ফলপ্রসূ হতে দেখব না এ জেনেও আমরা টেকো-র দল ছুটে চলেছি। আমাদের রাজনীতিবিদ খুড়োরা ও জানেন,

“এমনি করে লোভের টানে খাবার পানে চেয়ে,

উৎসাহেতে হুঁশ রবে না, চলবে কেবল ধেয়ে”।

জিজ্ঞেস করলাম আমরা সব দল বেঁধে কোথায় চলেছি? কে একজন বলে উঠল – বেলতলাতে। বিশাল ময়দানে লক্ষ লক্ষ টেকোদের সমাবেশে, যেখানে রাজনৈতিক নেতারা আমাদের মাথায় বড় বড় প্রতিশ্রুতির বেল ভাঙবেন। চমকে ঘুম কেটে যেতে মনে হল – এতদিনে অন্তত বুঝতে পারলাম রোদে রাঙ্গা ইটের পাঁজার ওপরে বসে রাজা কেন

“ঠোঙ্গা ভরা বাদাম ভাজা, খাচ্ছে কিন্তু গিলছে না”। উত্তরটাও পেয়ে গেলাম - টেকো-রা রাজনৈতিক প্রতিশ্রুতিগুলো সব মিথ্যা জেনেও, একবার নয়, দু বার নয়, অগুন্তিবার বেলতলায় যাবে!!!

আজ কবি সুকুমার রায়ের জন্মদিন (অক্টোবর ৩০, ১৮৮৭ - সেপ্টেম্বর ১০, ১৯২৩) - তাঁকে জানাই আমার সশ্রদ্ধ প্রণাম।

"অসীম সৈকতে"

"আশা করি ভালো আছেন, বেশী ঠেকে পড়েছি, সে জন্য বিরক্ত করতে হল আপনাকে। এক্ষুনি চার-পাচশ টাকা দরকার, দয়া করে ব্যবস্থা করুন। ......লেখা দিয়ে আপনার সব টাকা শোধ করে দেব" - মাসে তিন'শ টাকা হলেও তিনি সন্তুষ্ট - এতটাই অভাবের সংসার তাঁর।

অশোক মিত্র একবার বলেছিলেন, "চূড়ান্ত অভাবগ্রস্ত সংসার।...এঁর ওঁর তাঁর কাছে সাময়িক সাহায্য ভিক্ষাও করতে হয়েছে তাঁকে"। মরণোত্তর পুরস্কার পাঁচ হাজার টাকা পেলেন যিনি - তিনি অভাবের তাড়নায় প্রার্থনা করেও পাঁচশ টাকা সাহায্য পান নি। আমি এমন একজন কবির কথা বলছি যিনি অত্যন্ত আক্ষেপ করে বলেছিলেন "আই হ্যাভ নো মিসেস টলস্টয়"। টলস্টয়ের সাফল্যের পেছনে তাঁর স্ত্রী সোফিয়ার যতখানি অবদান ছিল, এই কবির সৃষ্টির প্রতি, তাঁর স্ত্রী তার থেকেও বেশী নিরুৎসাহী ছিলেন। তাঁর স্ত্রী বলেছিলেন " যে ...কে নিয়ে আপনারা নাচানাচি করছেন, কতটুকু তিনি তাঁর পরিবারের জন্য করেছেন?...অচিন্ত্যবাবু এসেছেন, বুদ্ধদেব এসেছেন, সজনীকান্ত এসেছেন, তা' হলে তোমাদের দাদা নিশ্চয়ই বড়ো মাপের সাহিত্যিক ছিলেন। বাংলা সাহিত্যের জন্য তিনি অনেক কিছু রেখে গেলেন হয় তো। আমার জন্য তিনি কি রেখে গেলেন বল তো?"

দারিদ্র, সাংসারিক অশান্তি সবকিছু নিয়ে তিনি নাঝেহাল হয়েই হয়তো – কারও কাছে কোনও অভিযোগ না করে নিঃশব্দে চলে গেলেন ইহলোক ছেড়ে - কবি শামসুর রহমানের ভাষায় - "অসীম সৈকতে"।

আর, স্ত্রীর কাছে যে শান্তি পেলেন না, তার আক্ষেপে, স্ত্রীর কাছে যে শান্তি চেয়েছিলেন, তার কল্পনায় – হয়তো নিজের স্ত্রীকে ভালবেসে-ই তিনি রচনা করলেন সেই অসামান্য দুটি লাইনঃ "আমারে দু-দণ্ড শান্তি দিয়েছিল নাটোরের বনলতা সেন।......থাকে শুধু অন্ধকার, মুখোমুখি বসিবার বনলতা সেন"।

এই অক্টোবরের ২২ তারিখে, ১৯৫২ সালে আত্মভোলা তিনি ট্রামে চাপা পড়ে মারা গিয়েছিলেন। তিন তৎকালীন সময়ের থেকে অনেক এগিয়ে ছিলেন, তাঁর কবিতা বোঝার কোনও যোগ্যতাই আমাদের তখন ছিল না। তাই তাঁর স্ত্রীকে দোষ দিই কি করে বলুন? তাঁর জীবদ্দশায় আমরা বাঙ্গালীরা কয়জনই বা তাঁর যথাযোগ্য সম্মান দিয়েছিলাম – তাই ভাবি।

নজরুল

নজরুলকে নিয়ে একটা ছোট লেখা দেবার প্রস্তাব পাবার পর লিখতে বসে দেখলাম কলম দিয়ে যা বেরোল তার নির্যাস একত্রিত করলে যা দাঁড়াবে তা হয়তো একটি অশ্বডিম্ব - অন্তঃসার শূন্য। লোকে পড়বে কিনা জানি না।

ছোটবেলায় যখন সুনীল গঙ্গোপাধ্যায়ের লেখা 'পূর্ব-পশ্চিম' পড়েছিলাম তখন জেনেছিলাম অতীন যখন বিদেশ গেল তখন তার আলাপ হল শান্তা বৌদি আর তার স্বামী পাঁচুদার সঙ্গে। তারা রবীন্দ্র-নজরুল সন্ধ্যা করেন, আরও নানা বাঙালী পার্বণ উৎসবে পার্টির আয়োজন করেন। এদেশে এসে আমিও এরকম শান্তা বৌদি বা পাঁচুদাদের দেখা পেয়েছি। আবার দীর্ঘ ২৩ বছর প্রবাসী জীবনে আমরা দুজনেই বা কখন শান্তা বৌদি বা পাঁচুদা বনে গেছি তা লক্ষ্যও করি নি।

ওই উপন্যাসেই আবার আমি এটাও পড়েছি কিভাবে তুলি মেয়েটি আলমের প্রেমে পরেছে বলে চিল চিৎকার করে তার মা প্রায় অজ্ঞান হয়ে যাবার সময় বলছে তুই একটা বাঙালী ছেলে খুঁজে পেলি না প্রেমে পরতে। আমার ছোটবেলায় আমি আমার এক বন্ধুকে বাড়ীতে আনলে আমার আর এক বন্ধু তার নাম শুনে জিজ্ঞেস করেছিল - বাঙালী না মুসলমান। বেশীদিন আগের কথা নয় আমাদের এক পাড়াতুতো কাকীমা আমার এক সিনিয়র বন্ধুর মেয়ের বিয়েতে গেল। দুজনেই যাদবপুর ইউনিভার্সিটির কৃতি ছাত্র ছাত্রী। পড়তে পড়তে প্রেম - তারপর বিয়ে। স্যানফ্রানসিসকোর হোটেলে সিভিল ম্যারেজ হল। রেজিস্ট্রী আর খাওয়া দাওয়া -এই আর কি। খেতে বসার আগে বেরিয়ে একটু বাথরুমে যাব - পেছন থেকে আমার পরিচিত এক কাকা স্থানীয় ব্যক্তির ডাক - দৌড়ে দৌড়ে আসছেন - আমাকে একটু দূরে আড়ালে নিয়ে গিয়ে বললেন - আমিতো এতদিন জানতামই না - আদিত্য মজুমদার ছেলেটি বাঙালী নয় মুসলমান। রেজিস্ট্রী করার সময় ওর বাবার নাম দেখে বুঝলাম। সবচেয়ে অবাক করে দিয়ে দেখলাম - মেয়েটির বাবা মা বলছেন - ওরা দুজনে ভাল থাকুক, সুখে থাকুক - আমরাতো আর কদিন। কথায় কথায় উনি বললেন আমরা মেনে নিয়েছি কিন্তু পাড়ায় তো আর আলাদা আয়োজন করতে পারব না,

সকলে ঠিক চোখে দেখবে না। একটাই ভাগ্য ভাল ওর নাম আদিত্য মজুমদার হওয়ায় এখনও কেউ ব্যাপারটা ধরতে পারে নি। আমার সেদিন মনে হল এটা কি ২০২৩? কেন এমন ভুল ধারণা এখনও বিদ্যমান? এটা কি এই কারণে যে কোলকাতার বেশীর ভাগ মুসলমান বাসিন্দারা উর্দুভাষী -তাই?

সেবার এক ইফতার পার্টিতে গেছি - ৭৫ বয়স-উর্ধ্ব এক মহিলা আমার পরিচয় জেনেছে যে বাড়ী আমার আইতে শাল যাইতে শালের দেশ বরিশাল। কাছে ডাকতে নীচু হয়ে প্রণাম করতে যাব - আটকে দিয়ে বললেন - থাক বাবা থাক, বস গল্প করি - দেশের গল্প করি। সবই ঠিক ছিল - বাঙাল ভাষায় কথা বলতে থাকলেন - কথায় কথায় বললেন - আমাদের ওখানে ব্রজমোহন কলেজ আছে - খুব নাম করা। কত নাম করা লোকজন বেরিয়েছে। এত পর্যন্ত ঠিক ছিল - আচমকা একটা হোঁচট খেলাম - যখন উনি বললেন দেশভাগের আগে ওই হিন্দু টিচাররা মুসলমান ছাত্রদের কম নম্বর দিত, ডেকে ডেকে ফেল করাত। আমি মুচকি হেসে কথা শুনছি। বোধহয় আমার বন্ধুটির স্ত্রী, সে আমারও খুব ভালো বন্ধু। আমার হাত নিয়ে একপ্রকার টেনে উঠিয়ে নিয়ে বলল - খাবার ঠান্ডা হয়ে যাচ্ছে - খেয়ে আবার গল্প করবে। যেতে যেতে ওই ভদ্রমহিলার দিকে বললেন খালাম্মা পরে আবার গল্প কোরো কেমন? তারপর আস্তে আস্তে বলল - কিছু মনে কোরো না দাদা, বুড়ো মানুষতো কি বলতে কি বলে খেয়াল থাকে না। বরিশালের পোলা ভাইব্যা যা তা বলছে- বোঝেনি যে তুমি কোলকাতার ছেলে। বললাম ওনাকে কিছু বোলো না - আমার তো ওনাকে খুব ভালোই লাগল - আমার প্রণামটা তাহলে ওঁনার কাছে কদমবুসিই ছিল - হিন্দু বলে তা করতে দেন নি - ব্যাপারটা এমন তা নয়।

খুবই দুর্ভাগ্য যে বাঙালী সমাজে আমাদের সম্পর্কের ছত্রে ছত্রে এখনও এত পরিচিতির অভাব, ভুল বোঝাবুঝি থর মরুভূমির মত বিস্তৃত। সেদিন আমার মনে পড়েছিল কাজী নজরুল ইসলামকে - মনে পড়েছিল তিনি আজ বিখ্যাত - তাকে তার নিজ ইসলাম ধর্মের ও হিন্দুদের একাংশের কাছে থেকে যে সমালোচনা বিদ্রূপ লাঞ্ছনা সহ্য করতে হয়েছে যে আমি তো কোন ছাড়! তাঁর এত চেষ্টার পরেও কেন এত ভুল বোঝাবুঝি? তাহলে তাঁর কাছ থেকে কি আমরা আসলে কিছুই শিখি নি? এত দিন পরে এই ভুল বোঝাবুঝির অবকাশ এখনও আছে দেখে তিনি কি ভাবতেন?

সারা পৃথিবীতে যেন ফ্যাসিবাদ আবার নতুন রূপে দেখা দিচ্ছে। অভিধান অনুসারে ফ্যাসিবাদ হল একটি রাজনৈতিক দর্শন, যেখানে একটি স্বৈরাচারী নেতার নেতৃত্বে কেন্দ্রীভূত

স্বৈরাচারী সরকার তীব্র অর্থনৈতিক ও সামাজিক নিয়ন্ত্রণের মধ্য দিয়ে এবং বিরোধীদের জোরপূর্বক দমনপীড়নের মধ্য দিয়ে আন্দোলনকে পরিচালিত করে শাসনব্যবস্থা হাতে নিয়ে দেশ তথা জাতিকে, তাদের ভাষায় "উন্নীত" করে। আপাতদৃষ্টিতে সেই অগ্রগতি সাময়িক, তার পরিণতি ভয়ানক।

সম্প্রতি ইতালির প্রধানমন্ত্রী হিসেবে শপথ নিলেন জর্জিয়া মেলোনি। ২৮ এপ্রিল ১৯৪৫ এ দ্বিতীয় বিশ্বযুদ্ধের প্রথম দিকে ফ্যাসিবাদি নেতা মুসলিনিকে হত্যা করার পরে, ইতালি সম্ভবত এই প্রথম এত উগ্র ডানপন্থী সরকার গঠন করতে চলেছে। বেনিটো মুসোলিনি বলেছিলেন যে "ফ্যাসিবাদ হল প্রতিক্রিয়া" এবং সেই "ফ্যাসিবাদ, যা নিজেকে প্রতিক্রিয়াশীল বলতে ভয় পায় না। আজ নিজেকে উদার ও উদারবিরোধী ঘোষণা করার বিরুদ্ধে কোন বাধা নেই।" জর্জিয়া মেলোনির মুখে কার্যকলাপে তারই প্রতিচ্ছবি দেখতে পাই। পৃথিবীর যেখানে যেখানে প্রতিক্রিয়াশীল শক্তি-র উত্থান হয়েছে সেখানকার ঘটনাগুলির মধ্যে কতকগুলো সাদৃশ্য আছে। অনিশ্চয়তা ও অস্থিরতার ভয়কে কাজে লাগিয়ে অপপ্রচার তার মধ্যে অন্যতম। সমস্ত দোষ একটি জনগোষ্ঠীর ওপর ঠেলে দিয়ে তাদের কাঠগড়ায় দাড় করানো আর একটি অতি সাধারণ খেলা। এটা আরও সহজ হয় যখন গণতান্ত্রিক কাঠামো ভেঙ্গে পরে, যখন রুটির যোগান নেই, কর্মসংস্থান নেই, দারিদ্রে সমাজ জর্জরিত।

ফ্যাসিবাদ সীমানা মানে না, গণতান্ত্রিক ঘোমটার আড়ালে ফ্যাসিবাদের খেমটা নাচ শুরু হয়। যখন গণতান্ত্রিক মূল্যবোধ এবং কার্যকারিতা নিয়ে সমাজের মধ্যে ব্যাপক অসন্তোষ তৈরি হয় তখন তাকে কাজে লাগাতে ফ্যাসবাদিরা ওস্তাদ। সাম্প্রতিক বছরগুলোতে ইউরোপ জুড়ে উগ্র ডানপন্থী রাজনৈতিক দলের সংখ্যা নাটকীয়ভাবে বৃদ্ধি পেয়েছে। জর্জিয়া মেলোনি অভিবাসী জাহাজ ব্লক করার প্রতিশ্রুতি দিয়েছেন। ঐতিহ্যগত "পারিবারিক মূল্যবোধ" এবং অ্যান্টি-এলজিবিটিকিউ প্রস্তাবগুলি জনগণের প্রবল সমর্থন পেয়েছেন। ভারত, বাংলাদেশ, সহ ভারতীয় উপমহাদেশ ছাড়াও জাপান, লাটিন আমেরিকার দেশগুলি, রাশিয়া সর্বত্র এই ধরণের প্রবণতা চোখে পড়ছে। কেন এই প্রবণতা বৃদ্ধি তা অনেক বিতর্কের বিষয়, কোনও এক পর্বে সে আলোচনা করা যেতে পারে।

ডঃ মার্টিন লুথার কিং জুনিয়র আমেরিকান নাগরিক অধিকার আন্দোলনের অন্যতম প্রধান নেতা ছিলেন। ১৯৫৫ থেকে ১৯৬৮ তে তাকে হত্যা করার আগে পর্যন্ত তিনি এই অধিকার আন্দোলনকে এক অতি উঁচু শিখরে নিয়ে গিয়েছিলেন। এদেশে প্রতি বছর জানুয়ারির ১৬ তারিখ মার্টিন লুথার কিং জুনিয়র দিবস হিসাবে উদযাপিত হয়।

সেবার ইউনিভার্সিটি অব ম্যাসাচুসেটস, বস্টন, এর এক সময়ের প্রভোস্ট এবং একাডেমিক বিষয়ক উপাচার্য উইনস্টন ই. ল্যাংলি এসেছিলেন মার্টিন লুথার কিং জুনিয়র নিয়ে বক্তৃতা দিতে। তাঁর বক্তৃতায় তিনি কাজী নজরুল ইসলামকে ডঃ মার্টিন লুথার কিং জুনিয়রের সঙ্গে তুলনা করেন। তিনি "Kazi Nazrul Islam: The Voice of Poetry and the Struggle for Human Wholeness" নামে একটি বই লেখেন। বইটির নামটি লক্ষ্য করুন – "Human Wholeness" মানে মানব-পূর্ণতা বা মানবতা সমগ্র। সেই বইয়ের মুখবন্ধে তিনি যা লিখেছেন তার বঙ্গানুবাদ না করে সরাসরি এখানে তুলে ধরলাম। "Born a Muslim, he fought against the Hindu-Muslim divide in South Asia, was a fierce champion of political independence for the peoples of South Asia (imprisoned by the British), and a voice for the liberation of all the oppressed throughout the world. He sought the fullness of human development everywhere. While Europe was buried in the shame of torture, genocide, and human slaughter of a kind not known in history, this Muslim, who did not finish high school, was scarred by poverty, and rejected by social elites of the subcontinent, transcended cleavages of gender, geography. race, ethnicity, religion, social origin, language, and nationality, to seek the protection of human dignity and the unity of humankind." বুঝতেই পারা যায় নজরুলকে নিয়ে সংক্ষেপে এত সুন্দর ব্যাখ্যার পর আর কিছু বলার দরকার পরে না। কাজী নজরুল ইসলাম যদি মসজিদ পরিচালিত মক্তব ও মাদ্রাসাতে প্রাথমিক শিক্ষা নিয়েও এমন এক মহান মানবতাবাদী হতে পারেন, আমরা কেন পারব না – এটাই ভাবি। মনে করা হয় যে ডঃ ল্যাংলি সম্ভবত নজরুল অধ্যয়নকারী প্রথম পশ্চিমা পণ্ডিত।

আমি দেখেছি বাহ্যিক অনুষ্ঠানে, লোকসমক্ষে যে ভাষনাদি আমরা শুনে থাকি সেখানে মানুষে মানুষের মধ্যে যে সমুদ্র প্রমাণ ভুলবোঝাবুঝি রয়েছে তা ঠিক ধরা যায় না। তার জন্য মাটিতে কান পাততে হয়। খুব ঘনিষ্ঠ আলাপচারিতায় অনেক সময় নিজেদেরকে চেনা যায় যেখানে চক্ষুলজ্জার ব্যাপার নেই। তথাকথিত অতি উচ্চ শিক্ষিত আমাদের মধ্যে যে কতরকমের ভুল বোঝাবুঝির চোরাস্রোত বয়ে যায় তা সেখানেই ধরতে পারা যায়। ভুল বোঝাবুঝির চোরা স্রোত থাকাটা যত না দোষের তার থেকেও দোষের তাকে ব্যবহার করে রাজনৈতিক ফায়দা তোলা

নিতান্ত এক আলাপচারিতায় আমাদের বাড়ীতে দেশ থেকে সদ্য আনা দার্জিলিং টি খেতে খেতে আমার সেই অতি প্রিয় বাংলাদেশী বন্ধুটি বললেন কবি নজরুল জাতীয় কবিই রয়ে গেলেন - বিশ্বকবি আর হতে পারলেন না- পারবেনও না। আমি বললাম তোমার আক্ষেপটা কোথায় তা বুঝতে পারছি না। ও বলল তোমাদের রবীন্দ্রনাথ আছে আমাদের মুসলিম কবি হিসাবে নজরুল।

আমি যে কথা এই ধারাবাহিকে মাঝে মাঝে প্রকাশ করে এসেছি তাই-ই ওকে বললাম - নজরুলকে মুসলিম কবি, মুসলিম কবি বলে তোমরাই এই কান্ডটি ঘটিয়েছ, তাতে তোমরা ওঁনার সুবিচার করছ না। আমি কোনো কবি লেখক শিল্পী নাট্যকার খেলোয়ার কলাকুশলীদের তাদের এ ধরণের বিশেষণে বিশেষায়িত করার পক্ষপাতী নই। তাঁরা তাদের স্ব মহিমায় মহিমান্বিত। তিনি হিন্দু, না মুসলিম, কি এল গেল আমার তাতে? এটা আমার একান্ত মত। কবির নিজ নিজ ধর্ম থাকতেই পারে কিন্তু তার জন্য ধর্মের মোড়কে কবিকে মুড়তে রাজী নই। তাহলে তুমি কি এবার হিন্দু ও মুসলমান কবিদের একটা পূর্ণ তালিকা তৈরী করে তুল্যমূল্য বিচার করবে? তা হয় না। নজরুল সব বাঙালীর, নজরুল বাঙালী কবি, তার এদিকে নয় এদিকেও নয়। আর তুমি যদি তাই কর সেখানেও তো তুমি ভুল করছ। বাঙালীর এ হীনমন্যতা থাকবে কেন? আর মনে রেখো রবীন্দ্রনাথ কিন্তু আক্ষরিক অর্থে হিন্দু কবি নন - উনি ব্রাহ্ম কবি। রবীন্দ্রনাথ ঠাকুর নিজে তাকে সম্মানের আসনে বসিয়েছিলেন। তবু তাঁর সংশয় থামে না। সে বলে তিনি রবীন্দ্রনাথের থেকেও অনেক বেশী গান লিখেছেন কবিতা মিলিয়ে অনেক বেশী - তিনি কি নোবেল পুরস্কার পেতে পারতেন না? আমি বললাম - বন্ধু, আমরা পৃথিবীতে এমন কোন দাঁড়িপাল্লা আর বাটখারা নেই যে এই তূল্যমূল্য বিচার করা সম্ভব। কবিদের যদি সবসময়ে, মুসলিম কবি, হিন্দু কবি এভাবে বিশেষায়িত করতে থাকবে, বাঙ্গালিয়ানার পরিধি তত ছোট হবে, তত ধন্দ বাড়বে - এ ধরণের উটকো অযাচিত এবং অসার বিতর্ক আমি সমাজ মাধ্যমে মুড়িমুড়কির মত হতে দেখছি। তুমি কেন করবে? রবিহারা কবিতার মর্মবোধ করলে এ প্রশ্ন আসে না। নজরুলের লেখা মসজিদ ও মন্দির প্রবন্ধটি অনুধাবন করলে এ কথা আসে না। মনে রেখো কালে কালে দেশের মানচিত্র পাল্টায়, এমনি জনজাতির মানচিত্র পাল্টায় কিন্তু মানবতার মানচিত্র কোনও দিন পাল্টায় না। নজরুল মানবতার কবি, তাঁকে আমরা সেই আসন থেকে নামিয়ে একটি ধর্মের রাংতার মোড়কে মোড়াব কেন? ভাবত একসময়ে মাদ্রাসা শিক্ষায় শিক্ষিত একজন কিভাবে মানবতার এক মূর্ত প্রতীকে পরিণত হয়েছিলেন। আজ কেন হচ্ছে না?

আমি বললাম আমার কি মনে হয় জান? সকলে ভাবে কোমল মতি শিশুদের বেছে বেছে রবীন্দ্রনাথ পড়াও, বেছে বেছে নজরুল পড়াও - যাতে অন্য ধর্মের হাওয়া একে অপরের গায়ে না লাগে - আর এর জন্য ধর্মান্ধ রাজনৈতিক দলগুলির সঙ্গে এ ব্যাপারে একটা মিথোজীবি symbiotic সম্পর্ক বজায় রাখার উপযোগী বীজগণিতের সমীকরণ সমাধান করার চেষ্টা করে চলেছি। এতে ভুল বোঝাবুঝির ফারাক বিস্তারিত হচ্ছে - আর অপমান করছি নজরুলকে। তার থেকে আমরা একটা কাজ করি না। বরং চল, কবি নজরুলের সমস্ত কবিতা, গান, প্রবন্ধ যত লেখা আছে, যেখানে উনি মানবতার জয়গান গেয়েছেন, তাকে উপজীব্য করে সমাজে রাজনীতিতে সাম্যের প্রতিষ্ঠার করি, তার মাধ্যমে শান্তি আনতে সংঘবদ্ধ চেষ্টা করি?

আমার কেন জানি না মনে হয় আজ উনি বেঁচে থাকলে ওঁনার লেখাতে যা উপকরণ আছে তার সমাজ উন্নয়নে তার প্রায়োগিক ক্ষমতার সম্ভাব্যতার জন্য তিনি নোবেল শান্তি পুরস্কার পেতেন। তিনি মারা গেছেন। আমরা নিজেরা কি তা বাস্তবায়িত করে দেখাতে পারি না? তার সাম্যের বাণী চারিদিকে ছড়িয়ে দিয়ে আমরা সর্বধর্ম সমন্বয়ের মধ্য দিয়ে শান্তি আনতে পারি না? ১৯৭৪ সাল থেকে নিয়ম বদলে যাবার কারণে আর মরণোত্তর নোবেল শান্তি পুরস্কার দেওয়া হয় না। তাতে কি আছে। তার সাম্যের বাণী, মানবতার বাণী ছড়িয়ে দিতে অসুবিধা কোথায়? আজকের দিনে চারিদিকে যে ফ্যাসিবাদ গণতন্ত্রের ভেক ধরে নতুন রূপে আবির্ভূত হচ্ছে, ধর্মান্ধতা মাথাচাড়া দিচ্ছে তাঁর বিরূদ্ধে সংঘবদ্ধ ভাবে লড়তে কাজী নজরুল ইসলামের দেখানো পথে মানবতার জয়গান গাইতে গাইতে আমাদের লড়তে হবে। এটাই হবে তাঁর প্রতি আমাদের সত্যিকারের শ্রদ্ধার্ঘ।

ভেতো বাঙালী ও হ্যারি বেলাফন্টে

আমি নিজেকে একেবারে আদর্শ ম্যাদামারা ভেতো বাঙালী বলে মনে করি - কিছুটা গর্বও করি। পান্তা ভাত, নুন আর সরষের তেল দিয়ে মেখে, একটা কাঁচা পেঁয়াজ আর কাচালঙ্কা কচকচ করে চিবিয়ে খেতে খুব ভালোবাসি। মধুমেহর ভয়ে বাদামী চালের ভাত খাই এখন কিন্তু পান্তা ভাত তাতে জমে বলে মনে হয় না।

আর এদেশে এত বাঙালী রেঁস্তোরা হয়েছে কিন্তু কেউ পান্তা ভাত বিক্রী করে দেখলাম না। দোষ দেওয়া যায় না - এখানকার আবহাওয়া তো অনুকুল নয়। তবে আমি যদি এই বিজনেসে নামতাম - একটা ইনকিউবেটর কিনতাম, তাপমাত্রা, আদ্রতা ও সময় এই তিনটির সর্বোত্তম সংমিশ্রণে পান্তা ভাত বানিয়ে তা বিক্রী করতাম।

পান্তা ভাতের কোনো ইংরাজী নাম নেই - পান্তা ভাত ইংরাজীতে লেখাই যেত কিন্তু এরা যদি অভ্যস্ত চোখে অনভ্যস্ত নামটিকে পাস্তা ভাত ভেবে বসে তাই বাংলায় পান্তা ভাত লিখলেও ইংরাজীতে লিখতাম Fermented Rice - ভাল মনে হল না ব্যাপারটা? তবে হ্যাঁ, সতর্কীকরণ বার্তাও একটা দিতে হবে - “May contain ethanol and get hangover - Do not eat and drive” - আমি এ ব্যাপারে কোনো ঝামেলাতে পরতে রাজী নই।

মনে নেই সেই ম্যাকডোনালড কেসটা? বেটা তুই অর্ডার দিলি Hot Coffee, তারপর গায়ে পরেছে তোর নিজের দোষে - তুই কিনা Law Suit করে দিলি, যে কাপের গায়ে HOT লেখা ছিল না? ম্যাকডোনালডকে তিন মিলিয়ন ডলার শাস্তিমূলক খেসারত দিতে হল। তখন থেকে কফি কিনতে গেলে কাপের ওপর লেখা থাকে HOT -may cause burns and injuries- বোঝো!!! Jokes apart, হয়তো এই জন্যই সকলে এখানে নিয়ম মেনে চলে, পদে পদে এত সাবধানতা। যাক গে সে কথা - এখন আসল কথায় আসি।

২৩ বছর আগের কথা। তখনও পর্যন্ত এই অভাগাকে কেউ বিয়ে শাদী করতে রাজী হয় নি - “যেন প্রেমে পড়া বারণ কারণে অকারণ” অবস্থা । এহেন এলিজিবল ভেতো বাঙালী ব্যাচেলর গরমকালে প্রায়ই ফিলাডেলফিয়া-র গঙ্গা দেলওয়ার নদীর তীরে

ছাড়া গরুর মত বিচরণ করতাম। অরণ্যের দিনরাত্রি সিনেমাতে রবি ঘোষ যদি টিউব ওয়েলের পাশে চান করতে তাকে ফ্রেঞ্চ রিভিয়েরা ভাবতে পারে, আমি কেন এই জায়গাটাকে বাবুঘাট বা আউট্রাম ঘাট ভাবতে পারব না? এখানে প্রতিবছর বিভিন্ন দেশের সাংস্কৃতিক প্রদর্শনী হত - এখনও হয়, তাতে নানা দেশের নানা ধরণের গানের ব্যবস্থা থাকে। এরকম একটা প্রদর্শনীতে কোনও এক শনিবার বারবেলায় ঘুরে বেড়াচ্ছি, দেখি একটা খোলা জায়গায় একটা ছেলে দলবল নিয়ে ড্রাম সহ নানা বাদ্য যন্ত্র সহকারে একটি গান গাইছে । গানটি হল

"Down the way where the nights are gay

And the sun shines daily on the mountaintop

I took a trip on a sailing ship

And when I reached Jamaica, I made a stop

But I'm sad to say I'm on my way

Won't be back for many a day

My heart is down, my head is turning around

I had to leave a little girl in Kingston town"

বাংলা তর্জমা যদি করি তাহলে অনেকটা এরকম দাঁড়ায় –

"নিচে রাত্রি যেখানে সুশোভিত হয়

সেখানে পাহাড়ের চূড়ায় প্রতিদিন সূর্যের আলো জ্বলে

আমি একটি পালতোলা জাহাজে করে একদিন সেখানে গেলাম

এবং যখন আমি জ্যামাইকা পৌঁছলাম আমি থামলাম।

কিন্তু আমি দুঃখিত এই বলে যে আমি আমার নিজের দেশে ফিরে যাচ্ছি

অনেক দিন আর ফিরে আসব না

আমার মন খারাপ হয়ে আছে, আমার মাথা ঘুরপাক খাচ্ছে

কারন আমি কিংস্টন শহরে একটি ছোট মেয়েকে ছেড়ে যেতে বাধ্য হচ্ছি”।

আপনার হয়তো এই গানটি শুনে থাকবেন - ২৩ বছর আগের আমি তখনও এই গানটি শুনি নি। মোহিত হয়ে শুনছিলাম - মনে মনে সেই গায়কগায়িকার দলটিকে বলছিলাম - বর্ণে গন্ধে ছন্দে গীতিতে, হৃদয়ে দিয়েছ দোলা”। কেন মনে হচ্ছিল সুরটি বড়ই চেনা - যেন বহুবার এই সুর শুনেছি। ভাবতে ভাবতে মনে পরল

“সাগর নদী কত দেখেছি দেশ, আর পাহাড়ে সোনালী কত সূর্যোদয়,

আমি দেখেছি দ্বীপ, কত অন্তরীপ, আর নিশীথ রাত্রে বনে চন্দ্রোদয়।

তবু ভরে না মন, হায় ভরে না মন, কি করে বোঝাব যা দেখে নয়ন,

সব সেরা দেশ আনে হৃদয়ে রেশ, আহা জন্মভমি এই আমার দেশ”।

জ্যামাইকান বংশোদ্ভূত অ্যামেরিকান পপ তারকা হ্যারি বেলাফন্টের এই গানটির সুরে ক্যালকাটা ইয়ুথ কয়্যার' এর পরিবেশনায় রুমা গুহ ঠাকুরতার সঙ্গে সমবেত কন্ঠে গাওয়া এই গানটিও শুনবেন। দুটো গানই পাশাপাশি শুনবেন। আমি আশা করি এই দুটি গান শুনে এটা উপলব্ধি করতে পারবেন যে কিভাবে এক দেশের সংগীত, তার সুর, মূর্ছনা, আবেদন অন্য দেশের গীতিকার, সুরকার ও সংগীত শিল্পীকে প্রভাবিত করতে পারে। গান এমনি জিনিষ, যেখানে কোনও বিভেদ নেই, আছে শুধু ভালোবাসার জয়, মানবতার জয়। বেশ শিক্ষণীয় ব্যাপার!

সুদুর ওয়েস্ট ইন্ডিজ বা পশ্চিম ভারত থেকে আসা এক জ্যামাইকান বংশোদ্ভূত অ্যামেরিকান পপ তারকার এই গানটি সেদিন এই ম্যাদামারা ভেতো বাঙালীর মনে এক প্রশান্তি যুগিয়েছিল, বাঙালী পান্তাভাতের ঘোর এনেছিল।

ইতিহাসের ঠোক্কর

একমাত্র আত্মবিস্মৃত জাতি ছাড়া সকলেই ইতিহাসের পাতায় ঠোক্কর খায়। বলা হয় ইতিহাস বিজিতরা লেখেন না - লেখেন বিজেতারা। কথাটা সর্বৈব সত্য নয়। প্রকৃত ইতিহাসবিদ যারা লেখেন, তাঁরা বর্তমান মূল্যবোধ, বিশ্বাস, আচরণ, এবং দৃষ্টিভঙ্গি আরোপ করা থেকে বিরত থাকেন।

নীচে Major J. H. Tull Walsh, I.M.S, F.L.S., Civil Surgeon of Murshidabad দ্বারা সম্পাদিত এবং July 1902 সালে প্রকাশিত A History of Murshidabad বইটির প্রথম পাতার অংশ বিশেষের ছবি তুলে দিলাম। মুর্শিদাবাদের ওপর লেখা এই বইতে তিনি পলাশীর প্রান্তরে বাংলার শেষ স্বাধীন নবাব সিরাজদ্দৌলার পতনের সঙ্গে সঙ্গে ভারতের সূর্য অস্ত কিভাবে গিয়েছিল সেটাও ব্যাখ্যা করেছেন। বইটি পড়ার অনুরোধ রইল।

এই বইয়ে প্রকাশিত তৎকালীন অবিভক্ত বাংলায় মুর্শিদাবাদ জেলার যে মানচিত্র দিয়েছেন তার সঙ্গে একেবারে বর্তমানের মানচিত্র তুলনা করলে এটা পরিষ্কার এই জেলাটির মানচিত্রে কোনও পরিবর্তন ঘটেনি। এই জেলাটির সঙ্গে এত ইতিহাস পরতে পরতে জড়িয়ে যে এই জেলাটি নিজেই একটি যাদুঘর।

রাস্তায় হাঁটতে হাঁটতে মোড় ঘুরলেই ঠোক্কর খাই ইতিহাসের পাতায় পাতায়। কোণায় কোণায় সংরক্ষণের অভাবে জরাজীর্ণ ইতিহাস পরে পরে কাঁদে। কবি নজরুল আক্ষেপে লিখেছিলেন, "ঐ গঙ্গায় ডুবিয়াছে হায়, ভারতের দিবাকর!" গত বছর মুর্শিদাবাদ ভ্রমণ কালে গঙ্গাবক্ষে ভ্রমণ করেছি তার একটি ছবি দিয়েছি। সঙ্গে দিয়েছি আর দু একটি ছবি যা আমার নিজের আই-ফোনে তোলা।

যারা দেয়াল লিখন পড়ে, আর সামাজিক মাধ্যমের সত্যতা বিচার না করে ইতিহাস শেখার হাতে খড়ি নিয়েছেন, আজ শরৎচন্দ্র পণ্ডিত (দাদাঠাকুর) বেঁচে থাকলে, "মরি হায় হায় রে! কলিকাতা কেবল ভুলে ভরা" ছত্রটি সামাজিক মাধ্যম সম্পর্কে লিখে আরও প্রাসঙ্গিক করে নিতেন। তাই যথাসাধ্য তথ্য সূত্র দেবার চেষ্টা করেছি।

বিজয় দিবস ও ফিলাডেলফিয়া

আমি ফিলাডেলফিয়া যাচ্ছি শুনে অনেকে বলেছিল – ও মা ওখানে যাচ্ছিস? ওখানে তো ক্রিমিনালদের জায়গা, রোজ চুরি ছিনতাই লেগেই আছে, আর কোনও জায়গা পেলি না? কথাটা যে একেবারে মিথ্যে তা তো নয়! বহির্বিশ্বে ফিলাডেলফিয়ার সুনামের থেকে দুর্নাম বেশী। গড়পড়তা বছরে প্রতিদিন একজন তো কারও না কারও গুলির আঘাতে মারা যাচ্ছে। তা ছাড়াও গাড়ী পার্ক করার জায়গা, দারিদ্র্য, অপরাধ সহ অন্যান্য কারণে ফিলাডেলফিয়া একটি পরিবার গড়ে তোলার জন্য মার্কিন যুক্তরাষ্ট্রের সবচেয়ে খারাপ জায়গাগুলির মধ্যে একটি। এটুকু স্বস্তি যে তা তালিকার নিম্নতম স্থানটি দখল করে নেই।

এত কিছুর পরেও এটি একটি শীর্ষ-স্তরের মার্কিন শহর। ঐতিহ্য, সংস্কৃতি, ইতিহাস এবং বিনোদন সব দিক দিয়ে গর্ব করার মত অনেক কিছু আছে এই শহরটির। বিশেষ করে আমেরিকার পূর্ব উপকূলে যে শহরগুলি আছে তাদের মধ্যে এটি একটি খুব গুরুত্বপূর্ণ শহর। ফিলাডেলফিয়া হল মার্কিন যুক্তরাষ্ট্রের জন্মস্থান। এটি একসময়ে রাজধানী ছিল। এখানে জাতির প্রতিষ্ঠাতারা জড়ো হয়েছিলেন বিতর্কে কিভাবে দেশকে গড়ে তুলবেন সেটা নিয়ে চিন্তাভাবনা করতে। ১৭ সেপ্টেম্বর, ১৭৮৭ সালে এইখানেই তাঁরা একত্র হয়েছিলেন, মার্কিন সংবিধানে স্বাক্ষর করার জন্য। এরকম আরও কত কি! সব বলব ধীরে ধীরে।

কত কিছু জানতাম কিন্তু ফিলাডেলফিয়াতে না আসা পর্যন্ত যেটা জানতাম না সেটাই আমি আজ বলব। প্লেন এখনও কাজাখস্তান আকাশ সীমাতেই আছে ধরে নিন। লন্ডন নামতে অনেক দেরী। আমরা আজ একেবারে ভুলে যাই বা গুরুত্ব দিই না যে, সেই সময়ে যে দেশগুলি বাংলাদেশের জন্মের সবচেয়ে বিরোধিতা করেছিল তার মধ্যে অন্যতম ছিল মার্কিন যুক্তরাষ্ট্র। এই দেশটি পাকিস্তানকে সর্বান্তকরণে সাহায্য করে বাংলাদেশের স্বাধীনতার তীব্র বিরোধিতা করেছিল। এর ব্যাখ্যায় আপনি যতই রাজনীতির সমীকরণের জটিল ক্যালকুলাস করুন মোদ্দা কথা হল তারা বিরোধিতাই করেছিল। কাজেই মার্কিন সহায়তায় একটি জাহাজ সামরিক সরঞ্জাম এবং গোলাবারুদ নিয়ে পাকিস্তানের দিকে রওনা হবে, এটা খুব স্বাভাবিক ব্যাপার ছিল। কিন্তু দেখা গেল সেটি যখন একটি মার্কিন বন্দরে

(বাল্টিমোর) থামার জন্য আসছে তখন এখানকার কিছু আমেরিকানদের মনে হয়েছিল কিছু একটা করা দরকার, তাঁরা সরকারী অবস্থানের সঙ্গে একমত ছিলেন না। তাঁরা অত্যন্ত সক্রিয় প্রতিরোধে জড়িত হওয়া দরকার বলে মনে করেছিলেন। রিচার্ড টেলর নামে এক ভদ্রলোকের দেওয়া বিভিন্ন সাক্ষাৎকার ও প্রতিবেদনে তা জানা যায়। তাঁরা ঠিক করেন যে জাহাজটিকে বন্দরে ভিড়তে দেওয়াই হবে না।

সেটা ১৯৭১ সালের জুলাই মাস। মিস্টার টেলর একদল বিক্ষোভকারী পাকিস্তানি মালবাহী জাহাজ পদ্মাকে বাল্টিমোর বন্দরে পৌঁছাতে বাধা দেওয়ার জন্য ক্যানো (canoe) এবং কায়াক (Kayak) নামে দুই ধরণের সরু লম্বা জলজান ব্যবহার করে। এগুলি সাধারণত আমোদভ্রমণের জন্য ব্যবহৃত হয়ে থাকে। জাহাজটি কানাডা থেকে পাকিস্তানে যাওয়ার পথে এই বন্দরে থামতে আসছিল। কিন্তু এই বিক্ষভকারীরা এই ছোট ছোট জলজান দিয়ে চারপাশ দিয়ে ঐ জাহাজটিকে ঘিরে ফেলে, বন্দরে ঢোকার পথ আগলে থাকে। পুলিশ ও কোস্টগার্ড বিক্ষভকারীদের বাধা দেওয়ার চেষ্টা করে। এর কিছুদিন আগে যুক্তরাষ্ট্র পাকিস্তানে নতুন অস্ত্রের চালানের ওপর নিষেধাজ্ঞা আরোপের নির্দেশ দিয়েছিল। এই যুক্তি দেখানো হচ্ছিল যে এখানে কোনও আইন ভাঙ্গা হয় নি কারণ জাহাজের সব সামরিক সরঞ্জাম ও গোলাবারুদ এই নিষেধাজ্ঞা বলদের আগে কেনা হয়েছিল। পুলিশ ও কোস্টগার্ড বিক্ষভকারীদের বাধা দেওয়ার চেষ্টা করে।

পরের মাসে, এই বিদ্রোহ ফিলাডেলফিয়াতে ছড়িয়ে পরে। বন্দরের লংশোরম্যানরা বয়কটে যোগদান করেছিলেন। ১৯৭১ সালে ফিলাডেলফিয়ায় বন্দরের ডকে এলিয়ট গেভিস কাজ করতেন যিনি পরবর্তীতে যিনি শিশুরোগ বিশেষজ্ঞ হয়েছিলেন। তিনি পূর্ব পাকিস্তানের যুদ্ধ এবং বাল্টিমোরে ক্যানো প্রতিবাদ সম্পর্কে জানতে পেরে ফিলাডেলফিয়ার লংশোরম্যানদের বোঝাতে সক্ষম হয়েছিলেন যাতে তারা মালপত্র জাহাজে লোড-আনলোড না করে। এবার আল-আহমাদি নামে আর একটি জাহাজকে আটকানোর জন্য মিস্টার টেলর আবার ক্যানো এবং কায়াক ব্যবহার করেন। এই অবরোধ চলাকালীন গেভিস এবং অন্যান্য ডকওয়ার্কাররা জাহাজের মালপত্র লোড-আনলোড করতে অস্বীকার করে। চার মাস এভাবে তীব্র বিক্ষোভের পর - এবং হোয়াইট হাউসের সামনে লাগাতার পিকেটিং করার পর মার্কিন সরকার অবশেষে পাকিস্তানে সমস্ত অস্ত্র রপ্তানি বন্ধ করে দেয়। U.S. Activists' Solidarity Campaign for Bangladesh (Blockade for Bangladesh), 1971 এর সাফল্য দিকে দিকে ছড়িয়ে পড়ে, মার্কিন যুক্তরাষ্ট্রের কোনও বন্দরেই আর পাকিস্তানী জাহাজ লড-আনলোড করা বন্ধ হয়ে যায়, ফলে পাকিস্তানে সামরিক সরঞ্জাম

ও গোলাবারুদ রপ্তানি একপ্রকার বন্ধ হয়ে যায়। রসদ সরবরাহের স্বল্পতা তীব্র আকার ধারন করে।

আজ ১৬ই ডিসেম্বর বাংলাদেশের বিজয়েদিবসে এই কথা স্মরণ করে ভালো লাগছে বিদেশে আমার এই প্রিয় শহর ফিলাডেলফিয়া বাংলাদেশের স্বাধীনতায় কিছুটা হলেও সহযোগিতা করতে পেরেছিল, যা আমি কাজাখস্তান দেশটির আকাশে ওড়ার সময়ে জানতাম না। Blockade by Richard K. Taylor, (Maryknoll, NY: Orbis Books, 1977) তে এসব গ্রন্থায়িত আছে। বাংলাদেশের জন্ম আমার ছোটবেলার যত স্মৃতি আছে তার মধ্যে তালিকার সবচেয়ে ওপরে। তখনকার আবেগ আর আজকের বাস্তবের মাঝে যদি কিছু ভুল লিখে থাকি মার্জনা করবেন – মিস্টার টেলরের বইটি সেক্ষেত্রে আপনাকে সঠিক তথ্য দিতে পারবে আশা করি। বাংলাদেশের সকলকে, আর সকল শুভানুধ্যায়ীদের বিজয় দিবসের শুভেচ্ছা রইল।

ভাষা দিবস

আমি যখন ২০০০ সালে প্রথম এদেশে আসি তখন বাংলা ভাষায় কথা বলার জন্য মুখিয়ে থাকতাম। কিন্তু তখনও খুব বেশী বাঙালী এদেশে ছিল না। শপিং মল-এ গেলে দূর থেকে কোনও বাংলা ভাষা শুনতে পেলেই দৌড়ে যেতাম। শুধু বাংলা ভাষা-র কাউকে পেলেই সঙ্গে সঙ্গে একটা আত্মীয়তা বোধ হত।

পরের দিকে সেই বোধ কিছুটা স্তিমিত হল যখন দেখলাম কিছু বাঙালী এই আকর্ষণকে মূলধন করে নেবার চেষ্টা করতে থাকল। এব্যাপারে বিস্তারিত পরে কোনও পর্বে বলা যাবে কিন্তু এ টুকু বলে রাখি যে Amway যা "আমেরিকান ওয়ে"-এর সংক্ষিপ্ত রূপ, নামে একটি আমেরিকান মাল্টি-লেভেল মার্কেটিং (MLM) কোম্পানি যা স্বাস্থ্য, সৌন্দর্য এবং বাড়ির যত্নের পণ্য বিক্রি করে, তাদের বাঙ্গালী এজেন্টদের ওপর এক প্রকার বিরক্ত হয়ে বাংলা কথা বলা স্বামী স্ত্রী দেখে ছুটে যাওয়া বন্ধ করে দিলাম।

তারপর বাংলাদেশী জনসংখ্যা হুড়হুড় করে বাড়তে থাকল, তার একটা কারণ ডাইভারসিফিকেসন ভিসা। মার্কিন যুক্তরাষ্ট্র একসময় একটা মিনি পৃথিবী হিসাবে নিজেদের প্রতিপন্ন হতে চাইল। তাই যে সব দেশগুলি মার্কিন যুক্তরাষ্ট্রে অভিবাসন দ্বারা ভালভাবে প্রতিনিধিত্ব করে না, তাদের এদেশে আনার জন্য এই নতুন ভিসা চালু করল, যাকে লোকমুখে লটারি ভিসা বলে, কারণ সত্যিই লটারির মত পদ্ধতিতে এই ভিসা দেওয়া হত, তাই কেউ জানত না কার ভাগ্যে কখন শিকে ছিঁড়বে। লাভ হল, যে বাংলা ভাষায় কথা বলার জন্য মুখিয়ে থাকতাম সেই বাংলা ভাষায় কথা বলার জন্য লোকের আর প্রায় অভাব রইল না। PEW RESEARCH CENTER এর সমীক্ষা অনুসারে, ২০০৭ থেকে ২০১২ সালের মধ্যে বাংলাদেশের ৫০ হাজারেরও বেশি নাগরিক মার্কিন যুক্তরাষ্ট্রে অভিবাসী হয়ে এসেছেন। সবচেয়ে বেশী নিউইয়র্ক শহরে, ফিলাডেলফিয়াতেও বেশ কিছু – ২০১৮ তে প্রায় দুই হাজারের মত বাংলাদেশী ছিলেন বলে জানা যায়। ২০১২ সালে এই ভিসা বাংলাদেশের জন্য বন্ধ হয়ে যায়।

বাংলা ভাষায় কথা বলা ছাড়াও আর একটা লাভ হল, বাংলাদেশীদের আসার ফলে – বাঙালী খাবার এল – আর ভেঙ্গে বললে আমাদের বাঘদের, মানে বাঘদের মত সঙ্কর জাতির (আমার বাবা বরিশালের বাঙাল আর মা ভাটপাড়ার আদি ঘটি-, দুইয়ে মিলে বাঘ হল না? তাই বললাম) জন্য, যাদের মধ্যে ঘটির recessive gene থেকে বাঙাল্দের dominant gene বেশী প্রকট, তাদের জন্য খুব সুবিধা হল। মাছ থেকে মাংস, পদ্মার ইলিশ থেকে শুঁটকি, কচুর লতি থেকে পাট শাক, কাঁঠালের বিচি থেকে কালোজাম, রসগোল্লা থেকে মিষ্টি পান, রসনা নিবৃত্তিতে পাতে কিছুই বাকী রইল না – সঙ্গে বাংলা ভাষায় অনাবিল আড্ডা – এই না হলে চলে? যে যে অঞ্চলে বাংলা ভাষার অভিবাসীদের আধিক্ষ্য সেখানে সেখানে স্কুলে বাংলা ভাষা দ্বিতীয় ভাষা হিসাবে প্রাথমিক স্তরে ব্যবহার হতে শুরু হল। নিউইয়র্কের জ্যাক্সন হাইটসের রাস্তায় চারিদিকে দোকানপাটে বাংলায় লেখা হোরডিং দেখে মাঝে মাঝে ভুলে যেতে শিখলাম আমরা বিদেশে আছি।

একুশে ফেব্রুয়ারি পালনও শুরু হল ভাষা শহিদদের বিনম্র চিত্তে স্মরণ করে। আজ গর্ব করে বলতে হয় প্রতি বছর ফিলাডেলফিয়ার সিটি হলে ভাষা দিবস যত্ন সহকারে পালন হয়। আমাদের এই অঞ্চলে ক্লিফটন হাইটস এ একটি চিরস্থায়ী শহীদ মিনার স্থাপনা করা হয়েছে মূলত অভিবাসি বাংলাদেশীদের উদ্যোগে। সেখানে শুধু বাংলাদেশিরা নন, সারা পৃথিবীর যে কোনও দেশে বাংলা ভাষা প্রতিনিধিত্বকারী মানুষ, বাংলা ভাষা আন্দোলনের সঙ্গে সহমর্মিতা পোষণকারী যে কেউ আসতে পারেন। প্রতি বছর আমিও অংশ গ্রহণ করে থাকি। খুব ভালো লাগে এই অনুষ্ঠানে উপস্থিত থাকতে। কিন্তু যা হয় এখানেও বাঙালীর মধ্যে দলাদলি-র কারণে গ্রুপ থেকে গ্রুপান্তর হতে সময় লাগল না। তবে সেটাকে গুরুত্ব না দিয়ে এই ভাষা দিবসের ইতিহাস ও তাৎপর্য নিয়েই আমাদের চিন্তা ভাবনা করা বেশী জরুরী।

মুসলিম লিগের দ্বি-জাতি তত্ত্বের ভ্রম থেকে বেরিয়ে এসে অসাম্প্রদায়িক চেতনা ভাষা আন্দোলনের পালে অর্থনৈতিক আন্দোলন ও রাজনৈতিক আন্দোলনের ঝড় তুলেছিল, ভাষা সহ বৃহত্তর অর্থনৈতিক ও রাজনৈতিক বঞ্চনা ও বৈষম্যের বিরুদ্ধে একমাত্র বাংলাভাষার জপমালা দিয়ে এক মানবতা ধর্মে একত্রিত করেছিল, মাতৃভাষার অধিকার ফিরে পাবার সাথে সাথে ধীরে ধীরে আমরা সেই মুল্যবোধ থেকে বিচ্যুত হতে শুরু করলাম। দিনটি ভাষাগত ও সাংস্কৃতিক বৈচিত্র্যের জন্য যে সচেতনতা সৃষ্টি করেছিল তা বিশ্বায়নের থাবা, সাংস্কৃতিক ঔপনিবেশিকতার মরীচিকায় বিভ্রান্ত হয়ে গেল। আক্ষেপ করে বলতে হয় যে, হয়তো বাংলা ভাষা প্রতিদিনের গর্বের ভাষা হিসাবে আমাদের অনেকের অন্তরে আর

অধিষ্ঠান করে না। স্বীকার করি বা না করি, একুশে ফেব্রুয়ারী এলে কিছু আনুষ্ঠানিকতার বাইরে তার বহমানতা আমরা ধরে রাখতে পারি না। কারণ আমরা ইতিহাস পড়ি না, পড়লেও তার গভীরে ঢুকি না।

বাঙালী জাতি হিসাবে আমরা ধরেই নিয়েছি ইংরাজি শিখতে পারিনি বলে আমরা উন্নতি করতে পারিনি। কর্মসূত্রে জাপান, জার্মানি, ফ্রান্স সহ বিভিন্ন দেশে শিক্ষা জগতের সঙ্গে যুক্ত হবার সৌভাগ্যের সূত্রে, রাশিয়া থেকে আগত বিজ্ঞানীদের সঙ্গে মিথস্ক্রিয়ার পরিপ্রেক্ষিতে এটুকু মনে হয়েছে, এবং আত্মবিশ্বাস নিয়ে বলতে পারি, যে ওরা নিজের ভাষা নিয়ে যে গর্ব করে আমরা তা আর করি না। আমার এই মন্তব্য ভুল হলে সবচেয়ে খুশী হব আমি। এই সব দেশের নাগরিকরা নিজ নিজ ক্ষেত্রে, নিজ নিজ দেশে তাদের মাতৃভাষার বাইরে ইংরাজি শেখার কোনও প্রচেষ্টাই করে না। তার জন্য তাদের মধ্যে কোনও রকম হীনমন্যতা বোধ নেই। আমরা যেন উল্টো পথে চলি। বাইরে মুখে যতই বলি "মোদের গরব, মোদের আশা, আ-মরি বাংলা ভাষা", ভেতরে ভেতরে অন্তর থেকে এটা বিশ্বাস করি না যে ইংরাজি ব্যতিরিকে মাতৃভাষার মাধ্যমে প্রাথমিক, মাধ্যমিক সহ উচ্চতর শিক্ষা দিয়েও প্রতিষ্ঠিত হওয়া যায়, ইংরাজিভাষী দেশগুলোর সঙ্গে প্রতিযোগিতা করে শিক্ষা, সংস্কৃতি ও বানিজ্যে টক্কর দেওয়া যায়। যে বাঙালী জার্মানিতে, ফ্রান্সে, রাশিয়াতে পি এইচ ডি করতে যায়, সে ঐ পাঁচ বছরে জার্মান, ফ্রেঞ্চ বা রাশিয়ান শিখে তার থিসিস ডিফেন্স করতে পারে, কিন্তু সে আজন্ম বাংলায় থেকে বাংলা ভাষায় তা করতে পারে না, চেষ্টা করলেও এক হাস্যাস্পদ জন্তুতে পরিণত হয়।

সে বার কেরালার সীমান্তে, পশ্চিমঘাট পর্বতমালার কোলে তামিলনাড়ুর এক গ্রামে বিয়েবাড়ীতে গেছি। আমার সঙ্গে তামিল ভাষায় কথা বলতে দেখে আমি ইংরাজিতে বললাম যে "আই ডোন্ট নো তামিল, ইংলিশ প্লিজ"। শুনে ভদ্রলোক অবাক হয়ে বলল "স্ট্রেঞ্জ! ইউ ডোন্ট নো তামিল?" আত্মশ্লাঘা বিশিষ্ট ভদ্রলোককে দেখে আমি হতচকিত হয়ে ভাবলাম আমি বাঙালী এই পরিচয় দেবার পরও কি করে এরকম প্রশ্ন করতে পারে? আমি মনে মনে ভাবলাম, বাংলার বাইরে থেকে আশা কোনও হিন্দুস্থানিকে কলকাতায় বসে আমি যদি বলি "স্ট্রেঞ্জ! ইউ ডোন্ট নো বাংলা? আমার সহোদর বাঙালী ভাইটিই আমার মাথায় নিশ্চয় ছিট আছে ভেবে আমাকে পিটিয়ে দেবে।" আর এই জন্যই বিশিষ্ট বিজ্ঞানী সত্যেন বোস বাংলা ভাষার মাধ্যমে বিজ্ঞান চর্চার কথা বলে গেলেও, আজীবন সে চেষ্টা করার পরও, আমরা তা মর্মে উপলব্ধি করতে পারিনি, বাস্তবায়ন তো দূরের কথা। পূজার ছলে ভুলে থাকতেই আমরা বেশী পছন্দ করেছি।

প্রাথমিক স্তরে ইংরেজি তুলে দিয়ে মাতৃভাষায় শিক্ষার প্রচলন ঘটাতে গেলেই হই হই, রই রই, গেল গেল, রব পরে যায়। একটা জনপ্রিয় ধারণা আছে, সস্তা রাজনীতি আছে যে প্রাথমিক স্তরে ইংরেজি তুলে দিলে দেশ একশ বছর পিছিয়ে যাবে। দেখতাম নির্বাচন এলেই বিরোধীদল সেই ভূত দিয়ে নির্বাচন ময়দানে কাকতাড়ুয়া বসায়। পরে বুঝলাম রাম-বাম নির্বিশেষে প্রায় সকলেই এই তত্বে বিশ্বাসী আমরা – পুরো না হলেই অধিকাংশ ক্ষেত্রে তাই। অথচ বৈজ্ঞানিক গবেষণা স্বীকৃত সহজ কথা হলঃ মাতৃভাষার মধ্যে দিয়ে শিক্ষা শিশুদের মধ্যে যোগাযোগ দক্ষতার বিকাশ করে, নিজস্ব সাংস্কৃতিক যোগাযোগের মাধ্যমে সামাজিক আত্মবিশ্বাস অর্জন করতে শেখায়, গ্রাম ও শহর নির্ভর অঞ্চলে, মৌলিক অদক্ষ, আধাদক্ষ ও দক্ষ বৃত্তিমূলক কর্ম সংস্থানের সুযোগ বাড়ায়, বিজ্ঞান সচেতনতা ও গ্রামীণ ক্ষেত্রে মৌলিক ব্যবসায়িক জ্ঞান সর্বজনীন করে তোলে। মাতৃভাষার মাধ্যমে প্রাথমিক শিক্ষা দেবার সঙ্গে প্রয়োজনে ইংরাজি ভাষা বা যে কোন অন্য দেশী বিদেশী ভাষায় দীক্ষিত ও শিক্ষিত হতে না পারার কোনও সম্পর্ক নেই।

আমাদের দ্রুত পরিবর্তনশীল বৈশ্বিক প্রেক্ষাপটে ক্ষেত্র বিশেষে বহুভাষিক শিক্ষা যে দরকার হতে পারে তা অস্বীকার করার উপায় নেই, যে কোনও সময়ে তা নেওয়া যেতে পারে। তার জন্য প্রাথমিক ও মাধ্যমিক স্তরে মাতৃভাষার মাধ্যমে শিক্ষা দেবার কোনও বিকল্প নেই। ছত্রাকের মত ইংরাজি মাধ্যম স্কুল হবার পরেও সকলে ইংরেজ হতে পেরেছে কি? তা আর্থসামাজিক ক্ষেত্রে তুল্য মূল্য বিচারে আদৌ কোনও গুণগত পরিবর্তন করতে পারে নি। আমরা যত জোরে মাথা নেড়ে মাতৃভাষার আন্দোলনের শহীদদের অবদানকে স্বীকার করি শ্রদ্ধা জানাই, তত জোরে আমাদের হাতে দেওয়া ব্যাটন নিয়ে দৌড়ে যেতে পছন্দ করি না।

ভাষা আন্দোলন নিয়ে কটি-ই বা চলচ্চিত্র হয়েছে? ৭০ বছরে মাত্র তিনটি। অতীতে যহির রায়হান – 'জীবন থেক নেওয়া' একটি ছবি মনে পড়ে, আর অতি সম্প্রতি তৃতীয় ছবিটি 'ফাগুন হাওয়া'। কেন হয় না? মেগা সিরিয়ালের জন্য কোটি কোটি টাকা লগ্নি হয় কিন্তু ইতিহাস ভিত্তিক কোনও ছবি সেভাবে লগ্নি পায় না, সরকারের মুখাপেক্ষী হয়ে থাকতে হয়। গুটি কয়েক যা হয়েছে তার জনপ্রিয়তা কতটুকু? তার কারণ কি? আমরা হাল্কা ছবি দেখতে অভ্যস্ত হয়ে গেছি, নীতি আদর্শ বড় সেকেলে ঠেকে আজকাল। অনেকেই বলে থাকেন প্রতিদিন জীবনে এত কষ্ট আর ভালো লাগেনা সেই অত্যাচার, দারিদ্র, বঞ্চনার কাঁদুনি শুনতে। খুব খারাপ লাগে যে ইতিহাস নির্ভর ছবি প্রযোজকের পৃষ্টপোষকতা পায় না, মুনাফা লাভ করতে পারে না – বিনোদন মূলক ছবির মত জনপ্রিয় হয়ে উঠতে

পারে না। আর যেহেতু জাতীয়তাবাদ অর্জিত হয়ে গেছে, মাতৃভাষায় কথা বলার স্বাধিকার অর্জিত হয়ে গেছে, প্রয়োজন ও তাগিদের সমাপ্তি ঘটেছে সেই হেতু হয়তও সেই আত্মত্যাগী দেশবরেণ্য শহীদদের জীবনের সারবত্তা (essence) তানপুরার উচ্চ কম্পাঙ্কে ধরে রাখতে পারছি না।

সংগ্রামী চেতনা, সাম্প্রদায়িক সম্প্রীতি যা এই অধিকার অর্জনে প্রধান ভূমিকা রেখেছিল সেই চেতনার অবমূল্যায়ন হয়েছে, আসলে হয়তো রাজনৈতিক অন্ধস্বার্থে সচেতন ভাবে এই দুইটিকে অচেতন করে রাখা হয়েছে। চারিদিকে গণতন্ত্র ও ধর্মের বিকৃতি ঘটিয়ে ঘোমটার আড়ালে একনায়কতান্ত্রিক খেমটা নাচ মুক্তমনা ভাবুকতাকে পদদলিত করে রাখছে। ভাষা বিস্তার লাভ করে খোলা হাওয়ায়, রক্তচক্ষুর গারদের ভেতর নয়। কিছু লিখতে গেলেই দেশদ্রোহিতা, ধর্মীয় অনুভূতিতে আঘাত লাগার যে পাশাখেলা শুরু হয়েছে তা কিছুতেই কাম্য নয়। এ হেন অবস্থায় আর যাই হোক ওমর খৈয়াম জন্মাতে পারে না।

গুগল আমার প্রাণের বাংলা ভাষাকে (বাংলাদেশী বাংলা ও ভারতীয় বাংলা) এই দুই ভাগে ভাগ করেছে। আদৌ কোনও দরকার ছিল কি? বাংলাদেশে বাংলা একাডেমী বাংলা ভাষার ওপর প্রভূত সংস্কার ও সমন্বয়মূলক কাজ করেছে। তবু কেন জানি না মনে হয় বাংলাদেশ ও পশ্চিমবঙ্গ এই দুই জায়গাতে দুই বাংলা একাডেমী-র কর্মকাণ্ডের মধ্যে সমন্বয়ের কিছুটা অভাব রয়েছে। সমন্বয়ের অভাব ভবিষ্যতে কাঁটা তারের দুই পাশের বাংলাভাষাকে ভূ-রাজনৈতিক ভাবে স্বতন্ত্র রূপে পরিবর্তিত করবে কিনা তা ভবিষ্যৎ বলতে পারবে।

প্রমিত বাংলা ভাষা-র বাইরে পশ্চিমবঙ্গে বহু উপভাষা আছে, যাদের কোনও স্বতন্ত্র লিপি নেই। সেই রকম বাংলাদেশে চট্টগ্রাম, নোয়াখালী, সিলেট এলাকা সহ বিভিন্ন অঞ্চলে আরও বহু শক্তিশালী উপভাষা, যেগুলো সময়ের বিপরীতে প্রমিত বাংলা ভাষার সঙ্গে কোনও দ্বন্দ্বে স্বকীয় রূপে বিকশিত হবে কিনা তাও ভবিষ্যৎ বলতে পারবে। বহুভাষাবাদ অন্তর্ভুক্তিমূলক সমাজের বিকাশে অবদান রাখে যা একাধিক সংস্কৃতি, বিশ্বদর্শন এবং জ্ঞান ব্যবস্থাকে সহাবস্থান এবং ক্রস-নিষিক্ত করার অনুমতি দেয়। কিন্তু তার সঙ্গে মাতৃভাষার মাধ্যমে শিক্ষার কোনও বিরোধ নেই আর এইটাই UNESCO দ্বারা এই দিনটিকে আন্তর্জাতিক মাতৃভাষা হিসাবে স্বীকৃতি দেবার অন্যতম কারণ। চাকুরীর লভ্যতার পরিবর্তনের সাথে সাথে, ব্যাবসায়িক ও বানিজ্যিক অভিমুখের পরিবর্তনের সঙ্গে সঙ্গে ভারতের মত একটি বৃহৎ বহু ভাষাভাষী দেশে এক রাজ্য থেকে আর এক রাজ্যে

জনগোষ্ঠীর দেশান্তর হয়। ফলে রাজ্যের ভাষা ভিত্তিক রাজনৈতিক মানচিত্রের কিছুটা তরলীকরণ হয়, অঞ্চলভেদে ভাষাগত সংখ্যাগরিষ্ঠতার কৌলীন্য হারায়। তাই পশ্চিমবঙ্গ তথা অন্য কিছু রাজ্যে নিজস্ব প্রাদেশিক ভাষা থাকলেও সেই রাজ্যে কোনও কোনও অঞ্চলে সরকার এবং সংবিধান স্বীকৃত মাতৃভাষার ব্যবহার সংকুচিত হতে থাকে। নেপালি ও গোর্খা অধ্যুষিত দার্জিলিং ও সাঁওতালি সহ বিভিন্ন আদিবাসী অধ্যুষিত অঞ্চলে নিজ নিজ মাতৃভাষায় শিক্ষার সচেতনতা বাড়ছে। কিন্তু মাতৃভাষায় সেইসব অঞ্চলে শিক্ষা প্রদানের জন্য যে সব ব্যবহারিক পরিকাঠামোর ব্যবস্থা করা দরকার, আর্থিক আনুকূল্য দরকার তার অভাব থাকার ফলে মাতৃভাষার মাধ্যমে শিক্ষা বাস্তবায়ন করা দুরূহ হয়ে উঠছে। একই ব্যাপার বাংলাদেশেও। অতি সম্প্রতি একটি প্রতিবেদনে দেখলাম সে দেশের ক্ষুদ্র জাতিগোষ্ঠীর ভাষা, যেমন চাকমা, মারমা, ত্রিপুরা, গারো, এবং সাদ্রি মাতৃভাষায় পড়ার জন্য বই বিতরণ শেষ হলেও সংশ্লিষ্ট মাতৃভাষায় পড়ানোর জন্য উপযুক্ত শিক্ষক পাওয়া যাচ্ছে না, আর বাকী শিক্ষকরা বর্ণমালার সাথে পরিচিত নন।

যাই হোক ভাষা আন্দোলনের গুরুত্ব নিয়ে আলোচনা বিজ্ঞজনেরা বহুদিন থেকে করে আসছেন। আমি বিভিন্ন পর্বে প্রতি বছর যেমন যেমন মনে হয় আমি এই দিনটি নিয়ে আমার ভাবনাচিন্তা তুলে ধরি। একই কথার পুনরাবৃত্তি না করার চেষ্টা করে থাকি। ভাষা আন্দোলনের মূল দাবি ছিল বাংলাকে অন্যতম রাষ্ট্রভাষা করা। কিন্তু আমরা সচেতন থাকি বা না থাকি, এর আরও অনেক গভীর তাৎপর্য ছিল। এর জন্য দুটি প্রধান উদ্দেশ্য ছিল। একটি ছিল ভাষার পরিপ্রেক্ষিতে ক্রমবর্ধমান জাতীয়তাবোধকে পুষ্ট করা এবং অন্যটি ছিল জীবনের সর্বক্ষেত্রে বাংলা ব্যবহারের দাবি তোলা। এর পুরোটাই প্রতিফলিত হয়েছিল ছাত্রদের স্লোগানে, যেগুলো কোনো নির্দিষ্ট নেতা বা দলীয় আদর্শ প্রণয়নের চেয়ে স্বতঃস্ফূর্ত ছিল। আন্দোলনের সবচেয়ে আকর্ষণীয় দিকটি ছিল সকল শ্রেণীর মানুষের মধ্যে এর স্বতঃস্ফূর্ততা। সেই স্বতঃ স্ফূর্ততা আমরা আবার ফিরে পাব কবে?

২১শে ফেব্রুয়ারি ও আমার ভাবনার আঁকিবুঁকি

কদিন আগেই ২১শে ফেব্রুয়ারি চলে গে। চলে গেল ঠিকই কিন্তু এ নিয়ে উথলে ওঠা ভাবাবেগ নিয়ে কিছু লেখা যেতেই পারে। আসলে রফিক, জব্বার, শফিউর, সালাম, বরকত সহ যারা সেদিন আত্মাহুতি দিয়েছিলেন তাঁদের আদর্শ বহমান – তার ক্ষয় নেই, তাকে কি একদিনের আনুষ্ঠানিকতার স্মরণ সভার গণ্ডীতে বাঁধা যায়? কেউ কেউ বলেন ১৩৫৮ বঙ্গাব্দের ৮-ই ফাল্গুনে যারা শহীদ হলেন তাঁদের কেন ইংরাজির মাসে স্মরণ করব, বাংলা মাসে কেন নয়? কবীর সুমনের ভাষায় "প্রশ্নগুলো সহজ আর উত্তরতো জানা"। আবার কেউ কেউ বলেন, এই দিবসটি আন্তর্জাতিক ভাষা দিবসে পরিগণিত হবার সঙ্গে সঙ্গে এই দিবসের মধ্যে যে ভাষা ছাড়াও বৃহত্তর সর্বগ্রাসী বঞ্চনার বিরুদ্ধে গর্জে ওঠার অঙ্গীকার ছিল সে দিকটা ধামাচাপা পরে গেছে। ফলত তা আমরা ভুলতে বসেছি। যাইহোক, সেই দিকে আমি পথ মাড়াব না। বরং, ভারতীয় এক বাঙ্গালী হিসাবে আমেরিকাতে এসে এই দিনটিকে নতুন করে পেলাম, উপলব্ধি করলাম, তা নিয়ে আঁকিবুঁকি টানব।

কম দিন তো হল না এদেশে এসেছি। নয় নয় করে প্রায় তেইশ বছর। যখন ফিলাডেলফিয়াতে প্রথম এলাম তখন আমেরিকাতে আজকের মত এত বাঙালীর ছড়াছড়ি ছিল না। আর খুব বেশী বাঙালী না থাকায়, ভাষা ছাড়াও সর্বভুক আমার খাওয়াদাওয়া-র খুব অসুবিধা হত। ভারতীয় দোকানগুলিতে যা পাওয়া যেত তার সবই নিরামিষ। তাই ভারতীয় মুদির দোকানে বাংলার রসনা তৃপ্তির শতভাগ সম্ভাবনা ছিল না।

বাংলায় কথা বলব বলে, বাঙালী লোকের মুখ দেখব বলে মুখিয়ে থাকতাম। বার্ড-ওয়াচার পাখী পর্যবেক্ষকরা যেমন গাছের কোনও মগডালে বসে থাকা এক পাখিরডাক শুনে তার পিছুপিছু ধাওয়া করে, ঠিক তেমনি, রাস্তাঘাটে, বাসে, শপিং মলে সর্বত্র বাংলা ভাষার কম্পাঙ্ক হৃদয়ের সিস্মোগ্রাফে এত টুকু ধরা পরলেই ছুটে যেতাম আলাপ করার জন্য। পরের দিকে অবশ্য সেই তাগিদটা কিছুটা স্তিমিত হল আমেরিকান ওয়ে (American Way)

নামে একটি মাল্টি-লেভেল মার্কেটিং (MLM) কোম্পানির বাঙালী এজেন্টদের অত্যাচারে। বুঝলাম আমরা তাদের ব্যবসার অংশীদার না হলে সব সম্পর্ক কর্পূরের মত উধাও।

মার্কিন যুক্তরাষ্ট্র সব সময়ে চেষ্টা করে থাকে যাতে এ দেশটি একটি মিনি পৃথিবী হয়ে দাঁড়ায়। ১৯৯০ তে সিদ্ধান্ত হলেও ১৯৯৫ এর অর্ধ বছর থেকে তার লটারি ভিসা চালু করল। আসলে যে সব দেশ থেকে বেশী মানুষজন আমেরিকাতে আসেন নি, মানে যুক্তরাষ্ট্রের অভ্যন্তরে যে দেশগুলির অভিবাসন দ্বারাভাল ভাবে প্রতিনিধিত্ব নেই, তাদের এদেশে নাগরিকত্ব নিয়ে আসার সুযোগ দেওয়া হল। আবেদন করার পর কার ভাগ্যে যে শিকে ছিঁড়বে তা আগাম অনুমান করা অসম্ভব ছিল, এলোপাতাড়ি ভাবে চয়ন করা হত, তাই এই ভিসা লোকের মুখে মুখে লটারি ভিসা নামে পরিচিত হল। লটারি ভিসা খুব জনপ্রিয় হল। তবে তার সুফল নিয়ে এদেশে আসতে কিছুটা সময় লেগে গেল। ২০১২ সাল পর্যন্ত, যতদিন এই ভিসা বাংলাদেশের জন্যচালু ছিল ততদিন বাংলাদেশী নাগরিকরা এই ভিসার সুযোগ নিয়েছিলেন। এখন আরে সেই সুযোগ নেই। PEW Research Center এর এক সমীক্ষা অনুসারে, শুধু ২০০৭ থেকে ২০১২ সালের মধ্যে বাংলা দেশের ৫০ হাজারেরও বেশী নাগরিক মার্কিন যুক্তরাষ্ট্রে অভিবাসী হয়ে এসেছেন, বিশেষ করে নিউইয়র্কে।

ফলে আমাদের মত ভারতীয় ভেতো বাঙালীদের খুব লাভ হল, মাছ থেকে মাংস, পদ্মার ইলিশ থেকে শুঁটকি, কচুর লতি থেকে পাটশাক, কাঁঠালের বিচি থেকে কালোজাম, রসগোল্লা থেকে মিষ্টি পান সব খাবারের পাতে আরও সহজলভ্য হল। মনে আছে এদেশে প্রথম বাঙালী বন্ধু-ই বাংলাদেশী। তিনিও আমার মত উচ্চতর গবেষণার জন্য পোষ্ট-ডক্টরাল বৃত্তি নিয়ে এসেছেন। দুদিন মাত্র কাজে যোগদান করেছি, চলমান সিঁড়ি দিয়ে নামতে যাব, এমন সময়ে দেখি এক ভদ্রলোক আমাকে পরিষ্কার বাংলায় জিজ্ঞেস করলেন "আপনি বাঙালী?"। কলকাতা থেকে ১২,৮৪৮ কিমি দূরে সে কথা যেন সংগীতের মূর্ছনার মত শোনাল। পুরো দস্তুর বাঙালী রান্না করতে পারি জেনে সেই দিনই ভদ্রলোক আমাকে তাঁর বাড়ী নিয়ে গেলেন। রান্না করলাম, খাওয়া দাওয়া হল, আড্ডা হল। দুই দেশের নাগরিকের পারস্পরিক সমঝোতা মোতাবেক 'আপনি' নেমে এল 'তুমি' তে। তারপর ও বলল তোমার সাথে দেখা হবে জানলে বউকে বলতাম আর ক'দিন দেশে থাইক্কা আইস। পরিচয় বাড়তে জানতে পারলাম সেও "আইতে শাল যাইতে শাল, তারই নাম বরিশাল" অঞ্চলের ছেলে। সে আমার বাবার গ্রাম, আড়িয়াল খাঁ নদের ধারে উজিরপুর থানার বারপাইকা গ্রামের কাছেই থাকে। যদিও দেশভাগের আগের বরিশাল আর আজকের বরিশালের মধ্যে মানচিত্রগত ব্যবধান অনেক। অতি দ্রুত দুই দেশের নাগরিকত্বের ব্যবধান, তরল বাঙালীত্ব-র দ্রবণে

বিলীন হয়ে গেল। কাঁটাতারের এপারে আর ওপারে সংস্কৃতিতো একই, কাজেই সময় লাগল না একাত্ম হতে। সময়ের কষ্টিপাথরে প্রমাণিত সেই ঘনিষ্ঠতা আজও অম্লান আছে। এভাবেই ধীরে ধীরে আরও বাংলাদেশীদের সঙ্গে আলাপ হল।

আজও মনে পড়ে সেই দিনের কথা। আমি তখন খুব ছোট। হাওড়ার এক ভাড়া বাড়ীর চারতলার ছাদে ছোট টুল নিয়ে উঠে কাগজের তৈরি চোঙা নিয়ে, বঙ্গবন্ধু মুজিবর রহমানকে নকল করে আমি তারস্বরে চিৎকার করতাম- "এবারের সংগ্রাম আমাদের মুক্তির সংগ্রাম, এবারের সংগ্রাম স্বাধীনতার সংগ্রাম"। একটা ছোট শিশুকেও উদ্বেলিত করেছিল সেই ভাষণ। শুনতাম অস্থায়ী বাংলাদেশ বেতারের অনুষ্ঠান। অনেক পরে জেনেছিলাম তা কলকাতা থেকেই সম্প্রচারিত হত। আর শুনতাম বিবিসির বাংলা অনুষ্ঠান, শর্ট ওয়েভে নব ঘুরিয়ে ঘুরিয়ে। এই কিছুদিন আগে বিবিসির সেই বাংলা অনুষ্ঠান চিরকালের জন্য পুরোপুরি বন্ধ হয়ে একমাত্র ইন্টারনেটে চলে যাওয়ায় বেশ নস্টালজিয়াতে ভুগছিলাম। এই একটা শব্দ যার বঙ্গানুবাদ করে স্মৃতিবেদনা, গৃহাকুলতা যাই বলুন, নস্টালজিয়া-র অনির্বচনীয় রূপকে অনুভব করা যায় না।

বাঙ্গালীরা সংখ্যা বাড়ার সঙ্গে সঙ্গে এদেশেও ভাষা শহীদদের বিনম্র চিত্তে স্মরণ করে একুশে ফেব্রুয়ারি পালন শুরু করলেন। আজ গর্ব করে বলতে হয় প্রতি বছর ফিলাডেলফিয়ার সিটি হলে আন্তর্জাতিক ভাষা দিবস যত্ন সহকারে পালন করা হয়। ফিলাডেলফিয়ার শহরতলীতে আমাদের এই অঞ্চলে, ক্লিফটন হাউস-এ একটি চিরস্থায়ী শহীদ মিনার স্থাপন করা হয়েছে মূলত অভিবাসী বাংলাদেশী নাগরিকদের তাগিদে ও উদ্যোগে। সেখানে শুধু বাংলাদেশি-রা নন, সারা পৃথিবীর যে কোনও দেশের বাংলা ভাষার প্রতিনিধিত্বকারী মানুষ, বাংলা ভাষা আন্দোলনের সঙ্গে সহমর্মিতা পোষণকারী যে কেউ আসতে পারেন। খুব ভালো লাগে এই অনুষ্ঠানে উপস্থিত থাকতে। এর বাইরে কারও না কারো বাড়ীতে ঘরোয়া ভাবে ভাবগম্ভীর পরিবেশে অনুষ্ঠানের আয়োজন হতে থাকল।

যাইহোক ভাষা আন্দোলনের গুরুত্ব নিয়ে বিজ্ঞজনেরা বহুদিন থেকেই আলোচনা করে আসছেন। আমি সেই বিজ্ঞজনদের মধ্যে পরি না । শুধু ভাষা আন্দোলনের শহীদদের মূল চিন্তাধারাকে কিছুটা উপলব্ধি করার চেষ্টা করি আর দ্রুত পরিবর্তনশীল রাজনৈতিক ও সামাজিক প্রেক্ষিতে তার প্রাসঙ্গিকতাকে খুঁজে বেড়াই, অনুধাবন করতে চাই। বাংলদেশী বন্ধুদের পেয়ে সেই আবেগকে আরও কাছ থেকে ভালোভাবে অনুধাবন করতে চাই। আন্দামান, দণ্ডকারণ্য, ত্রিপুরা, আসাম থেকে শুরু করে বাংলাদেশের বাইরে খন্ডে খন্ডে

ছড়িয়ে থাকা বাঙালী জাতিসত্ত্বাকে, চারিদিকে গড়িয়ে যাওয়া বাঙ্গালিয়ানাকে বোধ্য এক আঁজলায় একত্রে এদেশেই পাওয়া যায়।

মূল দাবী ছিল, বাংলাকে রাষ্ট্রভাষা করা। বাংলা ভাষার পরিপ্রেক্ষিতে ক্রমবর্ধমান বাঙালী জাতীয়তাবাদকে পুষ্ট করা এবং অন্যটি ছিল জীবনের সর্বত্র বাংলা ব্যবহারের দাবী তোলা। তারপর এত বছর পার হয়ে গেল, গঙ্গা দিয়ে কত জল আর পদ্মা দিয়ে কত পানি বয়ে গেল। জল না পানি, তা নিয়ে তর্ক বিতর্ক যত তীব্র হল, তৎসম জল ও তদ্ভব পানির মত বাংলা ভাষার ব্যুৎপত্তিগত গভীরতার ওপর গবেষণা করার জন্য কেউ জলপানি দিতে এগিয়ে এল না। আজও বুঝলাম না প্রাথমিক ও মাধ্যমিক স্তরে মাতৃভাষার মাধ্যমে শিক্ষা দেবার কোনও বিকল্প নেই। তা প্রণয়নের জন্য দীর্ঘমেয়াদী কোনও পরিকল্পনা কেউ নিল না যা নির্বাচিত সরকারের বদল হলেও তা নিরবিচ্ছিন্নভাবে বহমান থাকবে। ধীরে ধীরে মনের মধ্যে একটা মিশ্র প্রতিক্রিয়া হতে শুরু করল। দেখলাম, কিছু ভাবনা চিন্তা যা পত্রপত্রিকায় পড়ি, গতানুগতিক ভাষণে যা শুনি, চর্বিতচর্বণ বক্তব্যের মধ্যে যা পাই, তার সঙ্গে বাস্তবের কোনও মিল খুঁজে পাচ্ছি না। বাঙালী জাতি হিসাবে, বাস্তবে আমরা যেন বাংলা ভাষাকে দুয়োরানী করে রেখেছি। আমরা ধরেই নিয়েছি ইংরাজি শিখতে পারিনি বলে আমরা উন্নতি করতে পারি নি। কর্মসূত্রে জাপান, জার্মানি, ফ্রান্স সহ বিভিন্ন দেশের শিক্ষা জগতের সঙ্গে যুক্ত হবার সুবাদে, রাশিয়া, লিথুয়ানিয়া থেকে আসা বিজ্ঞানীদের সঙ্গে মিথস্ক্রিয়া-র পরিপ্রেক্ষিতে, আত্মবিশ্বাস নিয়ে এটুকু বলতে পারি, যে ওরা ওদের ভাষা নিয়ে যে গর্ব বোধ করি, আমরা তা বোধ হয় আর করি না। আর তাই সর্বস্তরে বাংলার ব্যাবহার সম্ভব হয় নি, কাঁটাতারের এপারেও না, ওপারেও না। ঐ সব দেশের নাগরিকরা নিজ নিজ ক্ষেত্রে, নিজ নিজ দেশে তাদের মাতৃভাষার বাইরে ইংরাজি শেখার কোন আগ্রহ প্রকাশ করে না। আর তার জন্য তাদের মধ্যে এতটুকু কোনও হীনমন্যতা বোধ নেই। সমস্ত বাঙালী সমাজ যতদিন না এই গর্ব করতে শিখবে ততদিন কোনও সরকার প্রাথমিক স্তরে মাতৃভাষার মাধ্যমে শিক্ষা প্রদান করতে পারবে না। কারণ আমরাই এই সরকারকে ভোট দিয়ে ফেলে দেব। আমার এই মন্তব্য ভুল হলে সবচেয়ে খুশী হব আমি।

আমরা যেন উল্টা পথেই চলি। বাইরে মুখ যতই বলি "মোদের গর্ব মোদের আশা, আ-মরি বাংলা ভাষা", ভেতরে ভেতরে অন্তর থেকে এটা বিশ্বাস করি না যে ইংরাজি ব্যতিরিকে, শুধু মাতৃভাষা-র মাধ্যমে প্রাথমিক, মাধ্যমিক সহ উচ্চতর শিক্ষা পেয়ে প্রতিষ্ঠিত হওয়া যায়, চাকুরী পাওয়া যায়। অবশ্যই যদি চাকুরীর বাজার তৈরি করা যায়, ব্যবসার সুযোগ বাড়ানো যায়। দরকারে ইংরাজি ভাষা সহ যে কোনও বিদেশী ভাষা

শিখে নেওয়া যায়। মোদ্দা কথা, মোটা দাগে বলতে গেলে, চাকুরীর জন্য বাঙালী বরাবর শাসকের ভাষা শিখে এসেছে, মোগল আমলে ফার্সি থেকে ব্রিটিশ আমলে ইংরাজি। কিন্তু সে সময়ে যারা চাকুরীর বাইরে বাংলা ভাষা চর্চা করেছেন তাদের পদানুসরণ করতে পারি নি। যে বাঙালী পিএইচডি করতে জার্মানি, ফ্রান্স, জাপান, রাশিয়াতে গিয়ে সেখানকার ভাষা শিখে পাঁচ বছরের মধ্যে তার গবেষণা প্রবন্ধ সকলকে বোঝাতে পারে (থিসিস ডিফেন্স) সেই বাঙ্গালি-ই আজন্ম বাংলায় থেকে বাংলা ভাষায় তা করতে পারেন না, আর পারলেও আমরা তাকে একটা হাস্যাস্পদ বস্তুতে পরিণত করি। এই হল আমাদের ঘোরতর দ্বিচারিতা। এটা কি সত্যি inferiority complex বা হীনমন্যতার ইঙ্গিত বাহক নয়? জানি না। আর এই জন্যই হয়তও প্রথিতযশা বাঙালী বিজ্ঞানী সত্যেন বোসের স্বপ্ন, বাংলার মাধ্যমে বিজ্ঞান চর্চাও আজও বাস্তবায়িত করা যায় নি।

গবেষণার মাধ্যমে এটা প্রতিষ্ঠিত যে মাতৃভাষার মাধ্যমে শিক্ষা অন্তর্ভুক্তি এবং যথাযথ মান সম্পন্ন শিক্ষার মূল কারণ এবং ভিত্তিও বটে, বিশেষ করে প্রাথমিক স্তরে। এর সঙ্গে ইংরাজি সহ যে কোনও বিদেশী ভাষা না শিখতে পারার কোনও সম্বন্ধ নেই। বস্তুত মাতৃভাষার ওপর ভিত্তি করে বহুভাষিক শিক্ষা সমস্ত শিক্ষার্থীকে সম্পূর্ণভাবে সমাজে অংশ গ্রহণ করতে শেখায়। দেখলাম কাঁটাতারের এপারে বা ওপারে কোনও পার্থক্য নেই। যেখানেই হোক প্রাথমিক স্তর থেকে মাধ্যমিক স্তর পর্যন্ত সম্পূর্ণ বাংলা ভাষার মাধ্যমে শিক্ষা প্রদান করার নীতি প্রণয়ন করার কথা উঠলেই সকলে রে রে, হই হই, গেল গেল রব করে ওঠেন। জনপ্রিয় সস্তা রাজনৈতিক ধারণার শিকার হই, যেন তা করলে সমস্ত জাতি একশ বছর পিছিয়ে যাবে। ভাষার বাগানে এই বিজাতীয় ভীতিকর কাকতাড়ুয়া লাগানো হয়। মৌলিক অদক্ষ, আধা দক্ষ, ও দক্ষ, সব রকমের বৃত্তিমূলক কর্ম সংস্থাপনের সুযোগ বাড়াতে, মৌলিক ব্যাবসায়িক জ্ঞান সর্বজনীন করে তুলতে, বিজ্ঞান সচেতন করে তুলতে, বাংলা ভাষার মাধ্যমে শিক্ষা দিলে দেশের ভালো বই ক্ষতি হত না। আমাদের এই mental block বা মানসিক অচলাবস্থা থেকে নিজেদেরকে বার করতে না পারলে এ সমস্যা থেকেই যাবে।

জানি যে অন্তর্দেশীয় ও আন্তর্জাতিক প্রেক্ষাপট বদলেছে। বিশ্বায়নের সাথে সাথে পশ্চিমী সভ্যতা ক্রমে ক্রমে বিজ্ঞান, অর্থনীতি, ও রাজনীতিতে বলীয়ান হয়ে ওঠার সঙ্গে সঙ্গে সাংস্কৃতিক ঔপনিবেশিকতার হাত ধরে সব কিছুকে বাজারজাত পণ্যে রূপান্তরিত করেছে। ১৯৯০-র দিকে অর্থনৈতিক উদারীকরণ করা হয়েছিল। ২০০০ সালের ঠিক এই দিনে ২১শে ফেব্রুয়ারিতে ইউটিউব চালু হল। ২০০০ সাল নাগাদ আমাজিক মাধ্যমের

প্লাবন এল। একটা উপগ্রহ প্রযুক্তি ইন্টারনেটের মাধ্যমে পুরো পৃথিবীটাকে এক জালের নীচে মুড়ে ফেলল। সাংস্কৃতিক ঔপনিবেশিকতার কোনও ত্রিমাত্রিক সংজ্ঞা নেই। আর এর ফলে আমরা ধীরে ধীরে সাংস্কৃতিক মাতসন্যায়ের দিকে যাচ্ছি। যার পরিণতিতে প্রতি ১৪ মিনিটে আজকের প্রায় ৭০০০ ভাষার এক একটি বিলুপ্ত হয়ে যাচ্ছে।

বলা হয় ভাষা সংস্কৃতির ধারক ও বাহক। আর ভাষার ধারক ও বাহক হল প্রজন্ম। ভাষা শহীদদের নীতি ও আদর্শকে প্রজন্ম থেকে প্রজন্মান্তরে বহমান রাখবে এরাই। কিন্তু তার জন্য চাই ইতিহাসকে পড়া শুধু নয়, গুঢ় ভাবে অনুধাবন করা। মনে পরে যায় ভাষা আন্দোলনের ওপর ৭০ বছরে মাত্র তিনটি ছায়াছবি হয়েছে বাংলা ভাষা আন্দোলনকে নিয়ে। বহুদিন আগে দেখেছিলাম জহির রায়হানের 'জীবন থেকে নেওয়া' ছায়াছবিটি। মাঝে আর একটি। আর অতি সম্প্রতি তৃতীয় ছবিটি বেরিয়েছিল যার নাম 'ফাগুন হাওয়া'। আর কেন নেই? মেগা সিরিয়ালের বস্তা পচা ছবি যদি কোটি কোটি টাকার লগ্নী পেতে পারে তা হলে ভাষা আন্দোলনের ভিত্তিতে তৈরি ছবি কেন লগ্নী পাবে না কেন? আসলে, ভোগবাদের কাছে ভাষাও নিছকই একটা পণ্য, বাজারে বিক্রি করে তাকে বাঁচিয়ে রাখতে হয়। আমরা হাল্কা ছবি দেখতে দেখতে এত অভ্যস্ত হয়ে গেছি যে নীতি আদর্শ বড় সেকেলে ঠেকে আজকাল। অনেকেই বলে থাকেন, প্রতিদিন জীবনে এমনিতেই এত কষ্ট যে আর ভালো লাগেনা পয়সা দিয়ে অত্যাচার, দারিদ্র, বঞ্চনার কাঁদুনি শুনতে। নাকি যেহেতু জাতীয়তাবাদ অর্জিত হয়ে গেছে, মাতৃভাষার মাধ্যমে কথা বলার স্বাধিকার অর্জিত হয়ে গেছে, প্রয়োজন ও তাগিদের সমাপ্তি ঘটেছে, সেই হেতু আত্মত্যাগী দেশবরেণ্য শহীদদের জীবনের সারবত্তা (essence) তানপুরার উচ্চ কম্পাঙ্কে আর ধরে রাখতে পারছি না। কোনটা সত্যি?

সংগ্রামী চেতনা, সাম্প্রদায়িক সম্প্রীতি চেতনা, যা এই অধিকার অর্জনে প্রধান ভূমিকা রেখেছিল, সময়ের নিম্নগামী ঢালে সেই চেতনার ব্যাপক অবমূল্যায়ন হয়েছে। কখনও কখনো মনে হয় কোনও এক অশুভ চক্র হয়তও রাজনৈতিক অন্ধস্বার্থে সচেতনভাবে এই দুই মহান আদর্শকে অচেতন করে রেখেছে। ইদানীং সারা পৃথিবীতে একটা ধারা দেখা যাচ্ছে। আমাদের দেশও একই রোগে ভুগছে। গণতান্ত্রিক ঘোমটার আড়ালে একনায়কতন্ত্র খেমটা নাচছে। ধর্মান্ধতার ম্যাজিক কার্পেটের ওপর বসে উড়তে উড়তে মুক্তমনা ভাবুকতাকে অশুভ হাওয়ার জাদুমন্ত্রে পদ দলিত করে রেখেছে। ভাষা বিস্তার করে খোলা হাওয়ায়। বিবাচন, প্রহরতা (censorship) এর মধ্যে নয়। ভাষা আন্দোলনের সবচেয়ে আকর্ষণীয়

দিক ছিল এর স্বতঃস্ফূর্ততা। সেই স্বতঃস্ফূর্ততা ফিরে পাব কবে? কিছু লিখতে গেলেই দেশদ্রোহিতা, ধর্মীয় অনুভূতিতে আঘাত লাগার যে পাশাখেলা শুরু হয়েছে তা কিছুতেই কাম্য নয়। এ হেন অবস্থায় আর যাই হোক ওমর খৈয়াম জন্মাতে পারেন না।

মাতৃভাষার বিনিময় মূল্য

কর্মসূত্রে বিভিন্ন জায়গায় ভ্রমণ করার সুবাদে ঔপনিবেশিকতা কিভাবে মাতৃভাষার ওপর আধিপত্য বিস্তার করে তা কিছুটা উপলব্ধি করতে পারলাম। আমরা ইংরাজি ঔপনিবেশিকতার শিকার তাই আমরা ইংরাজির প্রতি লালায়িত। ঠিক একই ভাবে ১৬-১৭ শতকে দক্ষিন আমেরিকা স্পেন দেশটির বা বৃহত্তর অর্থে স্প্যানিশ ঔপনিবেশিকতার শিকার হয়। তারাও একই রকম নিজ নিজ ঔপনিবেশিক প্রভুর ভাষার প্রতি লালায়িত। দক্ষিন আমেরিকার সর্বত্র একসময় স্প্যানিশ কলোনি ছিল। একমাত্র ব্যতিক্রম ব্রাজিল। অবাক লেগেছিল ব্রাজিল দক্ষিন আমেরিকার একমাত্র দেশ যেখানে স্প্যানিশ চলে না, পর্তুগীজ ভাষা চলে। ব্রাজিল ছাড়াও আফ্রিকার কিছু অংশে পর্তুগিজরা উপনিবেশ গড়ে তুলেছিল, এমনকি ভারতেও তারা এসেছিল। তবে আমাদের সঙ্গে দক্ষিন আমেরিকার বা সমগ্র আমেরিকা মহাদেশের একটা প্রধান তফাৎ আছে। এই দেশগুলির আদি জনজাতি শতাংশের বিচার আর প্রায় কেউ নেই। ব্রাজিলে যেমন মাত্র ০.৪ শতাংশ আদি জনজাতি রয়েছে, বাকীদের ইতিহাসের কপোলতলে নির্মূল করা হয়েছে। তাই আদি জনজাতির মাতৃভাষাও প্রায় নেই। যেমন ব্রাজিলে বাকীরা সবই সাদা ইউরোপিয়ান আর আফ্রিকান - প্রায় ৫০/৫০ শতাংশ। উত্তরাধিকার সূত্রে পর্তুগীজ ভাষা-ই এখন এদের মাতৃভাষা, ঐ ভাষাতেই পড়াশোনা। একইভাবে একসময়ের স্প্যানিশ কলোনিগুলোতেও আদি জনজাতি খুব কম। তার এই দেশটিকে উপনিবেশ করার সঙ্গে সঙ্গে আদি জনজাতিকে প্রায় নিশ্চিণহ করে স্প্যানিশ ভাষা কে প্রতিষ্ঠিত করেছেন আর ঐ ভাষাতেই পড়াশোনা করে থাকেন। তিন প্রজন্ম পড়েও এরা নাকি চাইলে অতি সহজে পর্তুগাল ও স্পেনের নাগরিকত্ব পেয়ে থাকে। আফ্রিকাতে বরং পরিস্থিতি অনেকটা আমাদের মত। তাই যখন দেখি আফ্রিকার এক বড় অংশ যেখানে ফরাসিরা উপনিবেশ গড়ে তুলেছিল, সেখানেও মাতৃভাষার প্রতি একাত্ম বোধের একই অবস্থা - তখন মনে হয় ঔপনিবেশিকতার চেহারা সর্বত্র একই রকম। সেখানে কিভাবে ফ্রেঞ্চ শিখে নিজেকে শিক্ষিত প্রমাণ করব বা ফ্রান্সে আসব, সেই ধরণের ভাবনাচিন্তা রয়েছে। অতীতের ফরাসী উপনিবেশের বর্তমান নাগরিকরা, তাদের সন্তানসন্ততিদের একটা বড় অংশ তাকিয়ে থাকে কখন তাদের ছেলে মেয়েরা ফরাসী ভাষাতে চোস্ত হয়ে প্যারিস যাবে। নিকট অতীতে

ব্রিটেন, ফ্রান্স, স্পেন, এরাই প্রধানত সারা পৃথিবীতে উপনিবেশ স্থাপন করে। তা ছাড়াও নেদারল্যান্ড জার্মানি, বেলজিয়াম, রাশিয়া, এরাও কিছুকিছু জায়গায় কলোনি করেছিল। উপনিবেশ গড়ে তোলার জন্য এত প্রেরণা কেন শুধু ইউরোপিয়ানরাই পেল এটা বিস্ময়কর।

যে বিজিগীষার গল্প আগের পর্বে করেছিলাম তাই ছিল মূল কারণ। জয় করিবার ইচ্ছা, সে রাজনৈতিক, অর্থনৈতিক, সাংস্কৃতিক বা ধর্মীয় কারণ – যেটাই হোক। একে অপরের ওপর আধিপত্য বিস্তার করে আনন্দ মানুষ পেয়েই থাকে। এদেশে না আসলে এই সকল দেশগুলির অভিবাসীদের সঙ্গে আমার সাক্ষাত ও একান্ত আলাপ কখনই হয়তও হত না। আমার নিজের গ্রুপ-ই তো আফ্রিকান, ব্রাজিলিয়ান, চাইনিজ, আমেরিকান, ভিয়েতনামিজ, ইরানিয়ান – নানান দেশের অভিবাসী সম্ভারে ভরা। কর্মসূত্রে জার্মান নাগরিক, জাপানী নাগরিক, ফরাসি নাগরিক ছাড়াও তাদের অভিবাসীদের সঙ্গে চলে নিত্য ওঠাবসা। মাধ্যম অবশ্যই ইংরাজি, সে সাবলীল বা ভাঙ্গা ভাঙ্গা যাই হোক। তবু এঁদের মধ্যে দিয়ে আমি তাদের নিজ নিজ মাতৃভাষার ওপর ঔপনিবেশিকতার প্রভাব সম্বন্ধে কিছুটা উপলব্ধি করতে পারি।

একটা সময়ে ইংরাজ উপনিবেশিক দেশগুলতে একটা প্রবাদ ছিল ব্রিটিশ সাম্রাজ্যের সূর্য কোনও দিন অস্ত যায় না। সে প্রবাদ সত্য হয় নি। রাজনৈতিক ঔপনিবেশিকতার শেষ হয়েছে কিন্তু রেখে গেছে তাদের সাংস্কৃতিক ঔপনিবেশিকতার ছত্রছায়া, আরও আবেগ নিয়ে বললে সাংস্কৃতিক সাম্রাজ্যবাদ। ২০০ বছরের ওপর ইংরাজদের দাসত্ব করার পর একমাত্র ইংরাজি জানলেই তবে আমি চাকুরীর বাজারে নিজেকে সঠিক মুল্যে বিকোতে পারব এ বিশ্বাস আমাদের রন্ধ্রে রন্ধ্রে ঢুকে গেছে। তাই আমরা অনেকেই বাড়ীতে কেউ অতিথি এলে তাদের সামনে "টুইঙ্কল টুইঙ্কল লিটল স্টার" বলতে পারে বলে আমার শিশুটিকে দেখে যত গর্ব বোধ করি, "আতা গাছে তোতা পাখী, ডালিম গাছে মৌ" বললে ততটা গর্ব বোধ হয়তো করি না। আর যদি আমার আগের পর্ব গুলো পরে থাকেন, হয়তও মনে আছে আমি লিখেছিলাম কিভাবে অল্প বয়েসে বাংলা মাধ্যমে পড়া এই আমি, জীবনে প্রথম রুক্স্যাক পিঠে বাঁধা এক সাদা বিদেশীকে, তার প্রশ্নের উত্তর ইংরাজিতে দিয়ে কি রকম আনন্দ ও গর্ব বোধ করেছিলাম। আমার রক্তেও তো আমি সাংস্কৃতিক ঔপনিবেশিকতাকে বহন করে চলেছি, সাংস্কৃতিক সাম্রাজ্যবাদের শিকার হয়েছি।

ইংরাজিতে পড়াশুনো করার এত গর্বের পরেও আমেরিকাতে উচ্চতর শিক্ষা নিতে গেলে Test of English as a Foreign Language (TOEFL) পরীক্ষা দিতে হয়।

ইংল্যান্ড বা ব্রিটেনে গেলেও একই ব্যবস্থা। শুধুমাত্র ছাড় আছে পিএইচডি বা ডক্টরেট ডিগ্রী থাকলে। আর ঐ ফাঁক দিয়ে TOEFL পরীক্ষা না দিয়ে তালেগোলে আমি এখানে ঢুকে পড়েছি!! দীর্ঘদিন একটি বিশ্ববিদ্যালয়ে সহযোগী অধ্যাপক হিসাবে পড়ানোর সুযোগ পাবার সুবাদে এটুকু বুঝতে পেরেছি আমার ছাত্রছাত্রীরা আমার লেকচার শুনে অন্তত রবীন্দ্রসংগীত গেয়ে ওঠেনি – "অনেক কথা যাও যে বলে.... তোমার ভাষা বোঝার আশা দিয়েছি জলাঞ্জলি"। বুঝতেই পারছেন রাজনতিক নেতাদের মত আমিও কোনও বিখ্যাত ব্যক্তির বক্তব্য উদ্ধৃত করার সময় যেটুকু আমার বক্তব্য কে প্রতিষ্ঠিত করার জন্য দরকার সেটুকু-ই লিখেছি। ডটডটডট দিয়ে ছেড়ে দিয়েছি – অসাধু রাজনৈতিক নেতারা যে ভদ্রতাটুকু অনেক সময়ে করেন না। যাই হোক ফিরে আসি যে কথা বলছিলাম। TOEFL পরীক্ষা দিতে যে টাকা লাগে তা আমাদের দেশীয় মুদ্রায় অত্যন্ত খরচ সাপেক্ষ। কারণ আমাদের মুদ্রা-র আন্তর্জাতিক মান হিসাবে অত্যন্ত দুর্বল। একটি মুদ্রা শক্তিশালী হবে যখন অন্যান্য মুদ্রার তুলনায় তা উন্নত হচ্ছে, যা মুদ্রার সরাসরি বিনিময় হার হ্রাস দ্বারা নির্দেশিত।

এবার দেশ থেকে ফিরে এসে এক সমস্যার সম্মুখীন হই, যা আগে জানতাম না। ভিড় এড়াতে বিমানবন্দরে মুদ্রা বিনিময় সংস্থার কাছে ভারতীয় মুদ্রা ডলারে বিনিময় করার কাজটি না করে কি মুশকিলে পড়লাম সে আর বলার নয়। একবার বেরিয়ে এলে দেখলাম এদেশের কোনও ব্যাঙ্ক ভারতীয় মুদ্রা বিনিময় করছে না। আর বিমানবন্দরে ফিরে গিয়ে যে করব তার উপায় নেই কারণ ফিলাডেলফিয়া বিমানবন্দরে সিকিউরিটি চেক-ইন করে বা নিরাপত্তা বলয় অতিক্রম করে ভেতরে ঢুকলে তবে সেখানে যাওয়া যাবে। নেপাল, শ্রীলঙ্কা, বাংলাদেশ, পাকিস্তান এর মুদ্রা বিনিময় করতে পারব অথচ ভারতীয় মুদ্রা বিনিময় তারা করবে না। সব ব্যাঙ্ক-ই যে এই সব কটি দেশের মুদ্রা বিনিময় করে তা না, কিন্তু কোনও ব্যাঙ্ক-ই ভারতীয় মুদ্রা বিনিময় করবে না এ কেমন কথা। কিছু বছর আগেও এরকম ছিল না। এ দিকে বিদেশী মুদ্রা বেশিদিন বাড়ীতে রাখতে নেই, বউ তাড়া দিচ্ছে। The Economic Times এর এক নিবন্ধ অনুসারে, যবে থেকে ভারতে ৫০০ আর ১০০০ টাকার নোট বাতিল করা হয়েছে তবে থেকে এদেশে ব্যাঙ্কগুলিতে ভারতীয় মুদ্রা আর বিনিময় করা যাচ্ছে না। পুরো ব্যাপারটা অর্থনীতিবিদরা ভালোভাবে ব্যাখ্যা করতে পারবেন। অগত্যা নিউইয়র্কের দিকে যেতে হল। সেখানে ভারতীয়দের সংখ্যা অনেক বেশী। হয়তও ওখানে বিমান বন্দরের বাইরে কোনও মুদ্রা বিনিময় সংস্থা পাওয়া যেতে পারে যারা ভারতীয় মুদ্রা নেবে এই ভেবে এক জায়গার খোঁজ পাওয়া গেল। শনিবারের বারবেলায়

১৭০ কিমি দূরে গাড়ী করে গেলাম কাজটি সম্পন্ন করতে। উফ! যত ভিড় হোক আর কোনোদিন বিমানবন্দরে মুদ্রা বিনিময় না করে বেরচ্ছি না তা যত ক্লান্তি আসুক।

কেউ কেউ বলেন বাংলা ভাষা হচ্ছে পৃথিবীর সবচেয়ে সুন্দর ভাষা। সামাজিক মাধ্যমে বা কোনও সমীক্ষা করে নাকি দেখা গেছে, বেশিরভাগ মানুষজন এই ভাষার পক্ষে ভোট দিয়েছেন...ইত্যাদি ইত্যাদি। আজকাল সামাজিক মাধ্যমে দেখি পৃথিবীর শ্রেষ্ঠ মা তাই নিয়েও প্রতিযোগিতা হয়। আমার কাছে এগুলো TRP (টেলিভিশন রেটিং পয়েন্ট) বাড়ানোর জন্য মোক্ষম এক মায়াজাল। অবাস্তব!! আসল কথা হল প্রত্যেকের মা তার নিজের কাছে সবচেয়ে সুন্দর, আদরের, ভালোবাসার, শ্রদ্ধার। মাতৃভাষা আমাদের মা। আমার ভাষা আর অন্য সকল ভাষা থেকে সুন্দর এই দাবী করা অনর্থক ও অপ্রয়োজন। আমার কাছে তা অনভিপ্রেত। তার পরেও আমি বলতেই পারি যে আমার উর্দু শায়েরি শুনতে খুব ভালো লাগে, মিষ্টি লাগে – তাতে কোনও অন্যায় নেই, সংঘাত ও নেই। আমি তো বলেই থাকি বুদ্ধদেব গুহ-র লেখা 'চবুতরা' বইটি আমার অত্যন্ত প্রিয় কারণ এই বইটিতে উনি উর্দু শায়েরির অনুকরণে বাংলায় এত সুন্দর শায়েরি লিখেছেন যে যৌবনে সেই যে আমি মুগ্ধ হয়েছি, সেই মুগ্ধতাবোধ আজও রয়ে গেছে। চবুতরা মানে চাতাল। আন্তর্জাতিক ভাষা দিবসে এটাই কি হওয়া উচিত নয় যে মানবতার চাতালে বসে সকল ভাষাকে আমরা সম্মান করি আর নিজ নিজ মাতৃভাষাকে এক অনভিপ্রেত প্রতিযোগিতায় টেনে এনে, নিজের মাতৃভাষাকে সর্বশ্রেষ্ঠ ভাষা দাবী করে বৈরিতা টেনে না আনি?

আগেই বলেছি যে, মা যখন দেশে থাকতেন আমি তখন মাকে মাসে মাসে টাকা পাঠাতাম। প্রতি মাসের প্রথম দিন মার একাউন্টে টাকাটা ঢুকে যেত। একদিন মাকে ফোন করেছি, মা বলল তুই আগে আমাকে যা টাকা পাঠাতিস তার থেকে এখন কম পাঠাচ্ছিস কেন? আমি প্রথম ভ্যাবাচাকা খেয়ে গেলাম। আমি তো সেরকম কিছু করিনি। পরে খতিয়ে দেখে বুঝলাম সে সময়ে বেশ কিছুদিনের জন্য টাকা ডলারের বিপরীতে শক্তিশালী হচ্ছিল ফলে সম পরিমাণ ডলার পাঠালেও মা কম টাকা পাচ্ছিল। ধরুন, এখন টাকার বিনিময় মূল্য হল ১ ডলার = ৮১.৬৭ টাকা। তার মানে আমি আপনাকে এক ডলার দিলে আপনি ৮১.৬৭ টাকা পাবেন। কিন্তু কাল যদি টাকা যদি শক্তিশালী হয়ে ১ ডলার = ৭৫ টাকা হয় তাহলে আমি এক ডলার পাঠালেও আপনি পাবেন ৭৫ টাকা। আপনার নিজের দেশের মুদ্রা শক্তিশালী হলেও আপনি আমার ওপর না বুঝে রাগ করতেই পারেন।

যে কোনও দেশের মুদ্রার যদি অবমূল্যায়ন হয় তাহলে সেই দেশের উৎপাদনশীলতা কমে যেতে পারে। তার প্রধান কারণ হল অবমূল্যায়ন নিজ দেশের নাগরিকদের পক্ষে

বিদেশি পণ্য সামগ্রী ক্রয় করার ক্ষমতা কমে যাবে যেহেতু আমদানি খুব ব্যয় বহুল হয়ে যাবে। মুদ্রা বিনিময় মূল্য যত সমানে সমানে থাকবে তত আপনার আন্তর্জাতিক সম্ভ্রম, ক্রয় ক্ষমতা বজায় থাকবে। মনে রাখতে হবে সেয়ানে সেয়ানে কোলাকুলি হয় – এ বড় নির্মম সত্য। অত্যন্ত দুঃখের হলেও আজ মাতৃভাষাও একটা পণ্য হয়ে যাচ্ছে। বিনিময় মুল্যের বিচারে আমরা ঠিক করছি আমি কোন ভাষায় পড়াশুনো করব, মাতৃভাষা না বিদেশী ভাষা। আসুন কোনও বিদেশী ভাষার বিপরীতে আমার মাতৃভাষার বিনিময় মূল্য যেন কমতে না দিই।

জমিন সমাধি

ভাগ্যিস ২০০০ এ এদেশে এসেই আইবুড়ো থাকতে থাকতে ওয়ারলড ট্রেড সেন্টারটার ১১৩ তলা থেকে নিউইয়র্ক শহরটা দেখা হয়ে গেছিল। পরের বছরই ১১ই সেপ্টেম্বর তা সন্ত্রাসের কবলে পরে ধ্বংস হল। প্রায় তিনহাজার লোক নিয়ে দুটো টাওয়ারের জমিন সমাধি হল। ৯/১১ র ঠিক একদিন আগের পৃথিবী আর এক দিন পরের পৃথিবী দুটো আলাদা পৃথিবী মনে হল। সঙ্গে বিশাল চিড় ধরল পারস্পরিক বিশ্বাস, ধর্মীয় সহনশীলতা, বোঝাপড়া, আন্তর্জাতিক আদব কায়দা, পররাষ্ট্রনীতির বীজগণিতের সমীকরণ সবকিছুতে। চোখে চোখে কথা বলার দৃষ্টিতে সহজ সরলতা রইল না - ভদ্রতার খামে মোড়া বৈষম্যের চিঠি পেল অনেকে। সেদিন বুঝলাম, নিজেদের দেশে থাকতে সংখ্যালঘুদের ওপর কি অত্যাচার হয় এই ভারতীয় উপমহাদেশের দেশগুলিতে, বিদেশে এসে নিজে মাইনরিটি হলে বোঝা যায়, সংখ্যালঘু হয়ে যদি ভয়ে ভয়ে থাকতে হয়, সেটা কত কষ্টের। পাগড়ী ও দাড়ি দেখে কাউকে কাউকে মারা হল। প্রথম যখন আমাদের দিকে একটি গাড়ী প্রায় ফুটপাথের ওপর উঠে এসে চিৎকার করে বলল - "গো হোম" সদ্য এদেশে আসা শিশু প্রবাসী আমি তখনও তার মানে জানি না - ভাবলাম বাড়ী যেতে বলছে - কিন্তু এত আক্রমনাত্মক কেন? পরে বুঝলাম "গো হোম" মানে দেশে ফিরে যাও। এদেশটি পৃথিবীর মেলটিং পট না হলে হয়তো চলে যেতে হত- দেশটি আমাদের ধরে রেখেছে। ২২ তম বার্ষিকীতে সে ক্ষত এখনও আছে - হৃদয়ের কোণে সেলাই করার দাগটা রয়ে গেছে। তবে এই ২৩ বছরে এটুকু বুঝেছি, যদিও কথায় বলে সময়ের সঙ্গে সঙ্গে সব আস্তে আস্তে ঠিক হয়ে যায়, ঠিক আসলে হয় না মেনে নিতে হয়, কিন্তু তাও মনে হয় এই দেশে ধর্মীয় সহনশীলতা, নিরপেক্ষতা, গণতন্ত্র এবং সুস্থ রাজনীতি না থাকলে এ ক্ষত নিরাময় করা যেত না। দাগটুকু থেকে যাবে, কখনোই মুছবে না, তবে তা ভাবনার উদ্রেক করবে - আমাদের সঠিক দিকে পরিচালিত করবে এই কামনা করি।

9/11

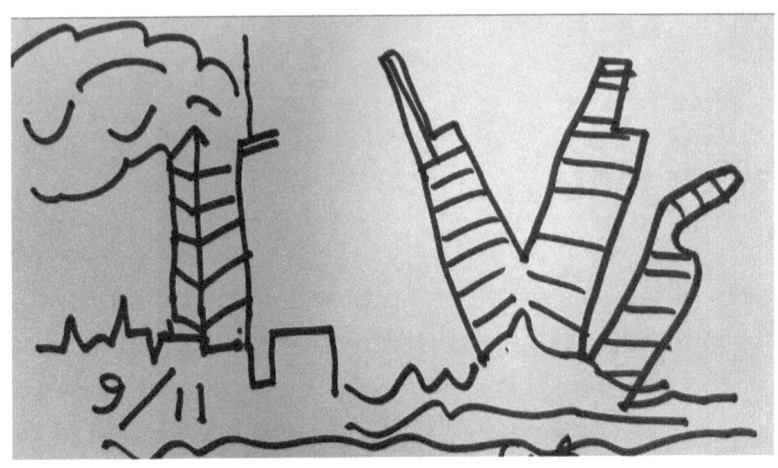

জ্যোতির্বিজ্ঞান দিবস নিয়ে আমার দুইখান কথা ছিলঃ

গতকাল ছিল International Astronomy Day –প্রথমে এটা পরিষ্কার থাকা দরকার যে আমরা Astronomy আর Astrology এই দুইয়ে যেন গুলিয়ে না ফেলি। Astronomy বা জ্যোতির্বিজ্ঞান হল বিজ্ঞানের একটি শাখা যা মহাকাশীয় বস্তু, তার স্থান, এবং সামগ্রিকভাবে সমগ্র বহুজাগতিক বা ভৌত মহাবিশ্ব নিয়ে গবেষণা করে। Astrology বা বাংলায় যাকে জ্যোতিষ শাস্ত্র বলে থাকি তা ভবিষ্যদ্বাণীমূলক এক পরিসরের মধ্যে ঘোরাফেরা করে এবং গ্রহ নক্ষত্রাদির অবস্থানের ওপর ভিত্তি করে মানুষের এবং পার্থিব ঘটনার ওপর এই ভবিষ্যদ্বাণী করে থাকে। Astrology বা জ্যোতিষশাস্ত্র একটি ছদ্মবিজ্ঞান, প্রকৃত বিজ্ঞান নয়। অন্তত আমার জানা মতে বিজ্ঞান হিসাবে তা প্রতিষ্ঠিত হয় নি।

কয়েক সপ্তাহটা আগে এই চন্দ্রযান ৩ এর খবরটি ভারতীয় এবং প্রবাসী ভারতীয়দের জন্য অত্যন্ত গুরুত্বপূর্ণ ও আনন্দের। শুধু ভারতীয় কেন উপমহাদেশের সকলেই এই সফলতার জন্য খুশী ছিলেন। চাঁদের মাটিতে প্রজ্ঞান গড়াতে গড়াতে যখন একদিকে ISRO-এর প্রতীক চিহ্নটি আর অন্যদিকে অশোকস্তম্ভটি মুদ্রণ করতে করতে এগুতে থাকে তখন অন্তরের অন্তস্থলে কিরকম একটা আনন্দক্ষরণ ঘটতে থাকে। প্রতিটি ভারতবাসীর ভালো লেগেছিল, প্রতিটি প্রবাসী ভারতীয়র ভালো লেগেছিল, দক্ষিণ এশিয়ায় ভারতের প্রতিবেশী দেশগুলির নাগরিক ও প্রবাসীদের কাছেও তা ছিল আনন্দের। এই সফলতা এই উদ্দীপনা নিশ্চয় এই উপমহাদেশের পরবর্তী প্রজন্মকে উজ্জীবিত করবে বিজ্ঞান শিক্ষায়, জ্ঞানে নিজেকে ধৌত করে তুলতে, একজন নাগরিক হিসাবে, একজন রাষ্ট্রের মৌলিক কণা হিসাবে।

ভারত প্রথম একটি দেশ, যে চাঁদের দক্ষিণ মেরু-র খুব কাছাকাছি তাদের চন্দ্রযান সাফল্যের সাথে নামাতে পেরেছে। আর চাঁদের মাটিতে অবতরণে সক্ষম এমন দেশগুলির অভিজাত ক্লাবে চতুর্থ দেশ হিসাবে নাম লিখিয়েছে।

ভারতের এই চন্দ্রাভিযানের সাফল্যের সঙ্গে এই উপমহাদেশের ভুরাজনৈতিক সমীকরণের ব্যাপক পরিবর্তনের সম্ভাবনাকে উড়িয়ে দেওয়া যায় না। দ্বিতীয় বিশ্বযুদ্ধ পরবর্তী দুই পরাশক্তি-র সময় অনেক দিন শেষ হয়েছে। দি গার্ডিয়ান পত্রিকার একটি প্রতিবেদন অনুসারে, দি ল্যান্সেট গবেষণা গ্রন্থে প্রকাশিত হয়েছে যে, ২১০০ সালের মধ্যে বহুপরাশক্তি বিশিষ্ট পৃথিবী তৈরি হবে। কোনও একটি দেশের একচ্ছত্র আধিপত্য আর থাকবে না। এখনই যার লক্ষণ স্পষ্ট হচ্ছে। মনে করা হচ্ছে, ভারত, নাইজেরিয়া, চীন এবং মার্কিন যুক্তরাষ্ট্র এই চারটি দেশ প্রথম চারটি পরাশক্তিধর দেশে পরিণত হবে। কাজেই এই অঞ্চলে ও বৈশ্বিক ক্ষেত্রে ভারতের রাজনৈতিক প্রভাব বাড়বে বলেই মনে করা হয়।।

ভবিষ্যতে ভারত ও চীনের মধ্যে রেষারেষি বাড়বে বই কমবে না। । চীন নিয়ে ভারতের এই রেষারেষি যত বাড়বে, তার ওপর চীনকে নিয়ে যুক্তরাষ্ট্র যত বেশি উদ্বিগ্ন হবে, আমেরিকা ও ভারত তত কাছাকাছি আসবে। তদুপরি, ভারত ও চিনের এই রেষারেষির জন্য অর্থনৈতিক, রাজনৈতিক ও সামরিক ক্ষেত্রে ভারত, আমেরিকা, জাপান সহ চীন বিরোধী অন্যান্য দেশগুলিও অনেক কাছাকাছি আসবে। এক ধরণের Geopolitical convergence হবে। এখনই এই ধারা যে শুরু হয়েছে তার লক্ষণ দেখা যাচ্ছে। আর এর ফলে ভারতের প্রতিবেশী দেশগুলি, চীন না ভারত কার দিকে ঝুঁকে থাকা আন্তর্জাতিক কূটনীতির সফলতা বয়ে আনবে তা নিয়ে সতত দ্বন্দ্ব ও ধন্দে ভুগবে। আন্তর্জাতিক বীজগণিতের সমীকরন অনেক জটিল যা এই উপমহাদেশের নিজ নিজ অভ্যন্তরীণ রাজনৈতিক বীজগণিতের সমীকরন সমাধান করার থেকে বেশী গুরুত্বপূর্ণ হয়ে দাঁড়াবে।

ভারতীয় উপমহাদেশ ঘিরে যে বিপুল জলরাশি, সেই বঙ্গোপসাগর, এবং ভারত মহাসাগরের ছোট বড় নানা দ্বীপের ওপর পরাশক্তিগুলোর নজর পড়বে, সেগুলির ওপর সামরিক ঘাটি তৈরি করার জন্য চাপ আসবে। ছোট ছোট দেশগুলির সার্বভৌমত্ব নানা অছিলায় আক্রান্ত হবার সম্ভাবনা থাকতে পারে। ভারত এ ক্ষেত্রে, প্রতিবেশী দেশগুলিকে নিয়ে বড় এবং সদর্থক ভূমিকা নেবে বলে আশা করা যেতে পারে। চন্দ্রযানের এই সাফল্যের ফলে অন্যান্য পরাশক্তিগুলি ভারতকে সমীহ করে চলতে শিখবে। এটি প্রযুক্তির ক্ষেত্রেও বিশেষভাবে সত্য হয়ে উঠবে বলে মনে হয়। অধুনা মহাকাশ গবেষণাতে ভারতের অগ্রগতি তা সুচারু করবে।

ভারতের প্রধানমন্ত্রী চন্দ্রযান অবতরণ মুহূর্তে যে দেশবাসীর উদ্দেশে দেওয়া ভাষণে বলেছেন - "এই সাফল্য সমগ্র মানবতার জন্য এবং এটি ভবিষ্যতে অন্যান্য দেশের চাঁদ

মিশনে সহায়তা করবে। আমি আত্মবিশ্বাসী যে বৈশ্বিক দক্ষিণের দেশগুলি সহ বিশ্বের সমস্ত দেশই সাফল্য অর্জন করতে সক্ষম।" তিনি তার ভাষণে, "এক পৃথিবী, এক পরিবার, এক ভবিষ্যৎ'-এর কথা বলেছেন। তিনি মানবকেন্দ্রিক দৃষ্টিভঙ্গির কথা বলেছিলেন যা সারা বিশ্বে অনুরণিত হচ্ছে। তিনি বলেন যে এই সাফল্য সমগ্র মানবতার জন্য। তিনি আরও বলেন যে " এটি ভবিষ্যতে অন্যান্য দেশের চাঁদ মিশনে সহায়তা করবে। আমি আত্মবিশ্বাসী যে গ্লোবাল সাউথ সহ বিশ্বের সমস্ত দেশ এই ধরনের কৃতিত্ব অর্জন করতে সক্ষম।" তাঁর এই দিশা যদি ভারত সরকার যথাযথ পালন করে তাহলে এই উপমহাদেশের বিভিন্ন দেশগুলির মধ্য বৈজ্ঞানিক সহযোগিতার এক consortium বা সঙ্ঘ গড়ে উঠতে পারে।

ভবিষ্যতে ভারত মহাকাশ ও বিজ্ঞানের বিভিন্ন ক্ষেত্রসহ সাধারণ আর্থসামাজিক ক্ষেত্রেও দ্রুত উন্নয়ন ঘটাবে বলে মনে করা হচ্ছে। আশঙ্কা করা হচ্ছে যে প্রতিবেশী রাষ্ট্রগুলিতে উন্নয়নের হার একই ভাবে না বাড়লে পার্শ্ববর্তী দেশগুলি থেকে আইনসম্মত ও বেআইনি অভিবাসন যথেষ্ট পরিমাণে বাড়বে। এই নিরবিচ্ছিন্ন অভিবাসনের ফলে আন্তর্জাতিক সীমান্ত বরাবর ভারতীয় রাজ্যগুলিতে ধর্মীয় জনবিন্যাসের পরিবর্তন এক অভিবাসন সংক্রান্ত রাজনৈতিক, ও সামাজিক সমস্যার সৃষ্টি করতে পারে। অর্থনৈতিক বৈষম্য তখন ধর্মীয় মেরুকরণের রাজনীতিতে পর্যবসিত হয়ে সাম্প্রদায়িক সমস্যার সৃষ্টি করতে পারে। আর ভারতের অভ্যন্তরে যদি জাতপাতের মত ঘৃন্য রাজনীতিকে অবদমন করা না যায় তাহলে, ধর্মীয় অরাজকতার জন্ম হতে পারে। অর্থনৈতিক প্রবৃদ্ধির প্রধান চাবিকাঠি সামাজিক ও রাজনৈতিক স্থিতিশীলতা, এবং জনসংখ্যাকে জনসম্পদে রূপান্তরিত করা। যদি উপমহাদেশীয় রাজনীতির ধারা ঠিকঠাক অনুধাবন করে থাকতে পারি, দলমত নির্বিশেষে রাজনৈতিক মূল্যবোধের অবাধ ও দ্রুত অবগমনের গতিকে রুখতে না পারলে, এই উপমহাদেশে অবাধ গণতান্ত্রিক ও সংসদীয় যুক্তরাষ্ট্রীয় কাঠামোর ওপর আঘাত পরতে পারে এবং গণতান্ত্রিক ঘোমটার আড়ালে রাজনৈতিক দলীয় একনায়কতন্ত্রের অবস্থান শক্তিশালী হতে পারে।

গত ৩রা মার্চ ২০২৩ তারিখে দি ওয়াল স্ট্রীট জার্নালের একটা বড় হেডিং ছিল – **"Poised to become the world's most populous nation, India struggles to deliver to its citizens both a healthy economy and a flourishing democracy"** – এই মন্তব্যের পক্ষে বিপক্ষে তর্ক বিতর্ক চলতেই পারে কিন্তু এটা অস্বীকার করে লাভ নেই যে, ভারতের শক্তি ভারতের তার গণতান্ত্রিক কাঠামোয়, গত ৭৫ বছরের ওপর যা একটিও সামরিক অভ্যুত্থান ছাড়াই

সযত্নে লালন করেছে – এর অবক্ষয় রুখতেই হবে। আর তা না করতে পারলে ভারতের মহাকাশসহ বিভিন্ন বৈজ্ঞানিক গবেষণাক্ষেত্রে প্রভূত ক্ষতি হবে, আন্তর্জাতিক ময়দানে নিজের গরিমা হারাবে। ।

বিক্রম অবতরণের পর প্রজ্ঞ্যান সঙ্গে সঙ্গে চাঁদের মাটিতে নাবে নি – তার কারণ অবতরণের সময় যে বিপুল ধুলো উড়েছিল তা থিতিয়ে না পড়লে সেই ধুলকণা আদতে প্রজ্ঞ্যানের যন্ত্রে ঢুকে এটিকে অচল করে দিত। বিক্রমের চাঁদের মাটিতে অবতরণের সময় আমাদের আবেগের ধূলিও আকাশচুম্বী হয়েছিল, তা স্তিমিত হলে আমরাও যেন বাস্তবের মাটিতে নেমে ভাবি, ভারত কিভাবে এই উপমহাদেশের ভু রাজনৈতিক প্রেক্ষাপটে সদর্থক ভূমিকা রাখবে।

ওরা আনন্দোচ্ছল - ওদের বাঁচতে দিন!

সব দেশের একটা নির্দিষ্ট ভাবগতি থাকে যাকে কালচার বলে। এক একটা দেশের এক এক রকম কালচার। এদেশে যেটা গ্রহণযোগ্য অন্য দেশে তা নয়। আবার নতুন শহরের পালস বা নাড়ীকে খুঁজে পেতে সময় দিতে হয়।

এদেশ সদ্য এসে ২২ তলায় উঠেছি, সেই ২৩ বছর আগে, এক ২৪ তলা বাড়িতে। ওপর থেকে লক্ষ্য করলাম ১৩ নম্বর স্ট্রীট জুড়ে রয়েছে রামধনু রঙের পতাকার ছড়াছড়ি। এই পতাকার তাৎপর্য সম্বন্ধে আমি খুব একটা অবহিত ছিলাম না। তখন দেশেও অনেকেই জানত না।

প্রকৃতির সবচেয়ে সুন্দর, প্রাকৃতিকভাবে ঘটে যাওয়া ঘটনাগুলির মধ্যে একটি হল এই রামধনু বা রংধনু। সূর্যের আলো বৃষ্টির ফোঁটার ওপর পড়লে আলোর বিচ্ছুরণ ও প্রতিসরণ ঘটে। আমাদের অনেকের কাছে রামধনুর সাতটি রং সাফল্য, আশা এবং ভাগ্যের প্রতীক, যা আমাদের উজ্জীবিত করে থাকে।

কিন্তু সমাজে এর যে অনেক বেশি প্রতীকী ব্যাখ্যা আছে তখন আমি তা জানতাম না। গিলবার্ট বেকার ১৯৭৮ সালের সানফ্রান্সিসকোর গে ফ্রিডম সেলিব্রেশনের জন্য রামধনু পতাকার ডিজাইন করেছিলেন। মূল আট রঙের সংস্করণে, গোলাপী যৌনতার জন্য, লাল জীবনের জন্য, কমলা নিরাময়ের জন্য, সূর্যের জন্য হলুদ, প্রকৃতির জন্য সবুজ, শিল্পের জন্য ফিরোজা, সম্প্রীতির জন্য নীল এবং আত্মার জন্য বেগুনি। ১৯৬০-এর দশকে, সমকামী পুরুষদের দ্বারা তাদের যৌন অভিমুখীতা বর্ণনা করার জন্য (gay) এর মানে সমকামী হিসাবে পরিচিত হয়ে ওঠে। 'গে' শব্দটির আসল মানে হল আনন্দোচ্ছল। এই শব্দটি বহু ইংরাজি গানে এই মানে নিয়েই ব্যবহৃত হয়েছে। উদাহরণ স্বরূপ Harry Belafonte "Jamaica Farewell" এই গানটির কথা মনে পরে যায়। "Down the way, Where the nights are gay" - আজ এই ইংরাজি শব্দ (Gay) এমন একটি অন্য

মাত্রা পেয়েছে, যে এর মানে সমকামী ছাড়া আর কিছু যে হয় তা আমরা অনেকেই বোধহয় জানি না।

বুঝলাম এই এলাকাটি সমকামী, রূপান্তরকামীদের কেন্দ্রস্থল এবং নিকটস্থ একটি বাড়ি হল ওদের ফিলাডেলফিয়া-র হেড কোয়ার্টার। প্রথম প্রথম তাদের হাবভাব, ভঙ্গিমা দেখে আমি কিছুটা অস্বস্তিতে পড়তাম – সেটা আমার-ই দিক থেকে আসা একটা বোধ। একবার হল কি আমি আমার বাড়ি থেকে বেড়িয়ে এই রাত আটটা নাগাদ আমার ল্যাবে যাব মনে হল কেউ যেন আমাকে ফলো করছে। রাত বলছি বটে, তবে তখনও পুরোদমে আলো, গরমকাল ছিলে, রাত ৯ঃ৩০ এর আগে পুরো অন্ধকার নামে না এই সময়।

যাই হোক, কিছুক্ষনের মধ্যে সেই ছেলেটি আমার পাশে পাশে যেতে শুরু করল। আমাকে 'হাই' বলাতে আমিও হাই বললাম। সদ্য প্রবাসীদের দেওয়া বুকলেট এ লেখা ছিল, এখানে কেউ কারও সামনে এসে পড়লে, হাই বলে আর প্রত্যুত্তরে হাই, হাউ আর ইউ বলা একটা ভদ্রতা। অনেকটা আমাদের 'কেমন আছেন?' গোছের বাক্যালাপ। এই ধরণের ভদ্রতাসূচক বাক্যালাপ ice braker এর মত কাজ করে। আমিও স্মিতহাস্যে ছেলেটিকে 'হাই হাও আর ইউ' বললাম আর এগুতে থাকলাম।

আমাকে অবাক করে ছেলেটি আমার সঙ্গে যেতে যেতে আমার সঙ্গে বাক্যালাপ চালাতে লাগল। কি করি, কোথায় থাকি, আমার ইন্টারেস্ট কি এমন সব কথা বার্তা আরকি। ভদ্রতা করে এসব প্রশ্নের ডিপ্লোম্যাটিক উত্তর দিতে দিতে যাচ্ছি। আরও অবাক করে ছেলেটি আমাকে জিজ্ঞেস করল 'আর ইউ গে?'। আমি আকাশ থেকে পরার মত। আমি হেসে উঠে বললাম – "আমি য়্যাম সরি, আই য়্যাম নট।" এর পর আর কথাবার্তা বেশিদুর সে টানে নি, শেষমেশ 'হ্যাভ এ গুড নাইট' বলে চলে গেল।

পর দিন ল্যাবে এসে আমার কলিগকে এ কথা বলতেই সে তার স্বভাবসিদ্ধ ভঙ্গীতে হো হো করে হেসে উঠল। আমি বোকা বনে গেলাম – এতে হাসির কি হল রে বাবা? জিজ্ঞেস করতে তুমি বললে যে তুমি গে নও, তাতে তোমার সরি হবার তো কিছু নেই। হোয়াই ডিড ইউ সে আই য়্যাম সরি? আমি ভাবলাম তাও তো বটে!!

এত বছরে, আমার বেশ কিছু গে বা সমকামী পুরুষ ও মহিলার সঙ্গে কাজ করার সুযোগ এসেছে। আর সুযোগ এসেছে কিছু তৃতীয় লিঙ্গের মানুষদের সঙ্গে কাজ করার।

কারও কাছে আমি এতটুকু খারাপ ব্যবহার পাই নি, বরং ভালই লেগেছে সকলকেই। সততই দেখলাম যে ওরা আনন্দোচ্ছল মানুষজন।

২২ বছর পর গতবার কলকাতায় গাড়ী করে ময়দানের কাছে যখন ট্র্যাফিক লাইটে গাড়ী দাঁড়ালো তখন দেখলাম, সেই একইভাবে এই তৃতীয় লিঙ্গের মানুষজন ভিক্ষা করছে গাড়ির জানালার কাছে এসে। দেশে থাকতে ছেলে হলে এরা হয়তো বাড়ি এসে প্রচুর টাকা দাবী করত, অনেকে বলে এরা নাকি উৎপাতও করে, যার অভিজ্ঞতা আমার হয় নি। সমাজে এখনও এরা অচ্ছুত। কিন্তু এখানে আমেরিকাতে এদের সামাজিক স্বীকৃতির কোনও অভাব নেই। আপনি আমার মত তারাও পাশাপাশি স্কুল, কলেজের গণ্ডী ছাড়িয়ে নিজ নিজ জীবন পথে এগিয়ে যায়, রাস্তায় দাঁড়িয়ে ভিক্ষা এদের করতে হয় না। দেশে এদের এই পৃরিস্থিতির জন্য আমরা বাবা, মা ও আমাদের সমাজই বোধহয় সবচেয়ে বেশী দায়ী। আমি এ ধরণের মানুষদের দোষ দিই না। এরা সমাজের কোনও সমর্থন ও সুযোগ না পেয়ে এই পথে গেছে। আমাদের মধ্যে যেমন দু চারজন খারাপ লোক হয়, এদের মধ্যেও তাই। এর বেশী নয়। তবে আমেরিকাতেও বিশেষ করে গ্রাম্য আমেরিকাতেও এদের নিয়ে সমস্যা যে নেই তা বলব না কিন্তু সব মিলিয়ে দেখতে গেলে তা নগণ্য।

প্রজনন কোষের উৎপাদনের একমাত্র মানদণ্ডের উপর ভিত্তি করে, দুটি এবং মাত্র দুটি লিঙ্গ রয়েছে: মহিলা লিঙ্গ, বড় গ্যামেট (ডিম্বাণু) উৎপাদন করতে সক্ষম এবং পুরুষ লিঙ্গ, যা ছোট গ্যামেট (শুক্রাণু) তৈরি করে। এর বাইরে প্রাকৃতিকভাবে কিছু হয় না। লিঙ্গ এবং লিঙ্গ সম্পর্কিত তৃতীয় পরিবর্তনশীল অভিমুখ যা দেখি তা হল যৌন অভিযোজন। বেশিরভাগ জৈবিক পুরুষ জৈবিক নারীদের প্রতি আকৃষ্ট হয় এবং এর বিপরীতে। কিন্তু যৌন অভিযোজন যখন তার যৌন পরিচয়ের বিপরীতে পরিচালিত হয় তখন তা সামাজিকভাবে অনৈতিকতার দৃষ্টিতে দেখা হয়। শত শত বছর ধরে এরা অত্যাচারের স্বীকার। এই অত্যাচার আজ বন্ধ হোক।

এ নিয়ে ব্যাপক গবেষণা চলছে – প্রাকৃত বিজ্ঞান ও সমাজবিজ্ঞান – দুই দিকেই। কিছুদিন আগে J Neuroendocrinol. 2018 Jul; 30(7): e12562 গবেষণা গ্রন্থে দেখলাম লেখা আছে যে লিঙ্গ পরিচয় এবং যৌন অভিমুখিতা প্রসবপূর্ব অবস্থায় টেসটোস্টেরন হরমোনের প্রভাব ও অনুপস্থিতির সাথে যুক্ত। এদের কোনও দোষ নেই – এরাও মানুষ – আসুন এদের আমরা বহু বঞ্চিত সামাজিক স্বীকৃতি দিই।

জালালুদ্দিন রুমি বলেছিলেন - "দিনে একবার একজনকে মন থেকে বলুনঃ আপনাকে ধন্যবাদ – এটিই সবচেয়ে বড় ইবাদত"। মানে, সকালে উঠে আপনি যদি কোনও মানুষকে দেখেন, তার বাদবিচার করবেন না, সে মিত্র না শত্রু ভেবে দেখার দরকার নেই, গরীব হত দরিদ্র না ধনী ভেবে দেখার দরকার নেই, আমি আজকের সমাজের পরিপ্রেক্ষিতে আর একটু এগিয়ে নিয়ে বলি, এমনকি পুরুষ, স্ত্রী না তৃতীয় লিঙ্গ ভেবে দেখার দরকার নেই – শুধু তাকে গিয়ে বলুন আপনাকে ধন্যবাদ। না হলে সেই দিন আসতে আর দেরি নেই যেদিন আপনি চাইলেও আপনার সঙ্গে কথা বলার মত কাওকে কাছে পাবেন না।

জলপানি

প্রবাসে মানে আমেরিকাতে আসার আগে American Drean "আমেরিকান স্বপ্ন" শব্দটি সম্পর্কে সম্যক উপলব্ধি যে ছিল তা আমি হলফ করে বলতে পারব না। জেমস টি অ্যাডাম বলে একজন লেখকের লেখা "এপিক অব আমেরিকা" নামের এক বইতে ১৯৩১ সালে প্রথম এই শব্দটি ব্যবহৃত হয়েছিল বলে জানা যায়। বাংলায় বললে বইটির নাম, আমেরিকার মহাকাব্য। এই বইটি পড়লে আমেরিকান জাতীয় চরিত্রের উৎস ও তার প্রকৃতি সম্বন্ধে অনেক কিছু জানা যায়। কেন এই দেশটি স্বপ্নের দেশ? কারণ এখানে প্রত্যেকের জন্য যোগ্যতা বা কৃতিত্ব অনুযায়ী সুযোগ রয়েছে। যে কোনও দেশে প্রতিটি নাগরিকের কঠোর পরিশ্রম, সংকল্প এবং উদ্যোগের মাধ্যমে সাফল্য এবং সমৃদ্ধি অর্জনের সমান সুযোগ থাকা-ই উচিত। কে কোন ধর্মের, জাত, পাত, বর্ণ, রং ইত্যাদি সেখানে গৌণ হওয়া উচিত। কিন্তু তা নয় বলেই সারা পৃথিবী থেকে এক স্বপ্ন নিয়ে এই দেশটিতে লোকেরা আসছে, নিজেকে সামাজিক ও অর্থনৈতিকভাবে প্রতিষ্ঠিত করতে, যা হল আমেরিকান ড্রিম।

প্রবাসে অভিবাসীদের, বিশেষ করে সেই সব অভিবাসীদের, যারা ইংরাজি ভাষাতে শিক্ষিত নন, বা যে সমস্ত দেশে ইংরাজি ভাষা তাদের মাতৃভাষা নয়, এখানে এলে তাদের জন্য প্রথম কাজ হল এখানকার ভাষা শেখা। আপনি যেখানে বাস করেন সেই জায়গার ভাষায় যদি কথা না বলেন তাহলে চাকরীবাকরি করা, দোকানে কেনাকাটা করা, খাবার কেনা, প্রতিবেশী বা স্থানীয় জনসাধারণের সঙ্গে কথাবার্তা বলা অবিশ্বাস্যভাবে কঠিন হয়ে পড়ে। শুধু "নানু গতিল্লা" দিয়ে তো চলে না। বুঝলেন না? তাহলে আপনাকে আমার এই ধারাবাহিকের আগের পর্বগুলো পড়তে হবে।

মার্কিন যুক্তরাষ্ট্রের ফেডারেল বা রাষ্ট্রীয় স্তরে কোনও রাষ্ট্রভাষা নেই, তবে সবচেয়ে বেশি ব্যবহৃত ভাষা হল ইংরেজি (বিশেষ করে, আমেরিকান ইংরেজি)। পাঠকের মনে আছে কিনা জানি না এই ধারাবাহিকের প্রথম দিকে এই নিয়ে আমার এক মজার অভিজ্ঞতা বলেছিলাম। ইউনাইটেড কিংডম যাকে আমরা বাংলায় বিলেত বলি তাদের ভাষাকে আমরা ইংরাজি ভাষা বলে চিরকাল জেনে থাকলেও তাকে আমেরিকান ইংরাজি

থেকে পার্থক্য করার জন্য অ্যামেরিকানরা ঐ ভাষাকে বলে ব্রিটিশ। তাই এখানে কেউ যদি জিজ্ঞেস করে ডু ইউ স্পিক ইংলিশ অর ব্রিটিশ – অবাক হবেন না।

যাই হোক, অভিবাসন বাড়ার ফলে সাম্প্রতিক তিন দশকে বাড়ীতে অন্যান্য ভাষায় কথা বলা লোকের সংখ্যা প্রায় তিনগুণ বেড়ে গেছে। একসময়ে যা দশ জনের মধ্যে একজন ছিল তা এখন প্রতি পাঁচ জনের মধ্যে একজন হয়েছে। তবে আপনি না চাইলে ইংরাজি ভাষা না জেনেও যে একেবারে বাঁচতে পারবেন না তা নয়। একটা ঘটনার উল্লেখ করি। তখন আমি পোস্ট ডক্টরাল গবেষণা করি। ল্যাবের দরজায় বেল না বাজিয়ে নক নক আওয়াজ শুনে দরজা খুলে দেখি এক চীনা ভদ্রলোক দাঁড়িয়ে চীনা ভাষায় কিছু বলছেন। কিছুই বুঝিনা। যেহেতু আমার ল্যাবে একজন চীনা পোস্টডক আছে তাই আঁচ করতে পেরেছিলাম যে উনি হয়তো তার সঙ্গেই দেখা করতে এসেছেন। আমি আকারে ইঙ্গিতে ওনাকে অফিসের সোফায় বসতে বললাম। একটু পরে ৯টা নাগাদ চীনা পোস্টডক আসার পরে বুঝলাম আমার অনুমান সত্য। ওরই বাবা। লং স্টোরি শর্ট মানে অল্প কথায় বলতে গেলে ব্যাপারটা এই হল যে উনি চল্লিশ বছর এদেশে থাকার পরেও এক বর্ণ ইংরাজি বলতে পারেন না। ফিলাডেলফিয়ার চায়না টাউনে থাকেন, নিউইয়র্ক, ওয়াশিংটন ডিসি, বা অন্যান্য শহরের যেখানে যেখানে চায়না টাউন আছে সেখানে সেখানে চাইনিজ সংস্থা পরিচালিত বাসে করে যাতায়াত করেন, আর চীনের বিমানে চীন যান। চায়না টাউন এমন একটা জায়গা যেখানে রাস্তার সব কিছু চীনা ভাষায় লেখা। বাড়িগুলির প্রায় একশ শতাংশ লোক চীনা অধিবাসী – বাজার দোকান সব চাইনিজ দ্রব্যে ভর্তি। কাজেই দিব্যি আছেন। কিন্তু আমার কাছে তা অনেকটা কূপমণ্ডূকের মত থাকা। একটা ঘেটো-র মধ্যে সমস্ত জীবন কাটিয়ে দেওয়া। ঘেটো-র হল শহরের মধ্যে খুব দরিদ্র এলাকা, যা প্রাথমিকভাবে একটি সংখ্যালঘু গোষ্ঠী বা গোষ্ঠী দ্বারা দখল করা জায়গা। আজ নয়, সেই ১৮৫০ এর দশকে ক্যালিফোর্নিয়ার গোল্ড রাশের সময় এরা প্রথম আমেরিকাতে আসে চীনের অর্থনৈতিক বিশৃঙ্খলা থেকে বাঁচতে। পরে দেখলাম এরকম পরিস্থিতি আরও অনেক অভিবাসীদের মধ্যেও আছে। তবে যে সমস্ত চাইনিজরা শিক্ষিত, চীনে থেকে মাতৃভাষায় শিক্ষিত, ইংরাজি একেবারেই জানেন না তাঁরা ইংরাজি শিখে নিয়ে সমাজের মূল ধারায় মিশে যান – চায়না টাউনে থাকেন না।

সেই ১৯৬৮ তে ভারতে কেন্দ্রীয় শিক্ষা দপ্তর ত্রিভাষা নীতিমালা নেবার জন্য বাংলা মাধ্যম স্কুলে পড়লেও আমি কাজ চালানোর মত ইংরাজি জানি। তার পরেও এই ইংরাজি ভাষা নিয়ে কত সমস্যা। আমি যখন পড়াশুনো করেছি তখনো ভারতে বিলাতি ইংরাজি-র

চল ছিল বেশী। এখানে এসে দেখি, লিফট বললে বোঝেনা। বলতে হবে এলেভেটর। রাবিশ হয়ে গেল গারবেজ, লরি থেকে ট্রাক, কিউ হয়ে গেল লাইন, কারপার্ক হল পার্কিং লট, কাটলারি হল সিলভার ওয়্যার, ফ্ল্যাট হল এপার্টমেন্ট আর ফুটপাথ হয়ে গেল সাইডওয়াক। চোখের চশমা গ্লাস থেকে আইগ্লাস। যেন আইগ্লাস না বললে ওটা চোখে না পরে শরীরের অন্য কোথাও পরে ফেলতে পারে – তাই এই সাব্ধান্তা। ট্রাউজার হল প্যান্ট তবে এটাতে আমার খুব একটা অসুবিধা হয় নি। জাম্পার হল সোয়েটার – তাও সই। কিন্তু বিস্কুট হল কুকি – কিন্তু তা খেতে মোটেই বিস্কুটের মত নয়। আমি তো বলি এরা বিস্কুট তৈরি করতেই জানে না। ইউরোপিয়ান দোকান থেকে বিস্কুট কিনি।

আবার পেট্রল থেকে গ্যাস হয়ে গেল। দেশে থাকতে গ্যাস দিস না বলে থাকলেও গাড়ীতে যে তেল ভর্তি করতে হয় তা পেট্রোল বলে জানতাম। কি ভাবে এই তফাতটা হল, তা আমার জানতে ইচ্ছে করছিল। কিছু কিছু বাঙ্গালী সবজান্তা হয় এ সারাবিশ্ব জানে। সেই ভরসায় আমি এক সবজান্তা বাঙালী বন্ধুকে জিজ্ঞেস করতে সে বলল গ্যাসলিন (Gasoline) থেকে এখানে গ্যাস (Gas) শব্দটি এসেছে। আর এটাই ঠিক। আমি জিজ্ঞেস করলাম তা বললে পেট্রল তো পেট্রোলিয়াম থেকে এসেছে - সেটা কেন ঠিক নয়? ব্যুৎপত্তিগত দিকে থেকে দেখতে গেলে গ্যাসোলিন আর পেট্রোল দুটোই এক, যা পেট্রোলিয়াম থেকে প্রাপ্ত দাহ্য স্বচ্ছ তরল পদার্থ। বুঝলাম না তুমি কি বলছ। সবজান্তা বাঙালীর সবেধন নীলমণি “ইগো” বা অহংকারকে আঘাত দেওয়া থেকে বিরত থাকাই শ্রেয় মনে করে চুপ করে গেলাম। আর এটাও মনে করা হয় যে এক আইরিশ ভদ্রলোক, যিনি অনুলিপিকার ছিলেন, আলো জালানোর তেল হিসাবে পেট্রোলিয়াম থেকে প্রাপ্ত তেলটি প্রথম বাজারজাত করেছিলেন তার পদবী ছিল Gazeline, তার প্রভাবে এই তেলটি ১৮৬৪ সাল থেকে গ্যাসোলিন নামে পরিচিত হতে থাকে। এভাবেই ভাষার পরিবর্তন হয়।

যে আলুভাজাকে পটেটো ফ্রাই বা চিপ্স বলে জেনে এসেছি তাই এখানে ফ্রেঞ্চ ফ্রাই। তখন প্রথম বিশ্বযুদ্ধ চলছে। বেলজিয়াম তখন আমেরিকান সৈন্যে ভর্তি। তারা বেলজিয়ামে এই ধরণের আলুভাজা প্রথম আবিষ্কার করে এবং নাম দেয় ফ্রেঞ্চ ফ্রাই কারণ তখন বেলজিয়ামের ভাষা ছিল ফরাসি। আবার অন্য মতে পুরানো আইরিশ ভাষায় “to french” মানে হচ্ছে “cut into pieces.” তাই থেকে আলুভাজার নাম হল ফ্রেঞ্চ ফ্রাই। ভাষা বড় মজার জিনিষ। আরও মজার জিনিষ হল মানুষ এ নিয়ে যখন অযথা তর্ক বিতর্কে জড়ায়। সেবার আমেরিকা ইরাকে যুদ্ধ করছে। ফ্রান্স তাদের যুদ্ধ নীতি-র সঙ্গে একমত হল না। আমেরিকান নাগরিকরা এত রেগে গেল চারিদিকে দোকানে দোকানে ফ্রেঞ্চ ফ্রাই না

লিখে ফ্রীডম ফ্রাই লেখা হতে থাকল। চেখে দেখেছি ফ্রেঞ্চ ফ্রাই আর ফ্রীডম ফ্রাইয়ের মধ্যে কোনও তফাৎ নেই। এখন আবার ফ্রেঞ্চ ফ্রাই হিসাবে সর্বত্র পাওয়া যায়। একটা খাবারকে নিয়ে মারামারি করে আমরা নিজেদের-ই বোকা বানাই – এই আর কি!

একে একটা পদার্থ দেশ, ভাষা, জাতি, ধর্ম বিশেষে পরিচিতি পায়। মান্না দে-র গলায় গেয়ে উঠতে ইচ্ছে করে একই অঙ্গে এত রূপ দেখিনি তো আগে। জল একটি বিশেষ্য পদ যা অপ, বারি, উদক, সলিল, অম্বু, নীর, পয়ঃ, তোয়; বৃষ্টি কত নামে রূপায়িত। বাংলায় জল শব্দটা অবিকল সংস্কৃত ভাষার শব্দ হিসাবে যেমন গৃহীত হয়েছে যাকে তৎসম বলা হয়; তেমনি আর একটি সংস্কৃত শব্দ পানীয়, মানে যাহা পান করা যায়। এই শব্দটি তদ্ভব মানে যার চেহারা একটু বদলে গিয়ে প্রাকৃত শব্দ হিসাবে 'পানি' হিসাবেও বাংলা ভাষায় গৃহীত হয়েছে। পানি শব্দটি জল শব্দটির চেয়ে আপামর ভারতে বিভিন্ন ভাষায় প্রচলিত।

এদেশে যখন এলাম তখন বাংলাদেশী বাঙালীদের সঙ্গে ঘনিষ্ঠভাবে মেশার সুবাদে তাদের মধ্যে 'পানি' শব্দটি ব্যবহারের আধিক্য দেখলাম। জল শব্দটিও তারা ব্যবহার করেন সাহিত্য চর্চায়, কিন্তু পশ্চিমবঙ্গের বাংলায় যেমন জল বেশী প্রচিলত বা বলতে গেলে হিন্দুদের মধ্যে জল শব্দটা ব্যবহার করা হয়, বাংলাদেশে পানি শব্দটি বেশী ব্যবহৃত। তর্কের খাতিরে যদি ধরেও নি যে কোনও এক অতীতে পানি শব্দটির প্রতি বাঙালী হিন্দুদের আর জল শব্দটির প্রতি বাঙালী মুসলমানদের ছুতমার্গ ছিল, তাতে এই দুই বাঙালী-র পাণি গ্রহণে কোনও অসুবিধা আছে বলে মনে করি না। বরং জল ও পানি-র এই দ্বন্দ্বকে পাত্তা না দিয়ে এই দুই শব্দের ভাষাগত বিবর্তনের ঐতিহাসিক, সাংস্কৃতিক, ধার্মিক ও ব্যুৎপত্তিগত দিক নিয়ে সুস্থ গবেষণামূলক আলোচনা করে এমন কাউকে জলপানি দেবার ব্যাবস্থা করলে ভালো হত না?

ছদ্মবেশী ছায়াছবিটি দেখেছেন নিশ্চয়? বিকাশ রায় (বার-এট-ল) একজন বাংলা জানা ড্রাইভারের (উত্তমকুমার) বাংলা জ্ঞান পরীক্ষা করছেন। বেশ কটি বাংলা শব্দের সঠিক বানান ও মানে ড্রাইভারের কাছ থেকে পাবার পর ভাবলেন এবার একটু কঠিন শব্দ দেওয়া যাক। জিজ্ঞেস করলেন " আচ্ছা এবার বল বিজিগীষা-র মানে কি? এবারও ড্রাইভারের কাছে সঠিক উত্তর পেয়ে উৎফুল্ল বিকাশ রায়। প্রসঙ্গক্রমে পরে উনি ওনার স্ত্রীকে বলেছিলেন "কালকে অন্তত পাঁচ জনকে আমি বিজিগীষা-র মানে জিজ্ঞেস করেছি, কেউ তো কিছু বলতেই পারলে না, একজন তো বললে বিশেষ ভাবে জিজ্ঞাসা"।

কেউ জানত না বিজিগীষা-র মানে হল জয় করিবার ইচ্ছা। কোনও রকম ফালতু তর্কে না গিয়ে আমাদের সকলের বাংলা ভাষাটিকে অন্তর থেক জ্ঞানের মাধ্যমে জয় করিবার ইচ্ছাপোষণ করা।

সুতীর জামা

দেখতে ট্যাঁস লাগবে ভেবে গতবার কলকাতার সল্টলেকের একটা অত্যন্ত নাম করা দোকান থেকে মাঞ্জা দেওয়া একটা ১০০ শতাংশ সুতীর তৈরি স্টাইলিশ এবং খুব দামী পাঞ্জাবী কিনে এনে এদেশে এসে কোনও এক বাঙালী অনুষ্ঠানে পরলুম। শুনেছি, এদেশে বিশেষ করে বাঙালী সমাজে আজকাল একটা খুব চল হয়েছে, ফেসবুকে নাকি একবার কেউ যদি দেখে একই শাড়ী, পাঞ্জাবী একবারের বেশী পড়েছি তাহলে ফেসবুকে তার স্ট্যাটাসের কিছুটা পদস্খলন ঘটে।

যাইহোক সেই কম্মটি শেষ হলে, আমাদের স্বয়ংক্রিয় কাজের মাসীকে দিলাম তা ধুয়ে, শুকিয়ে টুকিয়ে আনতে। ওয়াসার ও ড্রায়ারের ভেতর থেকে সেই সুতীর পাঞ্জাবী বেরোনোর পর, দেখে আঁতকে উঠলাম, যেন লালবাজারের লকআপে রেখে তাকে মেরে মেরে কেউ আচ্ছা করে হাতের সুখ করে নিয়েছে। কুঁচকে মুচকে এমন অবস্থা, সেটাকে পেঁয়াজের খোসা ছাড়ানোর মত ভাঁজ খুলে খুলে ইস্তিরি করে সেটাকে পরিধান যোগ্য করতে যে সময় লাগবে, সেই সময়ের মধ্যে আমার দশবার রুবিক'স কিউব মেলানো হয়ে যাবে।

সুতীর তৈরি জামাপ্যান্টগুলোর কি ঝক্কি! আজকের ভাষায়, যেন মেমোরি ফোম দেওয়া আছে, যেভাবে নিংড়ালেন, ভাঁজগুলো ঠিক সে ভাবেই রয়ে গেল। এই ঝক্কি এড়াতেই বোধ হয়, আমাদের ছোটবেলায় এক সময়ে নাইলনের জামার চল হয়েছিল খুব। হাল্কা, ধোপার বাড়ির মারে চমকায় না, কোঁচকায় না, মাড় দিয়ে সিধে করতে হয় না। কত সুবিধা।

এই জন্যই হয়তো পূর্ণেন্দু পত্রী কাব্য করে লিখেছিলেন-

মানুষ এখন তার আগেকার মানুষ-জন্মের

কবচ, কুণ্ডল, হার, শিরস্ত্রাণ, বর্ম ও মুকুট,

বৃষের মতন কাঁধ, সিংহ-কটি, অশ্বের কদম

পিঠে তৃণ, চোখে অহংকার

সব ছুঁড়ে ফেলে দিয়ে একটা গগলস্ পেয়ে খুশি।

প্লাসটিকের মানিব্যাগ, নাইলনের জামা পেয়ে খুশি।

আর নাইলনের মাহাত্ম্য জেনেই, সত্যজিৎ রায়, গুপী গাইন বাঘা বাইন ছবিতে, ছ' ফুট বরফের মধ্যে ভূতের দৃশ্যে তাদের নাইলনের জামা পরিয়েছিলেন।

আর অন্য পাঞ্জাবীটার কথা না তোলাই ভালো, কিনেছিলুম লাল রঙের, ধোয়ার পর ফিরে এল প্রায় সাদা হয়ে। এত রং উঠল। বুঝলাম এই জন্য ছোটবেলায় মা আগে ওটাকে লবণ জলে চুবিয়ে বেশ কিছুক্ষণ ফুটিয়ে তবে আমাদের পরতে দিতেন। সে সবের সময় কোথায় এখানে? এর থেকে নাইলনের জামা-ই ভালো!

সেবার প্রথমবারের মত দেশে ফিরব। নিকটজনের আবদার এখানকার ব্রান্ডেড ভালো সুতীর জামা কিনে দিতে হবে যা 'মেড ইন আমেরিকা'। সেদিন কি নাকালটাই না হয়েছিলাম। কোথাও ‘মেড ইন আমেরিকা’ সুতীর জামা পাই না। সব সুতীর জামা-ই, নয় ভারত, বাংলাদেশ বা অন্য কোনও দেশের তৈরি, ‘মেড ইন আমেরিকা’ – লিটারালি একটাও নেই।

শেষমেশ আমেরিকার পতাকা আঁকা জামাকাপড়ের অংশে গেলাম। গিয়ে দেখি দেশের জাতীয় পতাকা আঁকা পরিধানযোগ্য সবকিছু আছে - টুপি থেকে জুতো পর্যন্ত - এমনকি দেহের মধ্যবর্তী অংশের উপযুক্ত জাঙ্গুও আছে– তাতেও জাতীয় পতাকার রং ও প্রতিকৃতি – কি অদ্ভুত রে বাবা। সুতির জাঙ্গু, খুবই ভালো কোয়ালিটির, তবু কিরকম বাধো বাধো ঠেকল। বন্ধুকে সুতির জাঙ্গু দেব – তা কি হয়।!

একটা ব্রান্ডেড সুতির জামা কিনলাম, এ দেশের পতাকা আঁকা আর ইউ-এস-এ লেখা। দেশে ফিরে বন্ধু খুব খুশী – বললুম সুতীর জামা আর দেশের জাতীয় পতাকা আঁকা বটে। সে খুশী হয়ে জামার পিঠের দিকের ভেতরটা দেখে বলল, এমাঃ, এতো মেড ইন ইন্ডিয়া?! আমি বললাম, সেটাই তো মজার, কোথাও মেড ইন আমেরিকা সুতীর জামা পাবি না। ভারত অতি সম্প্রতি চীনকে ছাড়িয়ে তুলো উৎপাদনে প্রথম হয়েছে, তখন দ্বিতীয় স্থানে ছিল। বললুম – এই নিয়েই আনন্দে থাক, মেড ইন আমেরিকা সুতীর জামা কোথাও পাই নি, আমেরিকা ঘুরে তোমার হাতে এসেছে এটাই কি যথেষ্ট নয়? এই

কোয়ালিটির সুতীর জামা এখানে একটাও পাবি না। সব এখানে তৈরি হয়, শুধু এক্সপোর্ট করার জন্য - মেড ইন ইণ্ডিয়া ছাপ মেরে। পছন্দ না হয় পরেরবার প্লেনের টিকিট কেটে ওখানে গিয়ে এক পিস কিনে আনিস।

আজ তেইশ বছর পর এই অবস্থার অনেক বদল হয়েছে। যেহেতু আজ WORLD COTTON DAY তাই না হয়, এই গল্পটা শুনিয়ে দিনটা উপভোগ ও উদযাপন করলাম।

আত্মার ওজন ২১ গ্রাম

আমার ছোটবেলায় একটা হবি ছিল – কারণে অকারণে বোর হওয়া। মা বিরক্ত হয়ে বলতেন – কিছু একটা কাজ মন দিয়ে কর, একটা লক্ষ্য নিয়ে – বোর হবি না কখনও। তখন সবজান্তা এই বান্দা সে কথার মানে বোঝে নি।

বলা হয় আত্মা আর মন – এই দুটো আলাদা জিনিষ। আত্মা হল আধ্যাত্মিকতাবোধ সম্পন্ন বা স্পিরিচুয়ালিটি বিশিষ্ট আর মন হল মেটিরিয়ালিস্টিক বস্তুবাদ বিশিষ্ট। এই দুই বোধ একে অপরের পরিপূরক। যার মধ্যে এই দুই বোধের সমবন্টন থাকে, সে খুব ব্যালেন্সড মানে ভারসাম্যপূর্ণ ব্যক্তি হয়ে ওঠেন।

আমাদের এই শরীর নামক আধারটি, আত্মা ও মন এই দুটিকেই ধারণ করে থাকে সমান সমানভাবে। এর এদিক ওদিক হলেই সমস্যা। বস্তুবাদী মনের প্রভাব বেড়ে গেলে লোভে পাপ, পাপে মৃত্যু হতে সময় লাগে না। আর আত্মার পরিমাণ যদি বেশী হয়ে যায় তাহলে সব ছেড়ে ছুঁড়ে সাধু হয়ে যাওয়া।

বলা হয় এই আত্মা নাকি অবিনশ্বর। আত্মার সংখ্যা নাকি নির্দিষ্ট। প্লেটো নিজেও মনে করতেন যে আত্মা স্থির, আত্মার সংখ্যা সবসময় একই থাকে; তাহলে কি আত্মা Law of conservation of mass এই স্বত্ত অনুসরণ করে চলে? জানি না!! বলা হয় ভালো মানুষের আত্মা চোখ, মুখ, কান দিয়ে বেরিয়ে যায় আর খারাপ মানুষের ক্ষেত্রে তা মলদ্বার দিয়ে নির্গত হয়। তারপর সেই আত্মার নাকি কোন নতুন কাঠামোতে পুনরায় প্রতিস্থাপন হয়।

বৈদিক সনাতন ধর্মে আত্মার পূর্ণজন্মের কথা আছে। এই পদ্ধতি ততক্ষণ পর্যন্ত চলবে যতক্ষণ না সে মুক্তি পায়। সনাতন ধর্মের লক্ষ্য নাকি স্বর্গ নয়। জ্ঞান অর্জনের মাধ্যমে আত্মার উন্নতি ঘটিয়ে মোক্ষ লাভ প্রধান উদ্দেশ্য।

ডানকান ডগুগালের একটি গবেষণামূলক পরীক্ষার ফলাফল ১৯০৭ সালের এপ্রিলে জার্নাল অফ দ্য আমেরিকান সোসাইটি ফর সাইকিক্যাল রিসার্চ এবং মেডিকেল জার্নাল আমেরিকান মেডিসিনে প্রকাশিত হয়। এই পরীক্ষায় জানা যায় যে মানুষের আত্মার ওজন মাত্র ২১ গ্রাম। যদিও নানা ভুলে ভরা ছিল বলে মনে করা হয় এবং যথার্থ বলে মনে করা হয় না। পরবর্তীতে এরকম পরীক্ষা সঠিকভাবে আর হয়েছে বলে আমার জানা নেই।

তবে এই আত্মার বাইরে যা পড়ে থাকে তার সবটাই এই মন। আত্মার ওপর আমাদের কোনও কন্ট্রোল নেই, মনের ওপর আছে। তাই কবি রামপ্রসাদ সেন লিখে গেছেন – "মন রে কৃষিকাজ জানো না, এমন মানব জমিন রইল পতিত, আবাদ করলে ফলত সোনা"। এখন বুঝি এই মনটাকে সঠিক আবাদ করতে পারলে আমরা সুখী থাকতে পারব। মনের অসুখও অনেক কমে যাবে।

সকলেই স্বর্গে যেতে চান।

সকলে স্বর্গে গেলে নরক তো অস্তিত্ব সঙ্কটে ভুগবে। শুধু তাই নয় - সেখানকার আর্থসামাজিক পরিকাঠামো ভেঙ্গে পড়বে, বেকারত্ব প্রবল আকার ধারণ করবে, একথা কারও মাথায় থাকে না। আজ পর্যন্ত কেউ একটা আদমশুমারি করল না যাতে কতজন স্বর্গে আছেন আর কতজন নরকে আছেন - সেটা সঠিকভাবে জানা যায়। তবে এটুকু আমরা জানি স্বর্গ ও মর্তের মাঝে একজন-ই আছেন - তাঁর নাম ত্রিশঙ্কু।

আত্মার ওজন কেন এত কম তার একটা বৈজ্ঞানিক কারণ আছে। একটা নধরের যা ওজন আর আয়তন তাতে সকলকে স্বর্গে নিলে জমি সঙ্কট বাড়বে, রাজার হালে আর সেখানে থাকা যাবে না। যত দিন যাচ্ছে পৃথিবীতে পুণ্যবান এবং পুণ্যবতী মানুষের সংখ্যা হু হু করে বাড়ছে। আর এই অনলাইন পূজার ব্যাবস্থা হয়ে সেই হার, উন্নয়নের হারের গতির মত আরও দ্রুতগতি সম্পন্ন হয়েছে।। ফিলাডেলফিয়া থেকে কলকাতায় অনলাইনে ডলারে পূজা দিলেন, ফোনে পিং করে একটা আওয়াজ হল, মানে ভগবানের লকারে ঢুকে গেছে - ব্যাস সঙ্গে সঙ্গে মোক্ষলাভ। আর ২১ গ্রাম ওজনের আত্মাকে মর্ত্য থেকে স্বর্গে পাঠাতে জ্বালানীও সাশ্রয় হয় অনেক বেশী।

তবে স্বর্গে তো আর জীবিত অবস্থায় যাওয়া যায় না – আর গেলেও আমি ওদিকে পা মাড়াব না। মনে নেই – সেই রাজা ত্রিশঙ্কু-র কি অবস্থা হয়েছিল? রাজার আবদার তিনি জীবিত অবস্থায় একবার স্বর্গে গিয়ে নিজে থেকে জায়গাটা দেখে আসবেন – বলা তো যায় না? তখনও একটু পয়সাকড়ি আর নেটওয়ার্কিং থাকলে কিছুই অসম্ভব ছিল না। রাজা তখন মুনি বিশ্বামিত্রকে ধরলেন। সেই মুনি তপোবলে রাজাকে পাঠিয়ে দিলেন স্বর্গের উদ্দেশ্যে – জীবিত অবস্থায়।

সমস্যা হল, মুনি তো আর আমাদের বর্তমান রাজনীতিবিদদের মত অতশত বুঝতেন না – আগে থেকে গোপন বৈঠক বা আঁতাত করে রাখেন নি। কেন্দ্র ও রাজ্যের বৈরিতা তখনও ছিল। মর্ত্যের কোন এক মুনি কোনও একজন জীবিত ব্যক্তিকে, বলা নেই,

কওয়া নেই, স্বর্গে পাঠিয়ে দিলেই হল? স্বর্গের দেবতারা খুব রেগে গেলেন। দেবরাজ ইন্দ্র নিজেও খুব রেগে গেলেন। ফলে রাজা ত্রিশঙ্কুকে আবার মর্ত্যে ঠেলে দেওয়া হল। এ চলতেই থাকল - কেউ কারোকে ছাড়বেন না। মাঝখান থেকে রাজা ত্রিশঙ্কুকে নিয়ে ক্রমাগত লোফালুফি চলতে থাকল।

শেষমেশ একটা আপোষরফায় আসা গেল। ঠিক হল স্বর্গ ও মর্ত্যের মাঝখানে একটা নতুন নক্ষত্রলোক তৈরি করা হবে, সেখানে মর্ত্যের ভূমিপুত্র রাজা ত্রিশঙ্কু, স্ব-ভূমি থেকে চিরতরে উৎখাত হবেন এবং স্বর্গ ও মর্ত্যের মাঝখানে চিরকালের মত ঝুলে থাকবেন – না পারবেন স্বর্গে যেতে, না পারবেন মর্ত্যে ফিরতে।

আমরা যখন ত্রিশঙ্কুর মত অবস্থা বলি - আসলে এই উভয় সঙ্কটের কথাটাই বোঝাতে চাই। বাস্তবে মর্ত্যের দেবতারা এবং মুনি ঋষিরা, এই আমাদের পৃথিবীতেই তো কত জনগোষ্ঠীর জন্য, নতুন নক্ষত্রালয় তৈরি করে দিয়েছেন, যাতে তাঁরা সেখানে চিরকাল ঝুলে থাকবেন। তাদের রাজনৈতিক সমস্যার সমাধান যেন কোনও দিন না হয়।

যাই হোক এদিকে হয়েছে কি আত্মার সংখ্যা নাকি নির্দিষ্ট। প্লেটো নিজেও মনে করতেন যে আত্মা স্থির, আত্মার সংখ্যা সবসময় একই থাকে; তাহলে কি আত্মা Law of conservation of mass এই তত্ত্ব অনুসরণ করে চলে? আত্মা নাকি যে কোন নতুন কাঠামোতে পুনরায় প্রতিস্থাপন যায়। জানি না সেই জন্য কিনা পশুরুপী মানবিক আত্মাদের সংখ্যা এত বেড়ে গেছে।

বৈদিক সনাতন ধর্মে আত্মার পূণর্জন্মের কথা আছে। এই পদ্ধতি ততক্ষণ পর্যন্ত চলবে যতক্ষণ না সে মুক্তি পায়। সনাতন ধর্মের লক্ষ্য নাকি স্বর্গ নয়। জ্ঞান অর্জনের মাধ্যমে আত্মার উন্নতি ঘটিয়ে মোক্ষ লাভ প্রধান উদ্দেশ্য। তবু কেউ মারা গেলে আমরা তার নামের আগে স্বর্গতঃ শব্দটি বসিয়ে থাকি।

সেটা ১৮৬৯ সাল। দ্য সায়েন্টিফিক আমেরিকান নামে একটি পত্রিকাতে ডাঃ ডি. মর্টিমারের উপর একটি সংক্ষিপ্ত একটি ছোট প্রতিবেদন ছাপা হয়। তাতে ডাঃ ডি. মর্টিমার দাবী করে থাকেন তিনি স্বর্গের অবস্থান খুঁজে পেয়েছেন। তাঁর মতে স্বর্গ সূর্যের মধ্যে একটি বিশাল গ্লোব হিসাবে বিরাজ করছে। এই স্বর্গ কমপক্ষে ৫০০ হাজার মাইল ব্যাস নিয়ে ব্যাপ্ত।

সায়েন্টিফিক আমেরিকান ধারাবাহিক ভাবে বিজ্ঞানের নানা আবিষ্কার, নতুন নতুন প্রযুক্তি উদ্ভাবনের জন্য পুরস্কারপ্রাপ্ত প্রামাণিক উৎস বলেই ধরা হলেও মনে রাখতে হবে এটি সমদক্ষ গবেষক পর্যালোচিত (peer reviewed) পত্রিকা নয় আর এখানেই সবচেয়ে বড় তফাৎ।

বিভিন্ন ধর্মগ্রন্থে স্বর্গ সম্পর্কেআমাদের একটা ধারণা হয়েছে কারণ আমরা এটাই আমরা চিরকাল শুনে বা জেনে এসেছি। ওপর থেকে ভগবান (ওপরওয়ালা) সব দেখছেন। কিন্তু মহাশুন্যে গোলাকার পৃথিবীর চারদিকে, কোনটা ওপর আর কোনটাই বা নীচ, এই দিক নির্দেশনা সম্ভব কিভাবে তা নিয়ে কেউ প্রশ্ন করলে কি উত্তর দেব তা আমার জানা নেই।

হাবল টেলিস্কোপ, বা জেমস ওয়েব এর মত এক একটি ৬.৫ মিটার টেলিস্কোপ, "ভূলোক দ্যুলোক গোলক ভেদিয়া" - প্রায় এক বিলিয়ন বছরের একটু কম (৮৫০ মিলিয়ন বছর) আগে পর্যন্ত মহাবিশ্বকে দেখতে সক্ষম হয়েছে। কোথাও স্বর্গের সন্ধান মিলেছে বলে জানা যায় নি। নরকের সন্ধান তো কেউ করেন নি।

তাই বোধহয় কবি বলেছেন "কোথায় স্বর্গ কোথায় নরক, কে বলে তা বহুদূর, মানুষের মাঝে স্বর্গ নরক মানুষেতে সুরাসুর।

ইন্সিওরেন্স প্রিমিয়াম

সেদিন বাৎসরিক রুটিনমাফিক স্বাস্থ্য পরীক্ষার জন্য প্রাথমিক ডাক্তারের কাছে গেছি। তাও যেতাম না – নেহাত ওটা করলে আমার ইন্সিওরেন্স প্রিমিয়ামটা কমবে তাই যাওয়া। সেখানে গিয়ে দেখি আমার ওজন ১৫৫ পাউন্ড বা ৭০.৩০৬ কিলোগ্রাম।

সেই কবে ছোটবেলায় প্রায় প্রতিদিন সকালে মা বলত – যা না বাবা ছুটে গিয়ে নিচ থেকে একটা ১/২ পাউন্ড এর স্লাইসড পাউরুটি নিয়ে আয় না। তারপরে তো আর পাউন্ড ব্যবহার করিনি যতক্ষণ না অ্যামেরিকান ডাক্তারের কাছে এসেছি। এসে বুঝলাম এদেশে মুড়ি-মিছরি (পাউরুটি আর মানুষ) এক – সবই পাউন্ডে মাপা হয়!

গত বছর একটা ইলিপ্টিকাল কিনেছিলাম ১২০০ ডলার খরচা করে, সেটা বাড়ির নীচে মিউজিয়ামে রাখা আছে। কেন মিউজিয়ামে রাখা আছে? ঐযে – ইন্সিওরেন্স কোম্পানি বলল – ও দিয়ে হবে না – আপনি প্রমাণ করবেন কি করে যে আপনি নিয়মিত শরীর চর্চা করেন? ভাবলাম – জগতে বিশ্বাস বলে কি কিছু আর অবশিষ্ট নেই?

আর, আমিও এত বোকা – সে আর কি বলব! অতগুলো টাকা খরচা করার আগে তো জিজ্ঞেস করবি ইন্সিওরেন্স কোম্পানিকে – মাথায়ই আসে নি। তাই একটা জিম-এ ভর্তি হয়েছি। মাসের শেষে আমি আমার অ্যাটেন্ডান্স লিস্টটা ইন্সিওরেন্স কোম্পানিকে পাঠিয়ে দিই। আর মনে মনে ভাবি – প্রমাণ কাকে বলে দেখ – একেবারে জিম-এর অফিসিয়াল ডকুমেন্ট। বছর শেষে ইন্সিওরেন্স প্রিমিয়াম বাবদ যে টাকা আমি দিয়ে থাকি তার থেকে শ' দুয়েক টাকা ইন্সিওরেন্স কোম্পানি আমাকে ফেরত দেয়।

টাকাটা পেয়ে, কি ভীমরতি হল, বউকে নিয়ে King of Prussia Mall এ গিয়ে একটা উপহার কিনে দিলাম। বউ সন্দেহের চোখে এমন তাকাল যে বলতে বাধ্য হলাম – এই যে হেলথ ইন্সিউরেন্স কোম্পানি থেকে প্রায় শ'দুয়েক টাকা পেয়েছি। ঐযে নানারকম পয়েন্ট সিস্টেম আছে না? সব ক্রাইটেরিয়া আমি মিট করেছি তো। তাই ভাবলাম

তোমাকে......। কথাটা শেষ করবার আগেই বউ বলে বসল – তাও ভালো – এই টাকা দিয়ে যে মাল কিনে আনো নি।

আমি নিজেকে, নিজের চারিত্রিক স্বচ্ছতা, শুদ্ধতাকে প্রতিষ্ঠিত করতে যাব, সুযোগ-ই পেলাম না। বউ বলল – তুমি আবার কবে ব্যায়াম করলে? আমি তো একদিনও দেখিনা তোমাকে বেসমেন্ট-এ গিয়ে ব্যায়াম করতে? বাড়ি ফিরেই তো কি সব হাতির মাথা সিরিয়াল দেখ আর না হলে কম্পিউটারে সলিটেয়ার খেল। আমি সোৎসাহে বললাম – সরি – তোমাকে তো বলা হয় নি – আমি জিমে ভর্তি হয়েছি তো। বউ আরও বেশী সন্দেহপূর্ণ চোখে তাকিয়ে বলল – তুমি অফিস থেকে বের হও বিকেল ৫:৩০ মিনিটে, বাড়ি আসতে লাগে ৩৫ মিনিট - জ্যাম আছে তাও যদি ধরে নিই - তুমি তো রোজ ৬টা বেজে ১৫ মিনিটের-র মধ্যেই বাড়ী ঢুকে পড় – হিসাবে মিলছে না যে?

আমার তখন ধরিত্রী দ্বিধা হও অবস্থা – আগেকার দিন হলে, বউয়েরা এত জেরা, প্রশ্নবাণে জর্জরিত করতে সাহস পেত? অফিস থেকে ফিরতুম, সঙ্গে সঙ্গে এসে যেত আমপানা সরবত, খাবার এনে দিত, পা টিপে দিত,– কত গল্প শুনেছি এককালে ঠাকুরদাদের ঠাকুমাদের কাছ থেকে। কালে কালে কলি কালে হলটা কি!! আগের দিন-ই ছিল ভালো – উইমেন'স ফ্রিডম, উইমেন'স ফ্রিডম করে কিছু পুরুষ কেন যে এত হত্তে দিয়ে পড়েছিল তা' বুঝি না। নিজের চা'টাও নিজে বানিয়ে খেতে হয়!!

কি করে বলি যে – ওই জিমে ভর্তি হওয়াটা এই ইন্সিওরেন্স প্রিমিয়ামটার কিছুটা টাকা বাঁচানোর জন্য। প্রতিদিন জিমে ঢুকি – ফ্রন্ট ডেস্কে গিয়ে এন্ট্রি করি- তারপর দু-তিন মিনিট একটু এদিক ওদিক করি, পেছনের দরজা দিয়ে বেরিয়ে গাড়ীতে উঠে বাড়ি চলে আসি – দার্জিলিং টি বানিয়ে বসে পড়ি। আর যেদিন সুন্দরী তন্বীরা সারি বেঁধে জুম্বা ড্যান্স করে বা যোগ ব্যায়াম করে সেদিন একটু চোখ লেগে যায়, তাও ওই দু-এক মিনিটের জন্য – বেশী না! এ কথা তো বউ কে বলা যাবে না – কথা ঘোরানোর জন্য বললাম - তোমার উপহারটা পছন্দ হয় নি বুঝি? এ সব তর্ক বিতর্ক করে আমাদের এই রাতভোজনের মুড-টা নষ্ট কোরো না।

তখনকার মত সে যাত্রায় অতি অল্পক্ষণের জন্য যুদ্ধবিরতি এল। বউকে বললাম গত অক্টোবরের ১০ তারিখে একটা পোস্ট করে একটা গুরুত্বপূর্ণ খবর দিয়েছিলাম দেখেছিলে? বউ জিজ্ঞেস করল – কি? আমি বললাম – আমি প্রতিদিন Boldly Bengali তে একটা করে পোস্ট করি আর আমার নিজের বউ-ই দেখে নি? এ কিরকম হল? খুবই

হতাশ হলাম। যাই হোক, দেখে নিও। বললাম, জান তো ক'দিন আগে, আমার প্রাথমিক ডাক্তারের কাছে বাৎসরিক রুটিনমাফিক স্বাস্থ্য পরীক্ষা করালাম। তাকেও ওই পোস্টটার কথা জানালাম। বললাম, আত্মার ওজন ২১ গ্রাম - Body Mass Index (BMI) চার্ট যখন মেলাবেন তখন আমার ওজন থেকে এই ২১ গ্রাম বাদ দিয়ে দেবেন। ডাক্তার তো হেসে কুটিপাটি।

বউ বলল, ওই ২১ গ্রাম নিয়ে মাথা না ঘামিয়ে তোমার নশ্বরের যা ওজন, মানে ৭০.২৮৫ কিলোগ্রামের দিকে নজর দাও। প্রতিবার Kohl's এ যাই আর এক ইঞ্চি সাইজ বড় বেল্ট কিনতে হয়। মনে রেখো ওই ২১ গ্রাম আছে বলে – বাকী ৭০.২৮৫ কিলোগ্রাম আছে। না হলে পরের বার আর এই উপহার দিতে পারবে না!!!

বিঃ দ্রঃ - সেই রাতভোজনের পর থেকে আমি যতটা পারি জিমে গিয়ে ব্যায়াম করার চেষ্টা করি। মাইরি বলছি!! পরের বার বউ কে আর একবার উপহার দিয়ে যাতে ইম্প্রেসস করতে পারি - সে জন্য। ফলে, বাড়ি ফিরতে ৪৫ মিনিট দেরি হয়ে যায়। সত্যিই তো - শরীর না থাকলে আত্মার ২১ গ্রাম আর ইন্সিওরেন্স প্রিমিয়ামের ২০০ টাকা ফেরত - মানেই তো নেই। ভালো থাকবেন।

চশমা যখন চশমখোর

আমরা কতরকম নামে চোখকে ডাকি। চোখের কত প্রতিশব্দ - যেমন আঁখি, চক্ষু, নেত্র, অক্ষি, নয়ন, লোচন, দর্শনেন্দ্রিয় এবং..... । ঐ যে ইনসিওরেন্স প্রিমিয়াম নিয়ে লিখেছিলাম - মনে আছে? পড়েন নি তো? বুঝতেই পারছি আপনার মুখ দেখে। কুছ পরোয়া নেহি। আগামীকাল মঙ্গলবার - ট্রাশ নিতে আসবে। আজ যখন সন্ধ্যেবেলা ড্রাইভওয়ে দিয়ে ট্রাশ ক্যানটা টানতে টানতে রাস্তার ধারে রেখে আসতে যাবেন - তখন আই-ফোনে একবার চোখ বুলিয়ে নেবেন। ভয় নেই one way trip যথেষ্ট। ফিরে আসার আগেই পড়া শেষ হয়ে যাবে। মোদ্দা কথা হল, আমি সেই পর্বে জানিয়েছিলাম, কিভাবে আমি সারা বছর স্বাস্থ্যবীমা খাতে যত ইনসিওরেন্স প্রিমিয়াম দিয়ে থাকি তার থেকে বছর গেলে শ'দুয়েক টাকা ফেরত আনি।

সেই একই কারণে অনিচ্ছা স্বত্তেও ক'দিন আগে চোখের ডাক্তারের কাছে যেতে হয়েছিল। ডাক্তার বলল, সব ভালো - কোথাও কোনো গোলমাল নেই। পাওয়ার একটু বেড়েছে, এই আরকি। চারটে চোখ নিয়ে আমার ২০/২০ দৃষ্টিশক্তি করে দিয়েছেন। ডাক্তার সতর্কবাণী দিলেন - শুধু বউয়ের ওপর রাগ, ঝগড়াঝাটি করে অযথা চোখের প্রেসার বাড়াবেন না।

তারপর উনি আমাকে একটা কাগজ ধরিয়ে দিলেন। বললেন আপনাকে বিশ্বাস নেই। এক কাজ করুন - এই যে কাগজটা দিলুম - সকালবেলা উঠে সূর্যপ্রণাম সেরে এইটের ওপর একবার চোখ বুলিয়ে নেবেন। চোখ ঠিক থাকলে, সমস্ত লাইন সোজা হিসাবে দেখতে পাবেন। যদি কোনোদিন কোনো এক চোখে কিছু রেখাকে বাঁকা বা কালো অঞ্চল (blob) দেখেন তাহলে সূর্যদেবকে স্মরণ না করে তৎক্ষনাৎ আমাকে স্মরণ করবেন।

আমি বললাম আমি ওই সূর্য প্রণাম ট্রণাম করতে পারব না - আর এখানে তো ৩৬২ দিন সূর্যের মুখই দেখা যায় না। ও আমি পারব না। ডাক্তারবাবু বললেন - সে ঠিক আছে - আসলে ধর্মের সুড়সুড়ি থাকলে কাজ হয় বেশী, তাই বলেছিলাম। আপনি

আবার কমিউনিস্ট টমিউনিস্ট নন তো? আমেরিকাতে ওই শব্দটা নিষিদ্ধ (banned) - ধনতান্ত্রিক গনতন্ত্রের দেশে গণতান্ত্রিক কেন্দ্রিকতা বা গণতান্ত্রিক একনায়কতন্ত্র একেবারে চলে না - জানেন তো?

বলতে যাচ্ছিলাম আপনার মত বাচাল ডাক্তার দেখিনি বাপু - টাগরায় হোঁচট খেয়ে বললাম- ব্যাপারটা কি একটু বুঝিয়ে বলুন তো। তো উনি যা বললেন আর আমি যা বুঝলাম তার গড় হিসাব করলে যা দাঁড়ায় তা হলঃ দেখুন macular degeneration ধরার সবচেয়ে ভালো উপায় - রোজ একবার এই পাতাতে চোখ বোলানো - যদি অপটিক নার্ভ কোনো কারণে ছিঁড়ে যায় তখন আপনি সেটা এই পরীক্ষার দ্বারা সঙ্গে সঙ্গে ধরতে পারবেন। একে বলে Amsler grid test - যত তাড়াতাড়ি ধরা পড়বে তত তাড়াতাড়ি একে নিয়ন্ত্রণ করার চেষ্টা করা যেতে পারে। জানেন তো এটা সারানো যায় না।

যদি চোখে রক্তক্ষরণ হয়, আর তা তাড়াতাড়ি ধরা না পড়ে, একটা সময় আসবে আপনি বুঝতে পারবেন যে আপনার দুটো চোখ আছে, শব্দগুলো আপনার সামনে উপরে নীচে নেত্ত করবে। যদি আপনি ডবল ডবল দেখেন, তখন যদি ভাবেন চোখে ছানি পড়েছে আর সোনার কেল্লা ছবিটির সংলাপ আউরিয়ে কেউ আপনাকে ব'লে বসে, চোখে ছানি নয় বরং পানিটা একটু বেশী পড়েছে, আপনাকে তখন বলতে হবে - না ভাই – এ দুটোর কোনটাই নয় – আমার macular degeneration শুরু হল।

তখন আপনি দেখবেন ওই যে চশমাটা খুলে রেখেছেন কাঠের টেবিলের ওপর, ওটা তখন চশমখোর হয়ে উঠবে – চশমা আর চোখের পেছনে বেহায়ার মত হাজার হাজার টাকা খরচা করেও কিস্যুটি করতে পারবেন না। চশমখোর মানে জানেন তো – যার চক্ষুলজ্জা নেই- বেহায়া। চোখের আর এক প্রতিশব্দ হল চশম।

চশমাকে চশমখোর হতে দেবেন না।

চশমা যখন চশমখোর

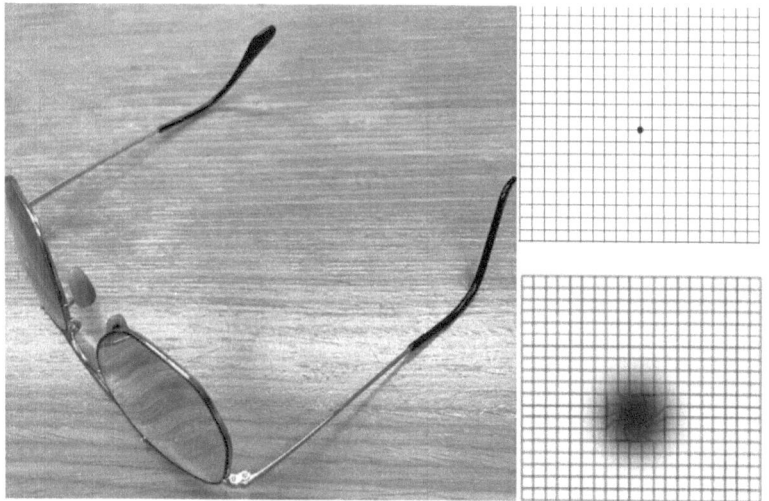

রেজালার রেলা এবং চিংড়িমাছের চ্যাংরামি

চিংড়ি মাছের রেজালার রন্ধনপ্রণালী দিয়ে একটা পোস্ট হয়েছে দেখলাম। রন্ধনপ্রণালীটি, যাকে শুদ্ধ বাংলায় আজকাল রেসিপি বলা হয়, খুব সুন্দর ॥ ছবি দেখে এবং পড়ে আমার জিভে জল এসে গেল।

স্বপ্ন দেখলুম যে, প্রযুক্তিগত উন্নতি এখন এত বেশী হয়েছে যে এই পোষ্টে একটি লিঙ্ক দেওয়া আছে। তাতে ডাউনলোড বোতামটা টিপলে রান্না করা খাবারটা টেবিলের ওপর এসে উপস্থিত হচ্ছে। গুপিবাঘাকে হাল্লা রাজার রাজপ্রসাদে যেতে হলে জুতো জোড়া পড়ে হাতে হাত দিয়ে তালি দিতে হত আর রাজপ্রাসাদে গিয়ে ডাউনলোড হয়ে যেত! অনেকটা সেরকম আর কি! তবে তালি না দিয়ে শুধু বুড়ো আঙুল দিয়ে ডাউনলোড বোতামটা টিপতে হবে।

আইনস্টাইনের E=mC2 এই পদ্ধতিতে যে কোনও বস্তুকে, শক্তি বা এনার্জিতে রূপান্তরিত করা যায়। তারপর যিনি পোষ্ট করছেন তিনি ওই খাবারটিকে শক্তি হিসাবে ওই লিঙ্কে জমা করবেন - ব্যাস। UberEats বা ওই ধরণের অ্যাপ্স দরকার পড়ে না। স্বপ্ন ভাঙ্গতে বুঝি, ঠোঁটের পাশ দিয়ে লালা পড়ছে ঠিকই কিন্তু চিংড়ির কোনও দেখা নেই।

এদেশে এসে যত চিংড়ি খেয়েছি, দেশে থাকতে তার হাজার ভাগের এক ভাগও খাই নি। তখন আমাদের কুচো, ভুষো এ ধরণের চিংড়ি থেকে কিছু ছোট সাইজের বাগদা চিংড়ি, এই নিয়েই সন্তুষ্ট থাকতে হত। তবে এই কুচো চিংড়ি মেঝেতে ঘষে ঘষে পরিস্কার করে মা যখন তাই দিয়ে টক বা ঝাল বানাতেন তখন রেজালার রেলা তার কাছে কিছুই না!

আর গলদা চিংড়ি? বছরে একটা দিন, মানে ভাইফোঁটার দিন জুটত।

আর একটা উপায় ছিল বই কি। গলদা চিঙড়ী পাতে আসতে গেলে বিয়ে করতে হত। প্রথম জামাইষষ্ঠীতে সবচেয়ে বড় গলদা চিংড়ি পাতে পড়ত। জামাই যত পুরানো হত চিংড়ির সাইজও তত ছোট হত। শ্বশুরবাড়িতে যদি একটির বেশী মেয়ে থাকত আর

তাদেরও বিয়ে হয়ে যেত, তাহলে কোন জামাই কত বছরের পুরানো তার ওপর ভিত্তি করে আনুপাতিক হারে গলদা চিংড়ির সাইজ ও সংখ্যা পাতে পড়ত।

এদেশে এসে দেখলুম চারিদিকে চিংড়ির ছড়াছড়ি। কারণ ভারত বা বাংলাদেশের মত তৃতীয় বা উন্নতশীল বিশ্বে এটি একটি বৈদেশিক মুদ্রা অর্জনকারী লাভজনক পণ্য। মনে পড়ে, আমেরিকাতে সদ্য সদ্য এসেছি। রোড আইল্যানডে এক কনফারেন্সে রাতের ভোজে একজন পরিবেশনকারী এসে হঠাৎ একটা bib পড়িয়ে দিল। হতচকিত হয়ে দেখলাম, তাতে আবার জলজ প্রাণীর একটা ছবি আঁকা, দেখতে চিংড়ির মত কিন্তু তার সামনে কাঁকড়ার মত বড় বড় দুটো দাঁড়া আছে। কেন জানি না সুকুমার রায়ের কবিতা মনে পড়ে গেল – "হাঁস ছিল সজারুও, ব্যকারণ মানি না, হাঁসজারু হয়ে গেল কেমনে তা জানি না।"

ধাতস্ত হবার আগেই প্লেটে এসে পড়ল প্রাণীটি। সঙ্গে সাঁড়াশি আর plier wrench, বাংলায় কি বলে জানি না। ভাবছি, হায়রে সারা পৃথিবী থেকে আসা বিভিন্ন প্রথিতযশা বিজ্ঞানীদের সামনে খাবার টেবিলে এরকম হেনস্তা করার কি দরকার ছিল। ভাগ্যিস ইংরাজি একটু আধটু পড়তে পারি, দেখি ছবির নীচে লেখা Lobster.

মানুষ দেখে শেখে। সরস্বতী পূজায় বাচ্চাদের অনুষ্ঠানে জোর করে তুলে দেওয়া শিশুটি যেমন তার সামনে নাচতে থাকা দিদির নড়নচড়ন দেখে দেড় সেকেন্ড দেরিতে দেরিতে একই ভঙ্গী করে নাচতে থাকে, তেমনি আমি উল্টোদিকে বা পাশের লোকজনদের দেখে দেখে যন্ত্রাদি নিয়ে Lobster উদ্ধার কার্যে নেমে গেলাম। দেখি সকলে লিলিপুটের দেশ থেকে আনা দুটো দাঁড়া বিশিষ্ট একটা কাঁটাচামচ ব্যবহার করছে। সাঁড়াশী দিয়ে ভেঙে, ঘাড় কাত করে, এক চোখ বন্ধ করে, অনেকগুলো Lobstacle পেরিয়ে, ওই ছোট কাঁটাচামচ ঢুকিয়ে খুঁড়ে খুঁড়ে সাদা মাংস বার করে খেতে লাগলাম। মনে হল যেন আমি একটা শিয়াল - গর্ত থেকে ইঁদুর বার করে খাচ্ছি।

খাওয়া শেষ হতে বুঝলাম এত কসরত করার পর যে পরিমান Lobster মাংস পেটে ঢুকল তা একেবারেই cost-effective হল না। আমার আবার চিংড়ী মাছের মালাইকারী খাওয়া জিভ, তাতে নুন জলে সেদ্ধ এ জিনিস চলে না। এ যেন চার আনার কেত্তন গাইতে গিয়ে আড়াই টাকার খোল বেজে যাবার মত পরিস্থিতি।

পরে একদিন গেলাম ShopRiteএ। নাদুসনুদুস একটা বড় সাইজের Lobster কিনলাম। জলজ্যান্ত জীবটা স্টিমারের ভেতর থেকে শবদেহ বা লাশ হয়ে যখন বেরিয়ে এল, তখন ক্ষমতার দম্ভ কাকে বলে তা বুঝতে পারলাম। লালা নিঃসৃত ঠোঁটে, খাদ্য পিরামিডের সবচেয়ে ওপরে রাখার জন্য বিধাতাকে অকুন্ঠ ধন্যবাদ দিলাম। বাড়ীতে এনে হাতুড়ী দিয়ে ভেঙেভুঙে পুরো মালাইকারী স্টাইলে রান্না করে চেটেপুটে খেলাম। Lobster এর GOLDEN PRIDE নষ্ট না করে আমার আর কোনো উপায় ছিল না।

যাই হোক, চিংড়ি মাছের রেজালা-র পোস্ট দেখে, ঠিক সেরকম, বাজারে চিংড়ি কিনতে গেলুম। গিয়ে দেখি অবাক কান্ড। জানতাম এককালে সোভিয়েত রাশিয়ার আমলে কোনো জিনিসের দাম বাড়ানো যেত না অত সহজে। পরতায় না কুলালে, একই কোটের ওপরে নীচে নিদেনপক্ষে দুটো নতুন বোতাম বসিয়ে, নতুন পন্য হিসাবে বিক্রী করলে তবে তার দাম বাড়ানো যেত। এ যেন অনেকটা সেরকম। যা ছিল small shrimp তা এখন large shrimp, যা ছিল large shrimp তা এখন jumbo shrimp, যা ছিল jumbo shrimp তা এখন SuperJumbo shrimp এরকম আর কি। আর তার দাম সেভাবে বাড়ানো হয়েছে। অন্য দোকানে গিয়ে দেখি, প্যাকেটের সাইজ ঠিক রেখেছে, দামও বাড়েনি, শুধু চিঙড়ীর সংখ্যা কমে ঢনঢনাঢন॥ একে চিংড়ির চ্যাংড়ামো বলব না তো কি বলব বলুন?!!!

ব্যাঙের ছাতা - ব্যাঙের মাথা**

প্রতি বছর ১২ই অক্টোবর মার্কিন যুক্তরাষ্ট্রে জাতীয় চাষী দিবস পালন করা হয়। এদেশে প্রথম যখন আমেরিকার গ্রামের চাষী পরিবার দেখলাম তখন হতভম্ব হয়ে গেছিলাম। আধুনিক সবজান্তা সিধু জ্যাঠা গুগলকে জিজ্ঞাসা করতে সে জানাল, যে আমেরিকাতে প্রতি একরে একটি চাষী পরিবার প্রতি মাসে গড়ে ৮০০ ডলার উপার্জন করে থাকেন। ডলার আর ভারতীয় রুপির বিনিময় মূল্যের হিসাবে তা দাঁড়ায় ৬৫,৬০০ রুপি।

আরও দেখলাম, ভারতের Ministry of Agriculture and Farmers Welfare: July2018June2019 Report অনুসারে, ভারতে একজন চাষী পরিবার গড়ে মাসে ১০,২১৮ ভারতীয় রুপি উপার্জন করেন। রাজ্য হিসাবে কিছু খতিয়ান দিলে তা এরকম দাঁড়ায়- ভারতীয় চাষীরা, গড়পড়তা হিসাবে, মেঘালয়ে ২৯,৩৪৮, পাঞ্জাবে ২৬,৭০১, হরিয়ানাতে ২২,৮৪১ ভারতীয় রুপি উপার্জন করে থাকেন। নীচের দিক থেকে হিসাব করলে, প্রথম স্থানে আছে ঝাড়খন্ড (৪,৮৯৫ ভারতীয় রুপি), দ্বিতীয় স্থানে উড়িষ্যা (৫১১২ ভারতীয় রুপি) আর তৃতীয় স্থানে আছে আমাদের সোনার বাংলা (৬৭৬২ ভারতীয় রুপি)। যাকগে, পরিসংখ্যান দেখে দুঃখ বাড়িয়ে লাভ নেই – বরং অন্য প্রসঙ্গে যাই।

ছত্রাক ১ বিলিয়ন বছর ধরে এই পৃথিবীতে আছে। কাজেই তার অস্তিত্ব উড়িয়ে দেবার মত নয়। সবচেয়ে পুরানো যে ফসিল পাওয়া গেছে তার বয়স মাত্র ২,৪০০ মিলিয়ন বছর আগের। পৃথিবীতে ১৪ হাজার রকমের ছত্রাক প্রজাতি আছে, যার মধ্যে কেবল মাত্র ২১৮৯ প্রজাতির ছত্রাক মানুষে খেতে পারে। অবশ্য এর মধ্যে ২০০৬ রকমের প্রজাতি সরাসরি খাওয়া যায় আর বাকিদের কাটাকুটি করে পরিষ্কার করে নিয়ে খেতে হবে।

কোনও প্রজাতির ছত্রাক ১ দিন বাঁচে তো অন্য কোনও প্রজাতি কয়েক হাজার বছর পর্যন্ত বাঁচতে পারে। ছত্রাকের মধ্যে রঙের বাহার প্রচুর, তবে ছত্রাক যত রঙিন তত বিষাক্ত। আমার বাবা মাটিতে গজিয়ে ওঠা ছত্রাক দেখে, কোনটা খাবার আর কোনটা

খাবার নয় তা, চিহ্নিত করতে পারতেন। জিনগত সংস্কারে কারণে এই গুণটি আমার নেই!!!

ফিলাডেলফিয়ার শহরতলীতে কেনেট স্কোয়ার বলে এক জায়গাতে সেই ১৯৮৬ সাল থেকে ছত্রাক উৎসব হয়ে আসছে। কোভিড-১৯ এর কারণে ২০২০ তে অবশ্য তা বন্ধ ছিল। লেবার ডে'র পরের সপ্তাহান্তে সাধারণত এই উৎসব হয়ে থাকে। আমরা বেশ ক'বছর গেছি। এদেশে আসার আগে এরকম ছত্রাক উৎসব আমি দেখিনি। কোনোদিন না দেখে থাকলে, প্রথমবার গেলে একেবারে অভিভূত হয়ে যেতে হয়। নিজের তোলা ছবি দিলাম – মনে হয় ভালো লাগবে আপনাদেরও।

পৃথিবীতে যত খাবার ছত্রাক বা মাশরুম উৎপন্ন হয় তার ৯৪ শতাংশই আসে চীন থেকে, বাকী যা ছয় শতাংশ পরে থাকলে, তা উৎপাদনে যথাক্রমে জাপান ও মার্কিন যুক্তরাষ্ট্র আসে। প্রথম দশের মধ্যে ভারত দশম স্থানে। তাই ভারতীয় চাষীরা মাশরুম চাষকে ব্যাঙের ছাতা বলে উড়িয়ে না দিয়ে উদ্যোগ নিলে অর্থ উপার্জনের একটা বিকল্প দিক উন্মোচিত হতে পারে। আমি ব্যাঙের ছাতা – মাশরুম খেতে খুব ভালোবাসি। তবে ব্যাঙের মাথা থেকে পা পর্যন্ত খেয়ে দেখেছি, পরতায় কুলোয় না, তার ওপর কিরকম তিতা বোধ হয়। অনেকটা চার আনার কেত্তন করতে গিয়ে আড়াই টাকার খোল বেজে যাবার মত ব্যাপার। তাই বলে কিন্তু আমার এই মতামতকে ঢপের চপ শিল্প বা ব্যাঙের মাথা বলে উড়িয়ে দেবেন না – এই অনুরোধ রইল।

**১৬ অক্টোবর ২০২৩ তারিখে প্রথম আলো পত্রিকার, দূর পরবাস বিভাগে, মাছে-ভাতে বাঙালি ও মাশরুম- এই শিরোনামে এই লেখাটি প্রথম প্রকাশিত হয়েছিল।

ব্যাঙের ছাতা – ব্যাঙের মাথা**

তিনটে হৃদয় থাকলে কি বেশী ভালবাসতাম?

ছোটবেলায় খুব অলস ছিলাম। খুব রোগাও ছিলাম। মাকে এইজন্য সমাজ উদ্ধাকারীদের কাছ থেকে কথা শুনতে হত, ছেলেটাকে কি একটুও খেতে দাও না নাকি? কিরকম পাঁজরা গোনা যায়, যেন জীবন্ত কঙ্কাল। তাই ভালো করে খাওয়া দাওয়ার ওপর চাপ ছিল। আমাদের দেশে একটা ধারণা ছিল, ছেলে হবে নাদুসনুদুস, পাড়ার মাসিরা, দিদা, ঠাকুমারা আসবে, গুলুগুলু গুলুগুলু বলতে বলতে, মাথাটা একটু নাবিয়ে, কপাল তুলে, চোখটা একটু তুলে, ঠোঁট দুটোকে চুমু দেবার মত করে আওয়াজ করতে করতে থুতনিতে হাত রাখবে, গাল দুটো টিপে দেবে – তবে না মায়ের গর্ব বাড়বে ছেলেকে নিয়ে!!

এদেশে যখন এলাম দেখলাম – মায়েরা যদি ছেলে রোগা হয় তাহলে এখানেও বেশ সমস্যায় পড়ে। হোয়াটসঅ্যাপ ভিডিও কলে নাতিকে দেখে ওপার থেকে দিদা ঠাকুমারা একই প্রশ্ন ক'রে ক'রে মা'র জেরবার করে দেয় – এ কিরে এত হার জিরজিরে কেন রে? ওকে এবেলা ও বেলা দু গ্লাস করে দুধ খাওয়াবি, ওখানে কমপ্ল্যান পাওয়া যায় না? রোজ দিবি একগ্লাস করে। এই শোন, এই বয়েসে খুব ক্রিমি হয় – পটিটা একটু খেয়াল রাখবি। ক্রিমি কিন্তু শরীরের জন্য খুব খারাপ, মনে রাখবি। এই শোন না, তোদের ওখানে চিরতা পাওয়া যায়? রোজ রাতে একগ্লাস জলে চিরতা ভিজিয়ে রাখবি, খালি পেটে সকাল বেলা উঠে একগ্লাস খাইয়ে দিবি।

এতক্ষণ কথা বলার পর মেয়েকে একটু সময় দিলে, মাকে মেয়ে শুধায়, এক গ্লাস দুধ, একগ্লাস কমপ্ল্যান, একগ্লাস চিরতার জল – আর কিছু? আলাদা আলাদা করে না খাইয়ে একসঙ্গে মিশিয়ে দিলে ভালো হত না? মা বলে ইয়ার্কি করছিস – আমি তোদের মানুষ করি নি – এমনি এমনি বলছি নাকি? মেয়ে তখন মাকে বলে – মা, ডাক্তার কিন্তু বলছে ও একদম ঠিক আছে, কোনও রোগ নেই, কোনও সমস্যা নেই, ওর গ্রোথ চার্ট নিয়েও উদ্বেগের কোনও কারণ নেই। মা থামিয়ে বলে – ওরা ওরকম বলে – আমার কথা মনে রাখিস। বিরক্ত হয়ে মেয়ে ভিডিও কল করাই বন্ধ করে দিল। মা যদি বলে কিরে নাতিকে একটু দেখা না – মেয়ে বলে মা ইন্টারনেট সিগনাল খুব উইক মা – পরের বার দেখাব!!

যাই হোক, আমি খাওয়ার ব্যপারে অলস ছিলাম। তখন ওই ষষ্ঠ বা সপ্তম শ্রেণীতে পড়ি। গরু রচনা লিখে ভালো নম্বর পেয়েছি। গরমকালে স্কুল থেকে ফেরার পথে দেখতে পেতাম, সারাদিন খেটে খেয়ে এসে বট গাছের তলায় গরুগুলো বসে চোখ বুজে জাবর কাটছে। এদের পাকস্থলীর মধ্যে চার চারটে কম্পার্টমেন্ট আছে। মনে খুব দুঃখ হত জানেন? যদি আমার পাকস্থলীতে অন্তত দুটো কম্পার্টমেন্ট থাকত তাহলে অতিরিক্ত কিছু খাবার ওখানে রেখে, রাতের বেলায় ডিনারের সময় বের করে জাবর কাটতাম আর গল্পের বই পড়তাম। খেতে অলস হলেও নোলা ছিলাম খুব। আমি সব রকমের সুস্বাদু খাবার খেতে ভালবাসতাম। আত্মীয়স্বজনেরা অবাক হত, তুই বাঙাল হয়ে পোস্তবাটা কাঁচা লঙ্কা সরষে দিয়ে ভালবাসিস কি করে? যাই হোক বড় হয়েও আমার এই নোলাটাকে কন্ট্রোল করতে পারতাম না।

এদেশে এসে ফিলাডেলফিয়াতে একবার ইটালিয়ান মার্কেট বলে একটা বাজার আছে – সেখানে গেছি। অভিভূত হয়ে গেছি। ছোটবেলা থেকে লোকে বলত কলকাতার নিউমার্কেটে নাকি চাইলে বাঘের দুধ পাওয়া যায়। যদিও একজন লোকও পাইনি যে নিউমার্কেট গিয়ে বাঘের দুধ কিনতে চেয়েছে। এ বাজার যেন তাকেও হারিয়ে দেয়। সাপ, ব্যাং, ছুঁচো, থেকে হরিণ সহ সবরকমের মাংস পাওয়া যায়। এদেশে একটাই সুবিধা – খাবার ব্যাপারে কেউ দাদাগিরি ফলাবে না, একঘরে করবে না, পিটিয়ে মেরে ফেলবে না।

জাপানে গিয়ে একটা ডিনারে মেনুতে ছিল অক্টোপাস দিয়ে তৈরি নানা খাবার। অসাধারণ সুস্বাদু সেসব খাবার। অনেকটা স্ক্যালপ যেরকম খেতে সেরকম। অক্টোপাসের কাঁচা মাংস সসের মধ্যে ডুবিয়ে খেয়েছি – অপূর্ব। ভালো অক্টোপাস রবারের মত খেতে হয় না বা স্লাইমি বা হড়হড়ে নয়। তবে একটু সামুদ্রিক গন্ধ পেতে পারেন। খুব তৃপ্তি করে খেয়েছি।

আজ WORLD OCTOPUS DAY, তাই মনে পড়ল সমুদ্রের অত্যন্ত সুদর একটি আইকন হল এই জন্তুটি। সারা পৃথিবীতে ৩০০-র বেশী প্রজাতি আছে। গ্রীক শব্দ অক্ট – যার মানে আট। এই আট শুঁড় বিশিষ্ট জীবটির কিছু কিছু প্রজাতি বেশ বিষাক্ত, মানুষ মরে যেতে পারে। হয়তো সেই কারণেই কত গল্প কত ভয় এই জীবটিকে নিয়ে।

আজ সকালে উঠে খবর পেলাম মধ্যপ্রাচ্যে প্রচণ্ড বিস্ফোরণ, হানাহানি, মারামারি শুরু হয়ে গেল। দ্বিতীয় বিশ্বযুদ্ধের পর এটাই বোধ হয় সবচেয়ে বড় যুদ্ধ-পরিস্থিতি। এত বছর ধরে বলে এসেছি, মানুষকে ভালোবাস – ভালবেসেই সব সমস্যার সমাধান করা

দরকার। যুদ্ধ নয় শান্তি চাই স্লোগানে স্লোগানে, সাদা পায়রা উড়িয়ে কত ছবি তুলেছি এলাহি পোজ দিয়ে। তবু ভালোবাসার জয় এখনো দেখলাম না।

ডিনার থেকে ফিরে অক্টোপাস নিয়ে একটু জানতে ইচ্ছা করল। জেনেছিলাম যে অক্টোপাসের তিনটা হৃদয় (Heart) আছে। কেন জানি না আজ মনে হল, আমাদের যদি, তিনটে না হোক অন্তত একটা অতিরিক্ত হৃদয় থাকত তাহলে কি আমরা এই পৃথিবীটাকে ভালোবাসার মোড়কে মুড়িয়ে দিতে পারতাম?

চাঁদমামা ও ভারতীয় উপমহাদেশের ভু-রাজনীতি***

কয়েক সপ্তাহটা আগে ভারতীয় এবং প্রবাসী ভারতীয়দের জন্য অত্যন্ত গুরুত্বপূর্ণ ও আনন্দের। শুধু ভারতীয় কেন উপমহাদেশের সকলেই এই সফলতার জন্য খুশী ছিলেন। চাঁদের মাটিতে প্রজ্ঞ্যান গড়াতে গড়াতে যখন একদিকে ISRO-এর প্রতীক চিহ্নটি আর অন্যদিকে অশোকস্তম্ভটি মুদ্রণ করতে করতে এগুতে থাকে তখন অন্তরের অন্তস্থলে কিরকম একটা আনন্দক্ষরণ ঘটতে থাকে। প্রতিটি ভারতবাসীর ভালো লেগেছিল, প্রতিটি প্রবাসী ভারতীয়র ভালো লেগেছিল, দক্ষিণ এশিয়ায় ভারতের প্রতিবেশী দেশগুলির নাগরিক ও প্রবাসীদের কাছেও তা ছিল আনন্দের। এই সফলতা এই উদ্দীপনা নিশ্চয় এই উপমহাদেশের পরবর্তী প্রজন্মকে উজ্জীবিত করবে বিজ্ঞান শিক্ষায়, জ্ঞ্যানে নিজেকে ধৌত করে তুলতে, একজন নাগরিক হিসাবে, একজন রাষ্ট্রের মৌলিক কণা হিসাবে।

ভারত প্রথম একটি দেশ, যে চাঁদের দক্ষিণ মেরু-র খুব কাছাকাছি তাদের চন্দ্রযান সাফল্যের সাথে নামাতে পেরেছে। আর চাঁদের মাটিতে অবতরণে সক্ষম এমন দেশগুলির অভিজাত ক্লাবে চতুর্থ দেশ হিসাবে নাম লিখিয়েছে। ইউরোপ, অস্ট্রেলিয়া, সহ আমেরিকার বিভিন্ন গণমাধ্যমে এবং প্রচার মাধ্যমে এটি বেশ ভালভাবে প্রশংসিত হয়েছে। বাংলাদেশ সহ ভারতীয় উপমহাদেশের অন্যান্য প্রতিবেশী দেশগুলিতেও এই খবর যথেষ্ট প্রশংসা কুড়িয়েছে। প্রথম আলোর বাংলা ও ইংরাজি ভার্সন দুটোতেই আমি তার বিচার বিশ্লেষণ দেখেছি। এখানে আমার বেশ কিছু বাংলাদেশী বাঙ্গালি বন্ধু আছেন তাদের কাছে সন্দেশ পেয়েছি। অন্তর্জালে গিয়ে বন্ধুপ্রতিম বাংলাদেশের অন্যান্য খবরের কাগজ ও দৃশ্যশ্রাব্য মাধ্যমগুলো-র প্রতিবেদন চাক্ষুষ করেছি। সাধারণভাবে পৃথিবীর নানাদেশের মানুষজন বিভিন্ন সামাজিক মাধ্যমের প্রতিবেদনগুলিতেও সদর্থক প্রতিক্রিয়া দেখা গেছে।

বিবিসি-র খবরেও এই খবরটি বেশ গুরুত্বের সঙ্গেই প্রচার করা হয়েছে। কিন্তু একটি বিশেষ খবর নিয়ে সামাজিক মাধ্যমে তুমুল ঝড় শুরু হয়েছিল। সেখানে সঞ্চালক বলছেন

ভারতের যদি চাঁদের অন্ধকার দিকে চন্দ্রযান পাঠানোর টাকা থাকে তাহলে united nation স্বীকৃত দারিদ্রসীমার নীচে থাকা ২২৯ মিলিয়ন (১০ লক্ষ = ১ মিলিয়ন) ভারতীয়দের জন্য ব্রিটেন কেন অর্থসাহায্য পাঠাবে? তিনি আরও বলেছেন যে দেশের মহাকাশে রকেট পাঠানোর সক্ষমতা থাকবে সেই দেশগুলিকে অর্থ সাহায্য করা যাবে না এরকম একটি আন্তর্জাতিক নিয়ম করা উচিত। ভারতের এই অভাবনীয় সাফল্যের সঙ্গে সঙ্গেই বিবিসিতে এই ধরণের বিরূপ সমালোচনা ভারতীয় ও প্রবাসী ভারতীয়দের মধ্যে যথার্থই যথেষ্ট ক্ষোভের উদ্রেক করেছিল। কারণ তথ্যটি বিকৃত ছিল।

বিবিসির এই খবরে ভারতের এই সাফল্যের পরে বিবিসির এই বিরূপ সমালোচনার প্রধানত দুটি কারণ থাকতে পারে। এক – এই উপমহাদেশে উপনিবেশবাদের অতীত গৌরবের ভগ্নাংশের যে ছিটেফোঁটা ঈর্ষা আকারে সে দেশে এদিক ওদিক পরে আছে, এই সাফল্যর পর সেই আঁতে ঘা লেগেছে, তাদের আত্মম্ভরিতার পশ্চাৎদেশে খোঁচা দিয়েছে। সরাসরি এই ঘটনার সঙ্গে প্রাসঙ্গিক না হলেও, মনে পরে যাচ্ছে উইনস্টন চার্চিলের কথায় হাঁটু অবধি ধুতি পরিধান করা সেই উলঙ্গ ফকিরের কথা। মনে পরে যাচ্ছে নীলপাড় সাদা শাড়ী এবং নীল সাদা হাওয়াই চটি পরা আলবেনীয় বংশোদ্ভূত এক ভারতীয় মহিলা নোবেল শান্তি পুরস্কার নিচ্ছেন। মনে পরে, সেই বীর সেনানীর কথা যিনি ব্রিটিশদের সঙ্গে সম্মুখ সমরে প্রবল বিক্রমে জিতে ব্রিটিশ ভারতের মণিপুরে প্রথম স্বাধীন ভারতের জাতীয় পতাকা তুলেছিলেন। এরা সকলেই এটা প্রমাণ করে এসেছেন ব্যক্তিত্বের রোশনাই বাহ্যিক পরিধানের জাঁকজমকে আসে না – আসে জ্ঞানে। এরা হয়তো ভাবতেই পারেন না যে ভারতীয়রা আপাত গরীব হলেও বিজ্ঞান ও মননে, গরীব নয়, দুর্বলতো নয়ই। আর দ্বিতীয় কারণ হয়তো এই। পশ্চিমা পর্যটকরা প্লেন থেকে নেমে ভারত ভ্রমণে এসে, বিমান বন্দরের বাইরে পা রাখলেই, ঝাঁ চকচকে সভ্যতার নীচে এখনও তীব্র দারিদ্রের বাস্তবিক চিত্র দেখতে পান। অর্থবান আর অর্থহীন মানুষদের মধ্যের বিশাল ব্যবধান লক্ষ্য করেন, তখন তাঁদের মনে হয়তো এই প্রশ্ন জাগে। এর মধ্যে কোন অতিরঞ্জন নেই, যে জনসংখ্যার ১৬.৪ শতাংশ এখনও তো দারিদ্রসীমার নীচে। সত্যি তো এই যে এত বৈষম্য, দারিদ্র তা কি শুধুই জনসংখ্যার জন্য, নাকি গগনচুম্বী দুর্নীতি, জনকল্যাণকর সমস্ত সরকারী প্রকল্পের বারিধারা সু-প্রশাসনের মরুভূমিতে পরতে দেয় না। ভাবতে হবে। তাই বিজ্ঞানের পেছনে টাকা খরচ নিয়ে সমালোচনা না করে, জনগণের ন্যূনতম সাংবিধানিক অধিকার একজন নাগরিকের কাছে না পৌছনোর ক্ষেত্রে সর্বগ্রাসী দুর্নীতিকে কিভাবে ঠেকানো যায় সেটা ভাবা বেশী জরুরী – সরকারের একক প্রচেষ্টায় যা নির্মূল করা কখনই সম্ভব নয়।

গত ৭৫ বছরে ভারতের উন্নতি তার কাছ মেনে নেওয়া কষ্ট কর ছিল। এই সব ব্যাপারে আলোচনা করাটা হয়তো কোনও দোষের ছিলনা কিন্তু অনুষ্ঠানটির সঞ্চালক সময়টা বেছে নিতে ভুল করেছেন বা উদ্দেশ্য প্রণোদিত ভাবে এই সময়টিকে বেছে নিয়েছেন। একজন গর্বিত ভারতবাসীর কাছে তাঁর কথাবার্তার ধরণধারণ, ভাবভঙ্গী ছিল অতীব তির্যক, অত্যন্ত অপেশাদারসুলভ, কুরুচিকর ও অপমানকর।

একটি গরীব ঘরের সন্তানের জীবনে দুটো পথ খোলা থাকে। এক, ধৈর্যের সাথে কষ্ট করে পড়াশুনো করে নিজেকে প্রতিষ্ঠিত করা। আর দুই, উচ্ছন্নে গিয়ে গুণ্ডা মস্তান হওয়া। রাষ্ট্রের ক্ষেত্রেও খানিকটা তাই। শত দারিদ্রের মধ্যেও বিজ্ঞান ও প্রযুক্তিতে স্বনির্ভর হবার চেষ্টা করা বা বিপথে কুপথে গিয়ে একটি সন্ত্রাসবাদী রাষ্ট্রে পরিণত হওয়া। কোন পথে যাবে তা অনেকটা নির্ভর করে দেশটির রাজনৈতিক নেতৃত্বের ওপর, সদিচ্ছার ওপর। মানুষের কাছে হাত পেতে সম্মান অর্জন করা যায় না, অধিকার অর্জন করে নিতে হয় সম্মান পাবার জন্য। রাষ্ট্রের ক্ষেত্রেও তাই। যে সব দেশ, ধর্মের অপব্যাখ্যার খপ্পরে পরে আছে, যেসব দেশ ধর্মের ধ্বজাধারীদের পরোক্ষে মদত দিয়ে, রাজনৈতিক ফয়দা লুটছে, যেসব দেশ ধর্ম আর রাজনীতিকে মিশিয়ে দিচ্ছেন, তারা নিয়ত তাদের জনসম্পদকে বিজ্ঞান শিক্ষা থেকে বঞ্চিত করে রাখছেন, যার পরিণাম অত্যন্ত দুঃখজনক হতে বাধ্য।

ভারতের এই চন্দ্রাভিযানের সাফল্যের সঙ্গে এই উপমহাদেশের ভুরাজনৈতিক সমীকরণের ব্যাপক পরিবর্তনের সম্ভাবনাকে উড়িয়ে দেওয়া যায় না। দ্বিতীয় বিশ্বযুদ্ধ পরবর্তী দুই পরাশক্তি-র সময় অনেক দিন শেষ হয়েছে। দি গার্ডিয়ান পত্রিকার একটি প্রতিবেদন অনুসারে, দি ল্যান্সেট গবেষণা গ্রন্থে প্রকাশিত হয়েছে যে, ২১০০ সালের মধ্যে বহুপরাশক্তি বিশিষ্ট পৃথিবী তৈরি হবে। কোনও একটি দেশের একচ্ছত্র আধিপত্য আর থাকবে না। এখনই যার লক্ষণ স্পষ্ট হচ্ছে। মনে করা হচ্ছে, ভারত, নাইজেরিয়া, চীন এবং মার্কিন যুক্তরাষ্ট্র এই চারটি দেশ প্রথম চারটি পরাশক্তিধর দেশে পরিণত হবে। কাজেই এই অঞ্চলে ও বৈশ্বিক ক্ষেত্রে ভারতের রাজনৈতিক প্রভাব বাড়বে বলেই মনে করা হয়।।

ভবিষ্যতে ভারত ও চীনের মধ্যে রেষারেষি বাড়বে বই কমবে না। । চীন নিয়ে ভারতের এই রেষারেষি যত বাড়বে, তার ওপর চীনকে নিয়ে যুক্তরাষ্ট্র যত বেশি উদ্বিগ্ন হবে, আমেরিকা ও ভারত তত কাছাকাছি আসবে। তদুপরি, ভারত ও চিনের এই রেষারেষির জন্য অর্থনৈতিক, রাজনৈতিক ও সামরিক ক্ষেত্রে ভারত, আমেরিকা, জাপান সহ চীন বিরোধী অন্যান্য দেশগুলিও অনেক কাছাকাছি আসবে। এক ধরণের Geopolitical convergence হবে। এখনই এই ধারা যে শুরু হয়েছে তার লক্ষণ দেখা যাচ্ছে। আর এর ফলে ভারতের প্রতিবেশী দেশগুলি, চীন না ভারত কার দিকে ঝুঁকে থাকা আন্তর্জাতিক কূটনীতির সফলতা বয়ে আনবে তা নিয়ে সতত দ্বন্দ্ব ও ধন্দে ভুগবে। আন্তর্জাতিক বীজগণিতের সমীকরন অনেক জটিল যা এই উপমহাদেশের নিজ নিজ অভ্যন্তরীণ রাজনৈতিক বীজগণিতের সমীকরন সমাধান করার থেকে বেশী গুরুত্বপূর্ণ হয়ে দাঁড়াবে।

ভারতীয় উপমহাদেশ ঘিরে যে বিপুল জলরাশি, সেই বঙ্গোপসাগর, এবং ভারত মহাসাগরের ছোট বড় নানা দ্বীপের ওপর পরাশক্তিগুলোর নজর পড়বে, সেগুলির ওপর সামরিক ঘাটি তৈরি করার জন্য চাপ আসবে। ছোট ছোট দেশগুলির সার্বভৌমত্ব নানা অছিলায় আক্রান্ত হবার সম্ভাবনা থাকতে পারে। ভারত এ ক্ষেত্রে, প্রতিবেশী দেশগুলিকে নিয়ে বড় এবং সদর্থক ভূমিকা নেবে বলে আশা করা যেতে পারে। চন্দ্রযানের এই সাফল্যের ফলে অন্যান্য পরাশক্তিগুলি ভারতকে সমীহ করে চলতে শিখবে। এটি প্রযুক্তির ক্ষেত্রেও বিশেষভাবে সত্য হয়ে উঠবে বলে মনে হয়। অধুনা মহাকাশ গবেষণাতে ভারতের অগ্রগতি তা সুচারু করবে।

ভারতের প্রধানমন্ত্রী চন্দ্রযান অবতরণ মুহূর্তে যে দেশবাসীর উদ্দেশে দেওয়া ভাষণে বলেছেন - "এই সাফল্য সমগ্র মানবতার জন্য এবং এটি ভবিষ্যতে অন্যান্য দেশের চাঁদ মিশনে সহায়তা করবে। আমি আত্মবিশ্বাসী যে বৈশ্বিক দক্ষিণের দেশগুলি সহ বিশ্বের সমস্ত দেশই সাফল্য অর্জন করতে সক্ষম।" তিনি তার ভাষণে, "এক পৃথিবী, এক পরিবার, এক ভবিষ্যৎ'-এর কথা বলেছেন। তিনি মানবকেন্দ্রিক দৃষ্টিভঙ্গির কথা বলেছিলেন যা সারা বিশ্বে অনুরণিত হচ্ছে। তিনি বলেন যে এই সাফল্য সমগ্র মানবতার জন্য। তিনি আরও বলেন যে " এটি ভবিষ্যতে অন্যান্য দেশের চাঁদ মিশনে সহায়তা করবে। আমি আত্মবিশ্বাসী যে গ্লোবাল সাউথ সহ বিশ্বের সমস্ত দেশ এই ধরনের কৃতিত্ব অর্জন করতে সক্ষম।" তাঁর এই দিশা যদি ভারত সরকার যথাযথ পালন করে তাহলে এই উপমহাদেশের বিভিন্ন দেশগুলির মধ্য বৈজ্ঞানিক সহযোগিতার এক consortium বা সঙ্ঘ গড়ে উঠতে পারে।

ভবিষ্যতে ভারত মহাকাশ ও বিজ্ঞানের বিভিন্ন ক্ষেত্রসহ সাধারণ আর্থসামাজিক ক্ষেত্রেও দ্রুত উন্নয়ন ঘটাবে বলে মনে করা হচ্ছে। আশঙ্কা করা হচ্ছে যে প্রতিবেশী রাষ্ট্রগুলিতে উন্নয়নের হার একই ভাবে না বাড়লে পার্শ্ববর্তী দেশগুলি থেকে আইনসম্মত ও বেআইনি অভিবাসন যথেষ্ট পরিমাণে বাড়বে। এই নিরবিচ্ছিন্ন অভিবাসনের ফলে আন্তর্জাতিক সীমান্ত বরাবর ভারতীয় রাজ্যগুলিতে ধর্মীয় জনবিন্যাসের পরিবর্তন এক

অভিবাসন সংক্রান্ত রাজনৈতিক, ও সামাজিক সমস্যার সৃষ্টি করতে পারে। অর্থনৈতিক বৈষম্য তখন ধর্মীয় মেরুকরণের রাজনীতিতে পর্যবসিত হয়ে সাম্প্রদায়িক সমস্যার সৃষ্টি করতে পারে। আর ভারতের অভ্যন্তরে যদি জাতপাতের মত ঘৃন্য রাজনীতিকে অবদমন করা না যায় তাহলে, ধর্মীয় অরাজকতার জন্ম হতে পারে। অর্থনৈতিক প্রবৃদ্ধির প্রধান চাবিকাঠি সামাজিক ও রাজনৈতিক স্থিতিশীলতা, এবং জনসংখ্যাকে জনসম্পদে রূপান্তরিত করা। যদি উপমহাদেশীয় রাজনীতির ধারা ঠিকঠাক অনুধাবন করে থাকতে পারি, দলমত নির্বিশেষে রাজনৈতিক মূল্যবোধের অবাধ ও দ্রুত অবগমনের গতিকে বুখতে না পারলে, এই উপমহাদেশে অবাধ গণতান্ত্রিক ও সংসদীয় যুক্তরাষ্ট্রীয় কাঠামোর ওপর আঘাত পরতে পারে এবং গণতান্ত্রিক ঘোমটার আড়ালে রাজনৈতিক দলীয় একনায়কতন্ত্রের অবস্থান শক্তিশালী হতে পারে। গত ৩রা মার্চ ২০২৩ তারিখে দি ওয়াল স্ট্রীট জার্নালের একটা বড় হেডিং ছিল – “Poised to become the world’s most populous nation, India struggles to deliver to its citizens both a healthy economy and a flourishing democracy” – এই মন্তব্যের পক্ষে বিপক্ষে তর্ক বিতর্ক চলতেই পারে কিন্তু এটা অস্বীকার করে লাভ নেই যে, ভারতের শক্তি ভারতের তার গণতান্ত্রিক কাঠামোয়, গত ৭৫ বছরের ওপর যা একটিও সামরিক অভ্যুত্থান ছাড়াই সযত্নে লালন করেছে – এর অবক্ষয় বুখতেই হবে। আর তা না করতে পারলে ভারতের মহাকাশসহ বিভিন্ন বৈজ্ঞানিক গবেষণাক্ষেত্রে প্রভূত ক্ষতি হবে, আন্তর্জাতিক ময়দানে নিজের গরিমা হারাবে। ।

ভারতীয় মহাকাশ গবেষণা নামে রাষ্ট্রায়ত্ত সংস্থাটি ভারত সরকারের মহাকাশ বিভাগের (DoS) প্রাথমিক গবেষণা ও উন্নয়ন শাখা হিসাবে কাজ করে থাকে। এই সংস্থাটি সরাসরি ভারতের প্রধানমন্ত্রীর তত্ত্বাবধানে থাকে এবং ISRO-এর চেয়ারম্যানও ভারত সরকারের মহাকাশ বিভাগের (DoS) এর নির্বাহী হিসাবে কাজ করে থাকেন। সরকার আসে সরকার যায় – পরে থাকে এক বহমানতা। ভারতের বিভিন্ন সরকার বিভিন্ন সময়ে মোটামুটি সঠিক দিশা দেখিয়েছে, বিজ্ঞানীরা বহমানতাকে অবলম্বন করে তা সফলভাবে রূপায়ন করেছেন। এবং এই ক্ষেত্রে একই ধরণের অন্যান্য মহাকাশ গবেষণার তুলনায় অনেক কম খরচে করেছেন। নানা প্রতিবন্ধকতা, ব্যর্থতা, হতাশার বেনোজল পেরিয়ে ধৈর্যের সাথে সেই পরীক্ষায় সফল থেকে সফলতর হতে চলেছে। দেশের প্রধানমন্ত্রী ও তাঁর বিজ্ঞানবিষয়ক পরামর্শদাতারা, প্রতিরক্ষা বিষয়ে পরামর্শদাতারা এবং আরও নানা বিভাগের পরামর্শদাতারা প্রধানমন্ত্রীকে এ ব্যাপারে তাদের অভিজ্ঞ মতামত দিয়ে থাকেন। যেকোনো সরকারের সফলতা নির্ভর করে তাঁর পারিষদবর্গ কিভাবে চয়ন করা

হচ্ছে – রাজনৈতিক মানদণ্ডে না প্রকৃত শিক্ষা জ্ঞান ও অভিজ্ঞতার মানদণ্ডে। আর তা না হলে প্রশাসক নিজেকে একটি হাস্যকর ব্যক্তিত্বে পরিণত করতে পারেন। অবশ্যই ভারত সরকারের পরিচালনায় যে দলই থাকুন না কেন, তাদের রাজনৈতিক দৃষ্টিভঙ্গি, সদিচ্ছা, এবং আন্তর্জাতিক রাজনীতির হাওয়া-মোরগ এই দিশা নিয়ন্ত্রণে কিছুটা প্রভাব ফেলে বই কি। কিন্তু সেই দলই একটি রাষ্ট্রীয় দৃষ্টিভঙ্গী দেখাতে পারে যে দল মনে করে যে দলীয় নেতা হলেও একবার প্রধানমন্ত্রী হলে তিনি আপামর নাগরিকের প্রধানমন্ত্রী, সারা দেশের প্রতিনিধিত্বকারী। সেটা করতে পারলে যে কোনও দেশের যে কোনও জাতীয় সংস্থা রাজনৈতিক দোদুল্যমানতায় পদস্খলিত হয় না। ভারতের ক্ষেত্রেও তাই।

বিক্রম অবতরণের পর প্রজ্ঞান সঙ্গে সঙ্গে চাঁদের মাটিতে নাবে নি – তার কারণ অবতরণের সময় যে বিপুল ধুলো উড়েছিল তা থিতিয়ে না পড়লে সেই ধুলকণা আদতে প্রজ্ঞানের যন্ত্রে ঢুকে এটিকে অচল করে দিত। বিক্রমের চাঁদের মাটিতে অবতরণের সময় আমাদের আবেগের ধূলিও আকাশচুম্বী হয়েছিল, তা স্তিমিত হলে আমরাও যেন বাস্তবের মাটিতে নেমে ভাবি, ভারত কিভাবে এই উপমহাদেশের ভু রাজনৈতিক প্রেক্ষাপটে সদর্থক ভূমিকা রাখবে।

***১৫ সেপ্টেম্বর ২০২৩ তারিখে প্রথম আলো পত্রিকার, দূর পরবাস বিভাগে, এই লেখাটি প্রথম প্রকাশিত হয়েছিল।

আমেরিকার নির্বাচন

২০০০ সালে কলকাতা থেকে যখন প্লেনটা ছাড়ল, তখন ওপর থেকে আমার দেশটাকে বড় সুন্দর লাগছিল। যে দেশে জন্মেছি, বড় হয়েছি, কাছ থেকে দেখেছি, সময় নিয়ে চিনেছি, ওপর থেকে তার কোন খুঁতই চোখে পড়ছিল না। সাত-সমুদ্র পেরিয়ে যখন সেই প্লেন আমেরিকাতে নামছে, ওপর থেকে নতুন দেশটাকেও একই রকম সুন্দর লাগছিল। ২০ বছর পেরিয়ে, সময়ের মানদণ্ডে মাপতে মাপতে, অজস্র ভালোলাগার পাশাপাশি, অনেক খুঁতও চোখে পড়ে এখন। এই দেশের ভেতরটাকে ভাল করে চিনতে পারি, বুঝতে পারি – আখেরে দেশটাকে ভালবাসতে শিখি। সেই জন্যই বোধ হয় অনিলার মামা, উৎপল দত্ত, সত্যজিৎ রায়ের আগন্তুক ছায়াছবিতে, সুধীন্দ্র বোসের বন্ধু ধৃতিমানকে বলেছিলেন ''আপনি তো পেঁয়াজের খোসা ছাড়িয়ে ছাড়িয়ে আসল মানুষটার নাগাল পেতে চাইছেন, সেটা অত সহজ হবে না'' আর ছবির শেষে ভাগ্নি অনিলাকে বলেছেন ''একটা পাসপোর্ট থেকে কি জানা যায়? নামের সঙ্গে নাম মিলিয়ে নাও, ছবির সঙ্গে ছবি মিলিয়ে নাও, কিন্তু তাতে তো মানুষটাকে চেনা যায় না, তার জন্য একটু সময় দরকার''। এই সময় আমরা দিতে চাইনা, সে সাধারণত মানুষই হোক বা গোটা একটা দেশ। চট করে বিচার করে ফেলি বা judgemental হয়ে পড়ি। ২০ বছর থাকার পর মনে হয়, এই দেশটাকে আমি কিছুটা হলেও বুঝতে পেরেছি, আর সে ভরসাতে দুকলম লেখার সাহস পাচ্ছি।

এদেশে প্রধানত দুটো পার্টিই আছে। রিপাব্লিকান পার্টি আর ডেমোক্র্যাটিক পার্টি। কোন তৃতীয় পার্টি সত্যিকার অর্থে তৈরি হয় নি, বা ক্ষণিকের জন্য হলেও টিকে থাকেনি। শহুরে আমেরিকা আর গ্রাম্য আমেরিকার মধ্যেও আকাশ পাতাল তফাত। কলেজ শিক্ষিত আর কলেজ না পেরোনো জনসংখ্যার মধ্যে চিন্তাধারার বিস্তর পার্থক্য। নিউইয়র্ক, ফিলাডেলফিয়া, স্যানফ্রান্সিস্কো দেখে পুরো আমেরিকাকে চেনা জান্য না। Blue color job যারা করেন তাঁদের ভোট পাওয়া নিয়ে দুই দলে রেষারেষি। যারা শ্রমিক, ঘণ্টা হিসাবে বেতন পান, তাঁদের চাকরীকে Blue color job বলা হয়। তাঁদের অধিকাংশই কলেজ পাস করেন নি। দুই দলের ভোট প্রার্থীরা এদের ভোট নিয়ে চিন্তিত।

রিপাব্লিকান পার্টি আর ডেমোক্র্যাটিক পার্টির মধ্যে পার্থক্য আকাশ পাতাল। সবচেয়ে পার্থক্য হল দুই দলের দৃষ্টিভঙ্গের মধ্যে। গর্ভপাত, সমলিঙ্গের বিবাহ, অভিবাসন, জলবায়ুর পরিবর্তন, স্বাস্থ্যব্যবস্থা বন্টন, পুরুষ-নারীর বেতন বৈষম্য, স্টক এক্সচেঞ্জ, বিদেশ নীতি বিশেষ করে ইরান প্রসঙ্গ, ইস্রায়েল এবং প্যালেস্টাইন সমস্যা, পারমানবিক চুক্তি, রাজনীতিতে কালো টাকার অবাধ অনুপ্রবেশ, সাদা বর্ণবাদ বা নয়া নাৎসিবাদ আর সর্বোপরি ভোটাধিকার, এই সমস্ত বিষয়ে দুই দলের মধ্যে ১৮০ ডিগ্রী তফাত। শিক্ষা ক্ষেত্রে কলেজ পেরনো জনসংখ্যার হার শহরে অনেক বেশি, গ্রাম এলাকা থেকে। এদের অধিকাংশ ডেমোক্র্যাট। যারা সাদা চামড়ার মানুষ নন, তাঁরা প্রধানত শহরে থাকেন – ৫৬ শতাংশ শহরে, ৩২ শতাংশ শহরতলীতে, আর ২১ শতাংশ গ্রামে থাকেন১। এদেরও অধিকাংশ ডেমোক্র্যাট। আর শহর পেরলে বাকি আমেরিকা মূলত রিপাব্লিকান। একদম দক্ষিনে ফ্লোরিডাতে লাতিনো ভোটাররা মূলত রিপাব্লিকান। এদের পূর্বপুরুষরা কিউবা বা দক্ষিন আমেরিকার বিভিন্ন দেশে কমিউনিস্ট দল ক্ষমতা পেলে সেখান থেকে বাস্তুচ্যুত হয়ে আমেরিকাতে এসেছিলেন। তাঁদের কমিউনিস্ট জুজু দেখিয়ে রিপাব্লিকান ভোট ধরে রাখতে পারা যায় সহজে। যদিও এরা ওবামাকে দু বার ভোটে জিতিয়ে এনেছিলেন – তবে তার কৃতিত্ব সবটাই ওবামার। সব রকম ভোটারদের মধ্যে ডেমোক্র্যাটিক পার্টির প্রাধান্য শহরে ৬২ শতাংশ, যেখানে যথাক্রমে ৪৭ শতাংশ ডেমোক্র্যাট শহরতলীতে, আর ৩৮ শতাংশ ডেমোক্র্যাট গ্রামে থাকেন১। পরিসংখ্যান দিয়ে ভরিয়ে দিতে চাই না, তাও এটুকু জানালাম সঠিক ধারণা যাতে হয় সেই জন্য। কারণ, এরকম অনেক বিষয় আছে যেগুলো না জানলে বা বুঝলে আমেরিকার নাড়ী খুঁজে পাওয়া যাবেনা।

তাই রাজনৈতিক landscape বা ভূ-দৃশ্য, অনেকটা ভেন ডায়াগ্রামের (Venn Diagram)-র মত। যারা অঙ্ক নিয়ে পড়াশোনা করেন, তারা জানেন ভেন ডায়াগ্রাম (Venn Diagram) কাকে বলে। না জানলে গুগল করে জেনে নিতে পারেন – বুঝতে সুবিধা হবে। একটা সেটের (set) মধ্যে অনেক সাবসেট (sub-set) থাকে ভেন ডায়াগ্রামের মধ্যে। কোথায় কোথায় সাবসেট গুলোর মধ্যে কিছুটা হলেও মিল আছে, সেটা বুঝে নিয়ে একজন ঝানু রাজনীতিবীদ পারেন একটা common ground বা সকলের গ্রহণযোগ্য মধ্যবর্তী অবস্থান তৈরি করতে। কিন্তু সমস্যা হচ্ছে ঠেকায় না পড়লে ভোটার রা ভোট দিতে চান না বা যান না। ঝানু রাজনীতিবীদের আর একটা কাজ ভোটারদের উদ্বুদ্ধ করে ভোট দিতে নিয়ে যাওয়া। না হলে সরকার চালাবেন কি করে?

গত বেশ কিছু বছর ধরে সারা পৃথিবীতে গনতন্ত্রের আড়ালে একনায়কতন্ত্র কায়েমের চেষ্টা প্রবল থেকে প্রবলতর হচ্ছিল। সবই হয়েছে গণতন্ত্র রক্ষার নামে, দেশের ভালর জন্য। রাশিয়াতে পুতিন তথাকথিত গণতান্ত্রিক পদ্ধতিতে সংবিধান সংশোধন করে আগামী ২০৩৬ পর্যন্ত নিজের মসনদে থাকা বৈধ করেছেন। তুরস্ক, ব্রাজিল, মেক্সিকোর মত আমাদের ভারতীয় উপমহাদেশেও এরকম চেষ্টার উদাহরণ আছে। রাষ্ট্রযন্ত্রকে কুক্ষিগত করে গনতন্ত্রের নামে একনায়কতন্ত্র কায়েম করা হয়। আমেরিকায় সেই ঢেউ অল্পক্ষনের জন্য হলেও পৌঁছেছিল কিনা তা নিয়ে অনেকে শঙ্কিত হয়ে পড়েছিলেন। দলে একনায়কতন্ত্র এলে - ওপর থেকে বোঝা যায় না, যে নীচে জমিতে কতটা ক্ষয় হয়েছে। কারণ দল তখন মোসাহেবে ভরে যেতে বাধ্য। তখন ঐ ছোটো ছেলেটার দেখা পাওয়া ভার হয়ে যায়, যে কিনা রাজাকে মুখের ওপর বলতে পারবে - রাজা তুমি ন্যাংটো। ট্রাম্প ঘুণাক্ষরেও ভাবতে পারেন নি তিনি হেরে যাবেন।

রাষ্ট্রপতি ট্রাম্প কাউকে ছেড়ে কথা বলেন নি এবং তা সম্পূর্ণ অযৌক্তিক ভাবে। ওবামাকে মুসলমান বলেছেন, যদিও তিনি তা নন। আর সংবিধান অনুসারে আমেরিকায় মুসলমান হলেও তো আপত্তি নেই রাষ্ট্রপতি হবার। তিনি ওবামাকে আমেরিকান নাগরিক হিসাবেও স্বীকার করেন নি। ওনার জন্মের সনদপত্র নিয়ে অহেতুক বিভ্রান্তি ছড়িয়েছেন। সমস্ত মেক্সিকানদের ধর্ষণকারী বলেছেন। তিনি প্রবীণ সৈনিকদের, বিশেষ করে জন ম্যাকেনের মত হিরোকেও অত্যন্ত অপমান করেছেন। জন ম্যাকেন, যিনি আজীবন রিপাব্লিকান, ২০০৮ সালে নির্বাচনী প্রচারে গিয়েছিলেন। তখন এক মহিলা ওবামাকে আরব মুসলিম বলে উল্লেখ করেন। জন ম্যাকেন দৃপ্ত কণ্ঠে বলেন "No ma'm, No ma'm, He's a decent family man, a citizen that I just happen to have disagreements with. If I didn't think I'd be one heck of a better President I wouldn't be running, and that's the point. I admire Sen. Obama and his accomplishments; I will respect him. I want everyone to be respectful, and let's make sure we are. Because that's the way politics should be conducted in America." ট্রাম্প কোনও ভদ্রতা, সভ্যতার ধার ধারেন নি। এরকম একজন হিরোকে অপমান করে, ট্রাম্প নিজেকেই ছোট করেছেন, তাঁর সমর্থকদেরকে দূরে ঠেলেছেন। জন ম্যাকেনই ছিলেন এক মাত্র ব্যক্তি, যিনি ট্রাম্পের নির্দেশ উপেক্ষা করতে পারতেন, তিনি যেটা ঠিক মনে করেছিলেন তাই করেছেন বরাবর। জন ম্যাকেনের ভোটটির জন্য সংসদে ওবামা কেয়ার বা affordable care act রদ করা সম্ভব হয় নি ট্রাম্পের পক্ষে। ব্রেইন টিউমারে তাঁর

মৃত্যুর পরও ওনাকে নিয়ে অত্যন্ত অপমানজনক কথা চালিয়ে গেছেন ট্রাম্প। যার ফলে মনে করা হয় মিলিটারীর অনেকেই ক্ষুব্ধ হয়েছেন। ফলে বরাবর সাধারণত রিপাব্লিকান পার্টির পক্ষে থাকা মিলিটারি ভোটগুলোর অনেকটা ডেমোক্র্যাটিক পার্টির দিকে গেছে বলে মনে করা হয় – যদিও এখনও তথ্যপূর্ণ পরিসংখ্যান আমি পাইনি। আর একটা কথা, বাইডেনের ছেলে মিলিটারিতে ছিলেন, যিনি পড়ে ব্রেন টিউমারে মারা যান। জো বাইডেন বরাবর মিলিটারিকে সম্মান জানিয়ে এসেছেন।

ওবামার আট বছর সরকার পরিচালনার পর নয়া-নাৎসিবাদ বর্ণবাদকেও উস্কে দেওয়া হয়। গ্রাম্য আমেরিকায় এবং কলেজ না পেরনো blue color job করেন যারা, তাঁদের মধ্যে একটা ভয় ঢোকানো হয়, যে সংখ্যাগুরু সাদারা সংখ্যালঘু হয়ে যাবে ডেমোক্র্যাটিক পার্টির সরকারি নীতির জন্য, সাদা লোকেরা চাকরী হারাবে ডেমোক্র্যাটিক পার্টির অবাধ অভিবাসন নীতির জন্য। দেশটাকে চীনেদের কাছে বিকিয়ে দেবে দুর্বল চিত্তের ডেমোক্র্যাটিক পার্টি, অর্থনীতিকে বিকিয়ে দেবে অবাধ কমিউনিসম এনে, এই সমস্ত বুজরুকী প্রচার করা হয়। ২০১৬ সালে ট্রাম্প এসব বোঝাতে পেরেছিলেন জনসংখ্যার একটা বড় অংশকে এবং ক্ষমতায় এসেছিলেন। চার বছর পর আর তা শেষ পর্যন্ত ধোপে টিকল না। এবারের নির্বাচনেও তিনি আবার আউরেছেন, যে জলবায়ু পরিবর্তন (Climate Chnge) বলে কিছু নেই, সবটাই মনুষ্য-সৃষ্ট ভাঁওতা, শুধু NIH থেকে কাঁড়ি কাঁড়ি টাকা দিয়ে মোচ্ছব করার জন্য। তিনিই এক মাত্র ব্যক্তি যিনি NIH-NIAID Director ডঃ ফাউচিকে এবং তার সহযোগী ডঃ ডেবরা বারক্সকে সামনে বসিয়ে সর্বসমক্ষে সাংবাদিকদের নিয়ে হোয়াইট হাউস ব্রিফিং এ বলতে পেরেছিলেন, শিরার মধ্যে সূচ দিয়ে ব্লিচ ইনজেকশন দিলে কোভিড (করোনা ভাইরাস) সেরে যাবে। যারা গো-রেচক খেলে করোনা সেরে যাবে বলে বুক ফুলিয়ে প্রচার করেন, সায়েন্স কংগ্রেসে চূড়ান্ত অ-বৈজ্ঞানিক অবাস্তব বক্তব্য রাখেন, বিজ্ঞানকে হাইজ্যাক করেন, তাঁদের সঙ্গে ওনার কোন তফাৎ দেখি না। কঠোর ব্যবস্থা নিলে অভ্যন্তরীণ ব্যাবসা-বানিজ্য ভেঙ্গে পড়বে, এই মনে করে বিজ্ঞান সম্মত কোন সঠিক ব্যবস্থা নেন নি ট্রাম্প - মনে করা হয়। তথ্য গোপন করে রেখেছিলেন বলে অভিযোগ আছে। ফলে করোনা ভাইরাসকে বাগে আনা যায়নি। ভোটে তার ব্যপক নেতিবাচক প্রতিফলন ঘটেছে। এরা কেউ বোকা-তো ননই বরং অত্যন্ত সুচতুর। এটা তাঁদের agendaর মধ্যে পড়ে।

ম্যাদামারা ভোট

ছ'টা বাজল। ভোট শেষ হতে আরও দুঘন্টা বাকী। অফিস থেকে ফিরে ভোট কেন্দ্রে লাইনে দাঁড়িয়ে। আমার সামনে আরও কয়েকজন আছে। মন চলে গেল দেশের ভোট নিয়ে নানা স্মৃতিতে। ভোট হো তো অ্যায়সা।

সেবার দেশে ভোট দিতে গেছি – এক ভদ্রলোক বুথ থেকে ভোটপত্র মানে ব্যালট নিয়ে বেরিয়ে এসে বললেন – দাদা কোনটা কংগ্রেস, আর কোনটা সিপিএম একটু বলে দিন না – ছাপটা কোথায় দেব। তখনো সমাজসেবীদের এতটা দাপট ছিল না, যে আমার হয়ে ভোটটা দিয়ে দেবে, নিন্দুকেরা যাকে ছাপ্পা ভোট বলে।

ভোট হচ্ছে সবচেয়ে সস্তা পণ্য – এতই সস্তা তারপরও বছর বছর কি করে অবমূল্যায়ন হয় তাই ভাবি! তার জন্য কষ্ট করে লাইনে দাঁড়িয়ে ভোট দেবার কি দরকার, আমার সোজা বুদ্ধিতে কিছুতেই মাথায় আসেনা! তার ওপর ভয়ে কুঁকড়ে থাকি।

আমার এক ভোট-দীক্ষাগুরু ছিলেন – তিনি বলেছিলেন – আরে এত ভেবে করবি কি! ভয় পাবি কেনে? যে দল নিখরচায় তোকে হিল্লি দিল্লী ঘুরিয়ে নিয়ে আসবে - যাবি। যাবি নে কেনে? ঝাণ্ডা ধরবি, দুটো মিষ্টি কথা বলবি। কি এল গেল – সবই যখন নিখরচায়?!

তবে নিজে যখন ভোট দিতে যাবি মনে রাখবি এই পূজার মন্ত্র হল "চুপচাপ ব্যালটে ছাপ" – ছাপ্পা নয় ছাপ, তোর পছন্দ মত প্রার্থীকেই তুই ছাপ দিবি। কাকে ভোট দিলি কাউকে বলার দরকার নেই। সাধুবাবার যে তলে তলে এত বুদ্ধি, তা দেখে অবাক হয়েছিলেম সেদিন। চিরকাল থোর-বড়ি-খাড়া আর খাড়া-বড়ি-থোর খাবি নাকি?

প্রথমে ভাবলাম, কি রকম সাধু রে বাবা। ভোটদীক্ষা গুরুভাইয়ের সংখ্যা বাড়াতে পারেন না! তবে ভেবে দেখলুম তাঁর কথা যে একেবারে ফেলনা তা নয়! এত ভেবে করবটাই বা কি। পৃথিবীর সব দেশের ভোটের অধিকাংশ ক্ষেত্রেই সরকারে যে পার্টি আসে

তারা সংখ্যালঘু সরকার – বোঝা গেল না? আদ্ধেক লোক তো ভোটই দেয় না। সমগ্র ভোটদাতাদের মধ্যে যদি ৬৬ শতাংশ ভোটে অংশগ্রহণ করে, তা হলে তো লঙ্কা জয়ের মত ব্যাপার। আর তার মধ্যে যদি কোনও দল ৫১% ভোট পেয়েও জিতে আসে তাহলে সমগ্র ভোটারের সংখ্যার নিরিখে সংখ্যালঘু সরকার হল না?

তিনি আমাকে এও বলেছিলেন - যখন দেখবি কোথাও ভোট বিনা প্রতিদ্বন্দ্বিতায় হয়েছে তখন অট্টহাসিতে ফেটে পড়বি – কোনও দিন বিনা প্রতিদ্বন্দ্বিতায় ভোট হতে পারে না – মানুষের চরিত্রের সম্পূর্ণ বিরোধী। একে বলে গণতান্ত্রিক একনায়কতন্ত্র।

ভোটদীক্ষা গুরু বলেছিলেন, গণতন্ত্র সত্যিকারের যদি আনতে চাস তো ভোটারদের ভোট দিতে অনুপ্রাণিত কর গে যা। ভোট দে, ভোট দে। অনুপ্রেরণা শুনলে মনটা কেমন আনচান করে ওঠে - বড় প্রিয় শব্দ।

যাই হোক হঠাৎ দেখি, একজন পোলিং অফিসার সেই ভোটারকে চিহ্নগুলো বুঝিয়ে দিচ্ছেন, দেখুন এটা কংগ্রেস, এটা সিপিএম...আর ঠিক সেই সময়ে দরজার বাইরে লাইনের প্রথমে দাঁড়িয়ে থাকা এক চ্যাংড়া গোছের ছেলে চিল্লিয়ে উঠল – চোখে ন্যাবা হয়েছে নাকি কাকু? মনে হয়েছিল ছেলেটিকে জিজ্ঞেস করি ন্যাবা মানে জানিস? ভয় পেয়ে চুপ করে গেলুম, যদি অস্ত্রোপচার করে দেয়!! ন্যাবা এসেছে নেবু থেকে, আরও ঠিক করে বললে কমলালেবু থেকে। জন্ডিস হলে চোখ হলুদ হয়ে যায়, কমলারঙের হয়ে যায় বলে বলা হয় ন্যাবা হয়েছে চোখে। তবে ওই ভোটারকে দোষ দিই কি করে, ভোট এলেই আমার মনে হত - এই রে কেস জন্ডিস!

ওদিকে আর একজন ভোটার বুথে অনেকক্ষন সময় নিচ্ছেন দেখে এক পোলিং অফিসার তাড়া দিতে, ভোটার ভদ্রলোক ধ্যাতানি দিয়ে উঠলেন – আরে দাঁড়ান না – আমি এখন যেন কোন পার্টিতে? – তারপরে সাদা ব্যালট নিয়ে বুথ থেকে বেরিয়ে চিৎকার করে বুথের বাইরের একজনকে জিজ্ঞেস করলেন – এই ভুতো, আমরা এখন কোন পার্টি করি যেন? বল না। জেনে নিয়ে চলে গেলেন ভেতরে।

আজ এই ফিলাডেলফিয়া শহরতলীতে ভোটের লাইনে দাঁড়িয়ে এসব কথাই মনে হচ্ছিল। একে তো দুটো মাত্র পার্টি, হাজার খানেক পার্টি না হলে জমে নাকি?। জবাব চাই, জবাব দাও স্লোগান নেই, দু-চারটে লাশ পড়ে নেই রাস্তায়, লাশ নিয়ে কংগ্রেস সিপিএম টানাটানি নেই, একজন লাশের ওপর সবুজ মালা দেয় তো আর একজন সেটা ছুঁড়ে ফেলে

দিয়ে লালা মালা দিয়ে দেয় - এসব নেই। টেম্পোর মাথায় দুদিকে চোঙা মাইক লাগিয়ে তারস্বরে চিৎকার নেই।

শহর স্তব্ধ করে দেওয়া মিছিল নেই, পোড়া ট্রাম বাসের গন্ধ নেই, সালফারের গন্ধ হল গিয়ে ভোটের গায়ের আসল গন্ধ, সেটাই নেই। চারিদিকে রাস্তা দলীয় পতাকায় ওপর নিচ করে আগাপাছতলা মোড়া নেই। গলায় গামছা, নামাবলী জড়িয়ে কন্যাদায়গ্রস্ত পিতাদের মত নেতানেতৃদের বাড়ি বাড়ি যাতায়াত নেই, পাত পেড়ে বসে খাওয়া নেই, তাদের ঘিরে পাপারাজ্জিদের দেখা নেই।

এখানে ভোট কেন্দ্রে চারপাশে একটাও পুলিশ নেই। তারপর হাজারদুয়ারীর সৌন্দর্য উপভোগ করবে তেমন কোনও পুলিশ নেই। আচ্ছা পুলিশ বলে কি তাদের নন্দনবোধ থাকতে নেই? লঙ মার্চের মত মিলিটারি নামবে - তবে না ভোট হচ্ছে বলে একটা গর্ব হবে - সেটাও নেই।

ভাবলাম পুলিশ থাকলে দেখতে পাব না এটা তো হতে পারে না – এখানে তো কখনও শুনি নি যে তারা টেবিলের তলায় লুকিয়ে থাকে, যেন ওটাই তাদের পুলিশ ফাঁড়ি।। তবু একটু নিচু হয়ে একটা টেবিলের তলাটা পরীক্ষা করে নিলুম নিচু হয়ে – না নেই সত্যি সেখানে কোনও পুলিশ নেই।

সম্বিত ফিরল পোলিং অফিসারের ডাকে। একটি টেবিলে একজন ভোটপরিচালনা সহকারীর কাছে পৌঁছতে বললেন – নাম? আমি নাম বললাম – উনি কাগজটা এগিয়ে দিয়ে বললেন – সই করুন। ভোট দিলাম। বেরিয়ে এলাম নিশ্চিন্তে, ভোট দেবার আগে ও পরে নাড়ীর গতির কোনও তারতম্য দেখলাম না। একই রকম আছে। ভাবলাম, দূর এ কি ম্যাদামারা ভোট রে বাবা।

তবে এই ম্যাদামারা ভোটের চরিত্র পরিবর্তন করবার একটা চেষ্টা হয়েছিল বটে বছর দুয়েক আগে। তবে শেষমেশ তা ধোপে টেকে নি। ভাগ্যিস টেকে নি।!

চাইজিং দ্য টার্গেট এন্ড ইউজিং দ্য স্পাইস

সেটা ১৯৭৫ সাল। ইংল্যান্ডের বিরুদ্ধে তাড়া করে ১৭৪ বলে ৩৬ রান করে সুনীল গাভাস্কার তাঁর ক্রিকেট ইতিহাসে সর্বনিম্নগতিতে রান করার রেকর্ড করেন। তখন ওয়ার্ল্ড কাপের নাম ছিল প্রুডেন্সিয়াল কাপ।

তখন আমি খুবই ছোট। সেই বছরেই কলকাতাতে প্রথম টেলিভিশন এল। টেলিভিশন (টিভি) শব্দটির খুব ভালো একটা প্রতিশব্দ হতে পারত 'দূরদর্শন' শব্দটি। কিন্তু ভারতীয় সম্প্রচার মন্ত্রণালয় সেটিকে ব্র্যান্ড নাম করে নেওয়ায় তা' আর হল না। দক্ষিণ ভারত যেমন ভারতীয় বেতার কেন্দ্রগুলোকে, হিন্দি ভাষা চাপিয়ে দেবার অভিযোগে, আকাশবাণী হিসাবে আজও স্বীকার করল না, অল ইন্ডিয়া রেডিও হিসাবে পরিচয় দেয় - দূরদর্শনের ক্ষেত্রে তা কিন্তু হল না।

বাবা বলতেন, ১৯৩৬ এ যখন বেতার সম্প্রচার শুরু হল, তৎকালীন বোম্বাই এর পরপর-ই কলকাতাতে বেতার কেন্দ্র হল, তখন শুধু বড়লোকদের বাড়িতেই রেডিও কেনার সামর্থ থাকতো। তখন জনতার দাবীতে সেই বাড়ির রেডিওটা উচ্চস্বরে বাজাতে হত, যাতে সকলে গান শুনতে পারে। আমার ছোটবেলায় আমি ঠিক তেমনই দেখেছি এই টেলিভিশনের বেলাতে। তবে যেহেতু এটি দৃশ্য-শ্রাব্য মাধ্যম তাই বাইরের ঘর উন্মুক্ত করে দিতে হত জনতার আবদারে, বিশেষ করে ক্রিকেট খেলা হলে।

তখন সাদা কালো টিভি ছিল। আজকের দিনে দাঁড়িয়ে কেন জানি না মনে হয়, তখনকার দিনের ক্রিকেটে ছিল বৈধব্যের শুভ্রতা, জোর করে দাবী করা এক শুচিতা, যার মধ্যে আভিজাত্য, প্রভুত্ব এসবের বুর্জোয়া গন্ধ ছিল। পাঁচ দিনের টেস্ট ম্যাচ ক'দিনে শেষ হবে, তা ভারত বিখ্যাত কোনও গণৎকার, সে সময়ে সঠিকভাবে বলতে পারত না।

আর মনে পড়ে, সেই বাংলা ধারাভাষ্যের দিনগুলি। অজয় বসু, পুষ্পেন সরকার, কমল ভট্টাচার্যদের বাংলা ধারাভাষ্যে আমরা কান পেতে থাকতাম। এখনও শুনতে পাই - বল করতে চলেছেন, আ~স্তে বল করেছেন...আউট আউট, আউট... না মনে হচ্ছে আউট

হন নি... এরকম সব টুকরো টুকরো স্মৃতি। এখন বাঙালী অনেক স্মার্ট হয়েছে, নিজের মাতৃভাষার গুরুত্ব অনুধাবন করতে পেরেছে, তাই সম্ভবত ২০০৯ সাল থেকে আর বাংলা ধারাভাষ্য হয় না। তাতে বাঙালির কিছু যায় আসে না।

আর আজ ১৯শে নভেম্বর, এই ফিলাডেলফিয়াতে বসে দেখলাম ২০২৩ এর ক্রিকেট বিশ্বকাপ ফাইনাল। গুজরাটে ভারতের বর্তমান প্রধানমন্ত্রী নরেন্দ্র মোদী, আমেদাবাদের 'নরেন্দ্র মোদী' স্টেডিয়ামে জয়মাল্য ট্রফিটি তুলে দিলেন অস্ট্রেলিয়ার কাপ্তেনকে। বাংলায় কথা আছে – "একবার নয়, দু বার নয়, তিন তিনবার" – অস্ট্রেলিয়া এই নিয়ে ওয়ার্ল্ড কাপ পেল – ছয় ছয় বার। কাজেই ধারাভাষ্যকার যখন অস্ট্রেলিয়ান ক্রিকেট টিমের ডি-এন-এ নিয়ে প্রশংসাসূচক মন্তব্য করেন তখন তার সঙ্গে সায় না দিয়ে উপায় কি!!

আজ তো কম দিন হল না – ক্রিকেট তার খোলনলচে বদলে ফেলে তাকে একপ্রকার cash crop করে তুলেছে। ভারতে খেলার ভেন্যু না হলে, লাভ হয় না। বিদেশে ভারত পাকিস্তান ম্যাচ না হলে নাকি মাঠ ভরে না – লোকসান হয়, এরকম কথা বরাবর শুনে আসছি। এতদিন ভাবতাম, ভারত আর পাকিস্তান যেন ক্রিকেট মাঠের ধান আর গম দুই প্রধান বৈদেশিক মুদ্রা অর্জনকারী শস্য। আজ বুঝলাম ক্রিকেট মাঠের প্রথম তিন শস্য ধান, গম ও ভুট্টার মধ্যে অস্ট্রেলিয়া হল ধান, ভারত ও পাকিস্তান হল গিয়ে যথাক্রমে গম ও ভুট্টা।

বিদেশের মাটিতে ১২৫ হাজার বিপক্ষ দলের সমর্থকদের সামনে নিজের Head cool রেখে Head যেভাবে Head of the department এর মত নিজের দলটাকে জিতিয়ে আনলেন, তা অনবদ্য। অপর প্রান্তে Labuschagne যেভাবে অত্যন্ত ধীর চিত্তে মাটি কামড়ে পড়েছিলেন, সেই ধৈর্য আর দূরদর্শিতা যদি ভারতের খেলোয়াড়রা দেখাতে পারতেন তাহলে হয়তো আজ অন্য ফল হত। ওয়ান-ডে ক্রিকেট বললেই মনে হয় এটা শুধু ঝড়ের গতিতে চার আর ছয় মেরে খেলার খেলা কিন্তু সময় বিশেষে যে slow but steady wins the race সেই ইংরাজি প্রবাদকেও মনে করতে হয় -সেটা আজ বোঝা গেল। মেরে খেলতে খেলতে আমরা ভুলে যাচ্ছি, ধরে খেলাটাও একটা খেলা এবং তা আদৌ সহজ কাজ নয়।

হ্যাটস অফ টু Head আর Labuschagne – প্রথম থেকেই মনে হচ্ছিল তাদের লক্ষ্য ছিল কোনও উইকেট না হারিয়ে তফাতটাকে ১০০ রানের মধ্যে নিয়ে আসা । একজন মাঝি যেমন কাছিটাকে একবার ডানহাত, একবার বামহাত দিয়ে ধীরে ধীরে টানতে টানতে

পাড়ে ভেরায় – ঠিক সেরকমভাবে এরা দুজন জয়কে হ্যাঁচকা টান না দিয়ে আনবার চেষ্টা না করে, ধীরে ধীরে টেনে এনেছেন।

ক্রিকেটে আমার সুখস্মৃতিগুলিকে সারি সারি বসালে কেন জানিনা, ইরানী ট্রফিতে কপিল দেবের উত্থান, ১৯৮৩-র বিশ্বকাপ বিজয়, এই দুটির কথা প্রথমে মনে পড়ে। টেস্ট ক্রিকেট থেকে প্রুডেন্সিয়াল কাপ, ওয়ান ডে ওয়ার্ল্ড কাপ, টি- টোয়েন্টি – এত বছর ধরে এত লম্বা পথ পেরিয়ে, নানা বিবর্তনের মধ্য দিয়ে যেতে যেতে, এতদিনে ক্রিকেট একেবারে বদলে গেছে চেহারা ও জৌলুশে। এখন ক্রিকেটারদের পড়নে বিভিন্ন রঙের পোশাক। এখন "হাজার টাকার ঝাড়বাতিটা" (ফ্লাডলাইট) 'রাতটাকে যে দিন করেছে"। এখন ক্রিকেটারদের কানে দুল, হাতে ট্যাটু – তখন যা স্বপ্নেও কল্পনা করতে পারা যেত না। ক্রিকেট ব্যাট, স্টাম্প রঙিন থেকে রঙিনতর হয়েছে। স্টাম্পের পেছনে রেকর্ডিং যন্ত্র মাটিতে পোঁতা, বেল বা স্টাম্প, আলতো চুমু খেয়ে যাবার উপায় নেই, রং-বেরঙের এল-ই-ডি আলো ঠিকরে উঠবে। দেখছি একটা করে চার ছয় হচ্ছে, আর বাজী-র রোশনাই আকাশকে আরও উত্তেজিত করে তুলছে। বহুদিন আগের কথা, যখন এখনকার মত তৃতীয় আম্পায়ার দ্বারা 'ডিসিসন রিভিউ' ছিল না যে ঐ সময়ে সারা দেশের হৃদস্পন্দন স্তব্ধ হয়ে থাকবে।। দেখলাম দ্রোণাচার্য-র কাছ থেকে শিক্ষা নিয়ে, একটা ড্রোন রাতের আকাশে, আলো দিয়ে ভারতবর্ষ, অস্ট্রেলিয়ার মানচিত্র ফুটিয়ে তুলছে।

এখনতো ওদিকে ওপরে নীচে চারধারে স্পাইডার ক্যামেরা। সুবিধা অনেক হয়েছে, একটা স্ট্রোক, একটা কাট, ছক্কা, কভার চারিদিক থেকে নানা কোণ থেকে আমাদের দেখাচ্ছে। আম্পায়ারদের একেবারে কোণঠাসা করে রেখেছে। শুধু আম্পায়ারদের বলি কেন, স্টেডিয়ামের মধ্যে সকলকেই কোণঠাসা করে রেখেছে - কারও ব্যক্তিগত পরিসর বা গোপনীয়তা বলে কিছু অবশিষ্ট নেই। ভারতের হার আসন্ন - এই অবস্থায় স্টেডিয়ামের মধ্যে বিভিন্ন লোকের মুড ধরে তোলার অংশ হিসাবে এরকম অনেক কিছু মুহূর্ত আজ ক্যামেরাবন্দি অবস্থায় এসেছে। সারা স্টেডিয়ামের প্রায় সকলে নীল রঙের জামা পড়ে গম্ভীর মুখে বসে আছেন, ইউ ক্যান ডু ইট প্ল্যাকার্ডটিকে সোজা করে ধরে রাখার জন্য দর্শক প্রাণপণ চেষ্টা করে যাচ্ছেন। কেউ কেউ 'দেশী আর্মি' লেখা জামা পড়ে আছেন। এক মহিলা থ' মেরে গিয়ে তার দুই আঙ্গুল মুখের মধ্যে নিয়ে চুষছেন। এক ভারতীয় মহিলা দর্শক ডান গালে হাত দিয়ে দুটা আইফোন একটার ওপর একটাকে চড়িয়ে চিন্তায় মগ্ন। কেউ দুইগালে হাত দিয়ে ব্যোমভোলা হয়ে বসে আছেন। অস্ট্রেলিয়ার এক সমর্থক হলুদ রঙের প্লাস্টিকের ক্যাঙ্গারু নিয়ে উচ্ছ্বাস প্রকাশ করছেন। হঠাৎ দেখি এক ভদ্রলোক নাক

খুঁটে নির্গত খনিজ পদার্থটি মুখে দিচ্ছেন। ভয় ধরে গেল - এরকম হলে তো স্টেডিয়ামে গিয়ে খেলা দেখতে যাব কি করে। কি সমস্যা হল রে বাব্বা - আমি যদি ভাবি অনেকক্ষণ বসে আছি, পা ধরে গেছে, একটু আধখান হয়ে উঠে দাঁড়িয়ে, প্যান্টটা টেনে সবার অলক্ষ্যে টুনটুনিটা একটু চুলকে নেব – উপায় নেই? সারা পৃথিবীর টেলিভিশনের পর্দায় আমি কখন যে দৃশ্যমান হয়ে যাব তা তো বুঝতেও পারব না। ওভার চেঞ্জ, জলপানের বিরতি, তৃতীয় আম্পায়ারের জন্য খেলা স্থগিত – এই সময়গুলো মারাত্মক – কোন ক্যামেরা যে আপনার দিকে voyeur মুগ্ধ আদিখ্যেতায় তাকিয়ে থাকবে তা আপনি জানতেও পারবেন না।

অস্ট্রেলিয়ান ইংরাজি উচ্চারণ সম্বন্ধে একটা প্রচলিত জোক আছে – I want today to die এরা এমন উচ্চারণ করে – যেন মনে হয় বলছে I want to die to die – কথাটা যে একেবারে মিথ্যা তা বলতে পারব না। বরাবর ব্রিটিশ ইংলিশ শিখে এদেশে এসে সিডিউল থেকে স্কেজুল করতে বেশ কিছুটা সময় লেগেছিল। যতক্ষণে মনে পড়েছে উচ্চারণটা ঠিক কিভাবে করতে হবে ততক্ষণে ঠোঁট থেকে সিডিউল হড়কে বেরিয়ে পড়েছে। ভয় হয় এ বয়েসে অস্ট্রেলিয়াতে গেলে উচ্চারণ বদলাতে পারব কি? সেখানে স্থিতু হতে হলে takes four runs, takes control of, tooth and nail fight, এসব বলতে গেলে টায়েক্স ফোর রান্স, টায়েক্স কন্ট্রোল অফ, টুথ এন্ড নাইল ফাইট – এসবে অভ্যস্ত হতে হবে।

আজকে যে আশা নিয়ে রাত দেড়টা থেকে হা পিত্যেশ করে বসেছিলাম -ক্রিকেট ওয়ার্ল্ড কাপে, ভারতের তৃতীয় বিজয় দেখব বলে - তা' হল না। তবু বলব এই খেলার আগে পর্যন্ত ভারত অসম্ভব ভালো খেলেছে। খেলাতে হার জিত আছে। গাভাস্কার খুব সামঞ্জস্যপূর্ণ বিশ্লেষণ করেছেন – তিনি বলেছেন that's how the Champions are made – অস্ট্রেলিয়ার খেলা দেখে অনেক কিছু শেখার আছে। কিন্তু তিনি ভারতীয় টিমকে এও বলেছেন যে তাদের হতাশ না হয়ে নতুন উদ্যমে আবার খেলতে হবে, এ পর্যন্ত তারা খুব ভালো খেলেছেন।

অস্ট্রেলিয়ান ধারা ভাষ্যকার সততই বলেছেন – আজকে অস্ট্রেলিয়া জিতেছে বাই চাইজিং দ্য টার্গেট এন্ড ইউজিং দ্য স্পাইস (by chasing the target and using the space), তাই অস্ট্রেলিয়ান টিমকে আমার অভিনন্দন। ভারতীয় টিম – আমি নিশ্চিত পরবর্তী ওয়ার্ল্ড কাপটা ছিনিয়ে আনার জন্য এখন থেকে আদা জল খেয়ে উঠে পড়ে লেগে যাবে। তাদেরকেও জানাই আমার আন্তরিক অভিনন্দন।

দাক্ষিণাত্যের মালভূমিতে বসে কচি-পাঁঠার কষামাংস রান্না

সে বহুদিন আগের কথা। তখন পশ্চিমবাংলার বাইরে দাক্ষিণাত্য মালভূমিতে প্রবাসজীবন চলছে। দক্ষিণভারতে বাঙালীদের মত আমিষভোজী লোক খুব কম ছিল। তাই চট করে মাছ মাংস সহজে পাওয়া যেত না - কারণ তখনও বাংলা ছেড়ে যাবার আগে বাঙালী অন্তত একবার পেছন ফিরে তাকাত।

হস্টেলে এ যেখানে থাকতাম, সেখানে আমাদের সকলের নিজ নিজ ঘর থাকলেও রান্না করা ছিল এক্কেবারে বারণ। অনেকের মত আমারও একটা ছোট ইলেকট্রিক হীটার ছিল চা করে খাবার জন্য। ওই পর্যন্তই।

এক শনিবারের বিকালে আমাদের সকলের খুব কচি পাঁঠার কষামাংস খেতে ইচ্ছে হল। আমি খুব ছোটবেলা থেকে রীতিমত রান্না করতে পারতাম। ডিম সেদ্ধ করা দিয়ে রান্নার হাতেখড়ি আমার। মাকে কোলকাতা বিশ্ববিদ্যালয়ে পড়তে যেতে হত আর সেই সুযোগে রান্না শিখে নিয়েছিলাম।

মাংস বানাব কি করে? আমাদের কারও কাছে ঐ চায়ের জল গরম করার মত বাসনপত্র ছাড়া তো আর কিছু নেই। কি করা যায়? প্রবাদ হল "বুদ্ধিং যস্য বলং তস্য"। আর এক বাংলা প্রবাদ বলে – "ইচ্ছা থাকলে উপায় হয়"। ক'জন চলে গেল কচিপাঁঠার মাংস, সরষের তেল, নুন, হলুদ, লংকা, পেঁয়াজ, আদা, রসুন, চাল এসব আনতে। ওই জায়গায় কয়েকটা মাছের ও মাংসের দোকান ছিল যারা কোলকাতা কাটিং বলে দিলে একদম কোলকাতার মত করে মাছ বা মাংস কেটে দিত। সেই প্রথম দা দিয়ে মাছ কাটতে দেখেছিলুম। মাংস তো বরাবর দা দিয়েই কাটা হয়। কলকাতাতে মাছের বাজারে মাছ কাটার জন্য বটি ছাড়া অন্য কিছু ব্যবহার করত না। শুনেছি দাঙ্গার সময়ে দা'য়ের আরও এক রকমের ব্যবহার আছে - কিন্তু দেখার সৌভাগ্য হয় নি। শুনে একজন বলল - চিন্তা কোরো না দাদা - শিগগিরি হয়ে যাবে - যা দিন কাল পড়েছে!!!

মাংস আনতে কিছুটা সময় লাগবে তাই আর বাকি ক'জন এই ফাঁকে কারও কাছ থেকে একটা বড়সড় হাঁড়ি ধার করে নিয়ে আসা যায় কিনা তা খোঁজার দায়িত্ব নিল। সেবার আমাদের মাংস রান্না করার পেছনে আর একটা কারণ ছিল। পরের সোমবার ছুটির দিন ছিল কোন কারণে। আবার সেই কারণে অনেকেই, যারা যারা কাছাকাছি থাকত, সেইসব স্থানীয় ছাত্ররা সব বাড়ী চলে গেছিল।

ঘর থেকে ঘরান্তরে যাচ্ছি। ফুর্তিতে গাইছিলাম আমার প্রিয় এক গানের কলি - "ফুলের বনে যার কাছে যাই তারেই লাগে ভালো"। এই গানের একটা ইতিহাস আছে। কোমল হৃদয় তো, ছোটবেলা থেকেই যে মেয়ের সাথেই পরিচয় হত, প্রথম দর্শনেই তাকে ভালো লেগে যেত। তাই আদতে প্রেম করা হয়ে উঠল না। মাঝখান থেকে আমার বন্ধুরা খেপিয়ে খেপিয়ে বলতে শুরু করল, এই গানটা রবীন্দ্রনাথ তোর জন্য উৎসর্গ করে গেছেন।। বলুক গে যাক - গানটা সত্যি সুন্দর। খুঁজতে খুঁজতে হদ্য হয়ে একই সুরে গেয়ে উঠলাম - হোস্টেলেতে যার ঘরে যাই তার ঘরেতেই তালা। হাঁড়ি পাওয়া গেল না। কি মহা মুশকিল। মনে পরে গেল একটি ইংরাজি প্রবাদ - Man Proposes, God Disposes।

এমন সময়ে একজন দৌড়তে দৌড়তে এসে খবর দিল একটা বাথরুমের মধ্যে একটা দোমড়ানো মোচরানো বেশ বড়সড় ডেকচি পাওয়া গেছে যার মধ্যে কেউ তার শার্ট, প্যান্ট, গেঞ্জি, জাঙ্গিয়া, টাওয়েল, সব জামাকাপড় সাবানে ভিজিয়ে রেখে দিয়ে মনে হয় ভুলে গেছে, বাড়ী চলে গেছে। দেখে মনে হয় বেশ কদিন ধরে পড়ে আছে, গন্ধ হয়ে গেছে।

ইউরেকা!! আর্কিমিডিস প্লবতা আবিষ্কার করে নগ্ন হয়ে বাথরুম থেকে বেরিয়ে দৌড় মেরেছিলেন। আমরাও আমাদের মধ্যে উচ্ছ্বাসের সেই প্লবতা উপলব্ধি করলাম। চরিত্রে জোর থাকলে কি না করা যায়। আমরা তখন যৌবনের দূত। সংস্কারের ভয় নেই, ধর্মের অভিশাপের ভয় নেই - এ সব না থাকলে কত কিছুইতো অবলীলায় করা যায়! ওই পচা গন্ধ কোনও ব্যাপার না। সব জামাকাপড় নামানো হল। একটা ভাঙা প্লাস্টিকের বালতিতে সব জামা কাপড় রেখে, বাথরুমের দেয়ালে ইংরাজিতে একটা চিরকুট লেখা হল - মান্যবর, আমরা অতিশয় দুঃখিত, বিশেষ পুণ্য কাজে ব্যবহারের জন্য আপনার ডেকচিটি নেওয়া হইল।

আমরা সকলেই বিজ্ঞানী। এটাকে বৈজ্ঞানিক পদ্ধতিতে জীবাণু মুক্ত করা হল, ঘষা মাজা করে যতটা সম্ভব চাকচিক্য ফেরানো হল, জাতে তোলা হল। যাইহোক, এরপর সরষের তেল, নুন, হলুদ, লংকা, পেঁয়াজ, আদা, রসুন দিয়ে কচি-পাঁঠার মাংস ভালো

করে ম্যারিনেড করে রাখা হল। তিনটে ছোট হীটার পাশাপাশি বশিয়ে ডেকচি চাপান হল - রান্না করা হল।

এই আমেরিকাতে এসে ইস্তক দেখছি - বছর দুই পরপর বড় বড় কোম্পানিকে আনে Team Building Workshop করার জন্য। আরে এর থেকে বড় Team Building Workshop আমি আর দুটি আমার জীবনে দেখিনি। আজও হলফ করে বলতে পারি জীবনে এত পাঁঠার মাংস খেয়েছি, সেদিনের মত কোনোটি নয়।

এদিকে বিল্ডিঙের ঢোকার মুখে যে সিকিউরিটি বসে তাকে কেউ বলে দিয়েছে যে আমাদের ঘরে মাংস রান্না হচ্ছে। নিয়মানুসারে কোনও রান্নাবান্না করা আসলেই বারণ। যারা একেবারে খায় না তাদের জন্য গন্ধটা সুখকর নয়। বাঙালী জাতটা কিন্তু মজার, যে কিনা পাঁঠার গায়ে গন্ধ বলে নাক সিটকায়, নিজেকে ছাড়া সকলকেই পাঁঠা ভাবে, সেই কিনা কচি পাঁঠার মাংস পেলে জিভ লুর লুর করতে করতে খেতে চলে আসে।

দরজায় টোকা পড়তেই খুলে দেখি মূর্তিমান সশরীরে হাজির। আমাদের ভাগ্য তিনিও বাঙ্গালী, আবার হাওড়ার লোক - আমতায় বাড়ী। আমি নিজেও হাওড়ার বাসিন্দা। আর কি! এক বাটী পাঁঠার মাংস উৎকোচ দিয়ে হাওড়া-হাওড়া সমযোজী বন্ধন (covalent bond) তৈরি করে সে যাত্রা সামাল দেওয়া গেল।

সমাপ্ত

www.ingramcontent.com/pod-product-compliance
Lightning Source LLC
LaVergne TN
LVHW041707070526
838199LV00045B/1235
* 9 7 8 9 3 5 6 4 8 7 0 8 6 *